日本史一問一答編集委員会［編］

よくでる一問一答

日本史

山川出版社

JN107632

本書の特長と使い方

　本書は、日本史探究の学習に必要な用語を、一問一答形式で確認するための問題集です。定期試験や大学入試で解答に必要と思われる基本事項・重要事項を、日本史探究の教科書に準拠しながら、慎重に精選しました。

　日本史の学習では、用語を断片的に覚えることにのみ注意がかたよりがちですが、それだけでは知識の定着は難しいでしょう。用語を暗記するだけではなく、時代や地域の関連性や比較、時間軸を中心とした因果関係を理解することが肝要で、そうすることによって、歴史的な思考力も身についていきます。

　本書では、こうした点を考慮し、一問一答の設問につながりをもたせるとともに、必要に応じて関連する「解説」を加え、問題を解くにしたがって全体としてまとまった知識となるように工夫しています。

　大学入試では、正確な知識と理解力、的確な判断と解答にあたってのスピードが要求

使い方

❶解答欄の赤色の文字は、付属の赤シートを使って隠すことができます。赤シートをずらしながら、1問ずつ解答して用語を確認ていきましょう。本書を読みすすめるだけでなく、解答を紙に書いて覚えると、よりいっそうの学習効果が期待できます。

❷単なる暗記にならないよう、ところどころに入れている「解説」を読み、理解を深めてください。教科書を読みなおすのも効果的です。

❸論述形式の問題の例として「考えてみよう」を設けています。解答例の文章には空欄がありますので、まずは空欄をうめるところから始め、しだいに文章で表現できるようにしていきましょう。

❹問題文や解説文中の重要な語句、あるいは解答のポイントとなる部分を赤字にしています。赤シートで隠して穴埋め問題として活用することもできます。

❺問題番号の左にある□□□は、反復学習する際の確認用のチェック欄です。できたもの(あるいは間違えたもの)に印をつけて、学習の定着度を確認してください。

されます。したがって、この問題集で学習する時には、しっかりと正確に問題文を読んだうえで、是非、実際に答えを書いて解答してください。また、ところどころに設けている「考えてみよう」のコーナーに挑戦してみましょう。論述形式の問題の例として、問いと解答例の文章を示し、解答例の文章には空欄をつけていますので、まずは空欄をうめるところから始め、しだいに文章で表現できるようにしていきましょう。

なお、本書は、定期試験や大学入試に十分対応するとともに、普段の授業に向けた予習などに使うことで、授業がより理解できるようになることも期待して作成しました。教科書を読み込む学習と並行し、この問題集を繰り返し解くことで、みなさんの日本史学習における理解がより深まることを願っています。

編　者

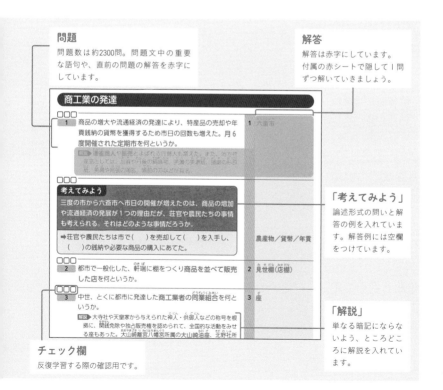

問題
問題数は約2300問。問題文中の重要な語句や、直前の問題の解答を赤字にしています。

解答
解答は赤字にしています。
付属の赤シートで隠して1問ずつ解いていきましょう。

商工業の発達

1　商品の増大や流通経済の発達により、特産品の売却や年貢銭納の貨幣を獲得するため市日の回数も増えた。月6度開催された定期市を何というか。

1　六斎市

解説▶連雀商人とよばれる行商人も増えた。また、特定の物品を取りあつかうものとしては、加賀や竹の崎を対している。

考えてみよう
三度の市から六斎市へ市日の開催が増えたのは、商品の増加や流通経済の発展が1つの理由だが、荘官や農民たちの事情も考えられる。それはどのような事情だろうか。
➡荘官や農民たちは市で（　　）を売却して（　　）を入手し、（　　）の銭納や必要な商品の購入にあてた。

農産物／貨幣／年貢

「考えてみよう」
論述形式の問いと解答の例を入れています。解答例には空欄をつけています。

2　都市で一般化した、軒端に棚をつくり商品を並べて販売した店を何というか。

2　見世棚（店棚）

3　中世、とくに都市に発達した商工業者の同業組合を何というか。

3　座

解説▶大寺社や天皇家から与えられた神人・供御人などの称号を根拠に、関銭免除や独占販売権を認められて、全国的な活動をみせる座もあった。大山崎離宮八幡宮所属の大山崎油座、北野社所

「解説」
単なる暗記にならないよう、ところどころに解説を入れています。

チェック欄
反復学習する際の確認用です。

iii

はじめに・本書の特長と使い方

第1章 | 日本文化のあけぼの

1 文化の始まり

日本列島と日本人

□□□
1 1万年前以前に氷期と温暖な間氷期が繰り返した、地質学上の時期を何というか。

解説▶人類の誕生は、地層を使った時代区分である地質年代の新生代（新第三紀と第四紀からなる）で、700万年前にさかのぼる。人類は、猿人・原人・旧人・新人（現生人類）の順に出現したとされている。

1 更新世

□□□
2 更新世に、中国・朝鮮半島経由で日本に移り住んだ大型動物は何か。

解説▶更新世の氷期には日本列島は大陸と地続きで、およそ60万年前にトウヨウゾウが、40〜30万年前にナウマンゾウがやってきたと考えられている。そのほかに、日本列島各地に渡来した南方系のオオツノジカもいた。なお、マンモスは更新世後期にシベリアから北海道に渡来した。

2 トウヨウゾウ、ナウマンゾウ、オオツノジカなど

□□□
3 更新世のあと日本列島が形成された、約1万年前から現在に至る時期を何というか。

3 完新世

□□□
4 日本列島で発見された更新世の化石人骨はいずれも新人段階のものであるが、静岡県と沖縄県で発見されたものをそれぞれ何というか。

4 静岡県：浜北人、沖縄県：港川人・白保竿根田原洞人など

旧石器人の生活

□□□
1 日本の旧石器文化解明の端緒となった群馬県にある遺跡を何というか。

解説▶この遺跡は、1946年に相沢忠洋によって発見され、これが契機となり、全国各地で旧石器時代の遺跡が調査された。

1 岩宿遺跡

□□□
2 岩宿遺跡があった更新世中期〜後期の赤土層を何というか。

2 関東ローム層

□□□ **3** 石を打ち欠いたり剥離させたりして製作された石器を何というか。	**3**	打製石器
□□□ **4** 打製石器や動物の骨・角などを道具とし、狩猟と植物性食料の採集の生活を送っていた、おもに更新世にあたる時代を何というか。	**4**	旧石器時代
□□□ **5** 旧石器時代に対し、完新世に入り、磨製石器や土器を製作・使用し、家畜の飼育・農耕をおこなった時代を何というか。 解説▶新石器時代の文化にあたる日本の縄文文化は、基本的には採集・狩猟生活であり、ユーラシア大陸各地の新石器文化と性格が異なる。	**5**	新石器時代
□□□ **6** 旧石器時代の人々は、棒の先端に打製石器をつけた石槍を用いて大型動物を捕えていたが、棒の先端につけていた石器としてどのようなものがあるか。 解説▶ほかに打製石器のおもなものとして打製石斧(打撃・伐採などに使用)がある。ナイフ形石器は直接手にもって、動物の肉や皮を切り取る際にも使用されたと考えられる。	**6**	ナイフ形石器、尖頭器
□□□ **7** 木や骨の柄にはめ込んで使用した石器を何というか。	**7**	細石器

縄文文化の成立

□□□ **1** 今から約1万年余り前の完新世になると、地球の気候も温暖になり、東日本では落葉広葉樹林が、西日本では照葉樹林が広がり、大型動物は絶滅して動きの速いニホンシカやイノシシなどの中・小型動物が多くなった。こうした自然環境の変化に対応して成立した、磨製石器の使用、狩猟・漁労・採集の生活を特徴とする文化を何とよぶか。 解説▶縄文文化は約1万6000年前から約2800～2500年前ごろまでの期間にわたり展開し、とくに温暖化が顕著になる約1万1700年前以降に発展した。使用された土器の形式から、この文化を草創期・早期・前期・中期・後期・晩期の6期に区分している。	**1**	縄文文化
□□□ **2** 増加した中・小型動物を射とめる狩猟具として用いられるようになった、縄文文化を特徴づける道具は何か。	**2**	弓矢
□□□ **3** 矢の先端に使用されたと考えられる石器は何か。 解説▶狩猟には落とし穴なども利用され、イヌが狩りのパートナー	**3**	石鏃

だった例が多い。

□□□
4 刃先などを磨いて仕上げた石器を何というか。　**4 磨製石器**

> **解説▶** 縄文文化の時代に使用された石器としては、打製石斧(土掘り用)・磨製石斧(利器)、石鏃(矢の先端に使用)、石匙(皮はぎに使用)、石錘(網の重り)、石棒(生殖器崇拝のためと考えられる)、石皿・すり石(植物性食料を押しつぶし、粉にする)などがある。

□□□
5 縄文時代には、保存・煮炊きなどのための土器が製作・使用された。この時代に用いられた土器を何というか。　**5 縄文土器**

> **解説▶** 草創期の土器は世界最古の土器の仲間であると考えられる。土器には表面に撚糸を転がしてつけた縄目文様が多いことからこの名でよばれ、さまざまな形式の土器がつくられた。前期から縄文時代全期にわたり主流となった深鉢形土器、晩期の東日本に広まった進んだ技術の亀ヶ岡式土器などがある。

縄文人の生活と信仰

□□□
1 縄文時代には、気候の温暖化により海面が上昇する海進が起きた結果、日本列島が入江の多い島国として形成された。これにより漁労が発達したが、漁労の発達を示す、捨てられた貝類や食物残滓、土器の破片などが層をなして堆積した遺跡を何というか。　**1 貝塚**

□□□
2 1877年、アメリカ人モースによって日本で最初の学術的な発掘調査がおこなわれた、東京都にある貝塚を何というか。　**2 大森貝塚**

□□□
3 漁労のため、動物の骨・角などでつくった釣針や銛などの道具を何というか。　**3 骨角器**

□□□
4 地面を掘り下げ掘立柱を立て、その上に草葺きの屋根をかけた住居を何というか。　**4 竪穴住居**

> **解説▶** 1戸には5人ほどが住み、屋内に炉や食料の貯蔵穴があった。複数の住居が広場を囲み、環状もしくは馬蹄形・U字形の集落を形成した。

□□□
5 青森市郊外で発見された、縄文前期から中期の大集落遺跡を何というか。　**5 三内丸山遺跡**

□□□
6 縄文時代の人々の交流や広範囲の交易を物語る、北海道白滝や長野県和田峠などを原産とする石器の原材料は何か。　**6 黒曜石**

解説▶広範囲の交易を示すものとして、黒曜石のほかには、新潟県姫川流域を原産とするヒスイ（硬玉）、香川県白峰山を原産とするサヌカイトがある。

☐☐☐
7 あらゆる自然物や自然現象に霊魂が存在するとし、それを畏怖し崇拝する信仰を何というか。

7 アニミズム（精霊崇拝）

☐☐☐
8 超自然的な存在や神秘的な力の助けを働かせ、災いをのがれたり豊かな自然の恵みを祈願したりする行為を何というか。

8 呪術

☐☐☐
9 生殖・収穫を祈るために用いたとされ、多くは女性をかたどった、呪術の風習を示す遺物である土製品を何というか。

9 土偶

解説▶呪術に関する遺物としては、人の顔面や文様を刻んだ土面・土版、男性の生殖器を表現したと思われる石棒などもある。

☐☐☐
10 通過儀礼である成人式の際などにおこなわれたと考えられる、犬歯・切歯などを抜く風習は何か。

10 抜歯

☐☐☐
11 死者の四肢を折り曲げて葬る埋葬形式を何というか。

11 屈葬

☐☐☐

考えてみよう
縄文時代に広範囲の人々の交流や交易がおこなわれていたことは、考古学的発見によって確認されている。その考古学的発見について説明してみよう。

➡（　）や長野県で産出される黒曜石製の打製石器や（　）県姫川で産出される（　）製の石製品が広い範囲で分布していることが交易を示す例としてあげられる。

北海道／新潟／ヒスイ（硬玉）

2　農耕社会の成立

弥生文化の成立

☐☐☐
1 紀元前8世紀ごろからはじまった可能性があり、九州から東北地方にかけて紀元後3世紀半ばごろまで栄えた文化を何というか。

1 弥生文化

解説▶弥生文化の始期は前5〜前4世紀より数百年さかのぼるとさ

れるが、未だ確定していない。

□□□

考えてみよう

弥生文化は縄文文化と融合しながら発展したと考えられる
が、そのことを示す考古学的発見の例を説明してみよう。

➡矢の先につける（　　）などの打製石器や（　　）製品の製作
技術、（　　）住居などは、縄文文化の伝統を引き継いでい
る。

石鏃／漆／竪穴

□□□

2 弥生文化を特徴づける水稲農耕は、縄文時代晩期に九州
北部で開始された。**佐賀県唐津市**と**福岡県福岡市**で発
見された、縄文時代晩期(もしくは弥生早期)の水田跡が
ある遺跡の名称をそれぞれあげよ。

2 佐賀県：菜畑遺跡、
福岡県：板付遺跡

□□□

3 **弥生文化**は、北海道と南西諸島にはおよばなかったが、
それぞれの地域に展開した文化を何とよぶか。

3 北海道：続縄文文化、
南西諸島：貝塚文化
（貝塚後期文化）

□□□

4 弥生文化を特徴づけるものとして、**金属器の使用**もあげ
られる。この時代に用いられた金属器を2種類あげよ。

<u>解説</u> 青銅器は初めは実用品であったが、やがて祭器・宝器として
用いられるようになり、工具などの実用品としては鉄器が用い
られた。

4 鉄器、青銅器

□□□

5 弥生時代には、縄文土器に比べると**薄手で硬く、色は赤
褐色、文様は無文や簡素なもの**が多い土器が用いられる
ようになったが、この土器を何というか。

<u>解説</u> 弥生土器は実用にあわせて、煮炊き用の甕、貯蔵用の壺、
食物を盛る鉢や高杯(高坏)、蒸す甑などの種類が製作された。

5 弥生土器

□□□

6 弥生時代の4期の時期区分をあげよ。

<u>解説</u> 早期は水稲耕作をおこなうのに、まだ縄文土器を使用してい
る時期を指すが、これを認めず前・中・後の3期とする考え方も
あり、研究者の間で論争が続いている。

6 早期・前期・中期・
後期

弥生人の生活

□□□

1 弥生時代に用いられた耕作用の木製農具としてどのよう
なものがあるか。

<u>解説</u> 木製農具は、初め磨製石器で製作され、木鍬・木鋤・木
臼・竪杵・田下駄・えぶり(水田面を平らにならす農具)など、

1 鋤(木鋤)、鍬(木鍬)

その種類もさまざまであった。木製農具の製作にはしだいに鉄製工具が用いられ、さらに、鉄製の刃先をもつ鉄鋤、鉄鍬、鉄鎌などの農具も普及するようになった。

2 弥生時代の稲の収穫法を何というか。

2 穂首刈り

3 穂首刈りにおいて用いられた稲の収穫用具(石器)を何というか。

3 石包丁

解説▶弥生時代後期には鉄鎌を用いた根刈りもはじまった。

4 弥生時代に収穫物を収納するために建てられた建物を何というか。

4 高床倉庫

5 九州北部ではじまった稲作で、低湿地の三角州などに開かれた水田を何というか。

5 湿田

6 灌漑施設のある、弥生時代中・後期に開発が進められた水田を何というか。

6 乾田(半乾田)

解説▶弥生時代の水田跡として、菜畑遺跡や板付遺跡のほかに、前期では青森県にある砂沢遺跡(数百年で水田稲作は放棄された模様)、後期では静岡県にある登呂遺跡などが知られている。また、水田に籾を直接播く直播が弥生時代の一般的方法とされてきたが、岡山県百間川遺跡などの例から、田植えをおこなっていた場合もあることが判明した。

7 弥生時代前期に近畿地方や東海・北陸地方にみられる、方形の低い墳丘の周囲に溝をめぐらした墳墓を何というか。

7 方形周溝墓

8 土器である甕を棺として用いた墓で、九州北部に多くみられる弥生時代の墓を何というか。

8 甕棺墓

解説▶弥生時代の墓として、このほかに大型の平石を自然石の支柱で支えた支石墓がある。また、木棺墓・壺棺墓・箱式石棺墓や棺を用いず穴を掘ったままの土坑墓に伸展葬したものがある。

9 弥生時代中期から西日本に出現した、盛り土をして墓域を画した墳墓を何というか。

9 墳丘墓

10 弥生時代中期以降、近畿地方を中心に分布した青銅器は何か。

10 銅鐸

11 弥生時代中期以降、瀬戸内海中部を中心に分布した青銅器は何か。

11 平形銅剣

□□□
12 弥生時代中期以降、**九州北部を中心**に分布した青銅器は何か。 | 12 銅矛（どうほこ）、銅戈（どうか）

解説▶後期には、岡山県楯築墳丘墓（たてつきふんきゅうぼ）や山陰地方の四隅突出型墳丘墓（よすみとっしゅつがた）のように多量の副葬品（ふくそうひん）をもつ墓や大型の墳丘墓が出現したことは、集団の中に身分の差が生じ、各地に有力な支配者が出現したことを示している。

小国の分立

□□□
1 弥生時代には大規模な集落が各地に現れたが、その中には深い濠（ほり）や土塁（どるい）を周囲にめぐらした防御用（ぼうぎょ）の施設をもった集落がある。このような集落を何というか。 | 1 環濠集落（かんごう）

□□□
2 **佐賀県**にある、環濠集落の代表的な例として知られる遺跡を何というか。 | 2 吉野ヶ里遺跡（よしのがり）

□□□
3 弥生時代中期から後期にかけて、大阪湾沿岸から瀬戸内海沿岸の山頂・丘陵上に、**軍事的・防衛的な目的**で営まれた集落を何というか。 | 3 高地性集落（こうちせい）

解説▶環濠集落の代表例としては、吉野ヶ里遺跡のほかに奈良県田原本町（わらもとちょう）にある唐古・鍵遺跡（からこ・かぎ）が、高地性集落の代表例としては香川県三豊市（みとよ）にある紫雲出山遺跡（しうんでやま）などが知られている。

□□□
4 中国で、紀元前202年に成立した長安（ちょうあん）を都とする王朝の名と、この王朝の滅亡後、紀元25年に洛陽（らくよう）を都として復興された王朝の名をあげよ。 | 4 漢（前漢）、後漢

□□□
5 前漢の武帝（ぶてい）が朝鮮半島を征服して、紀元前108年に現在の平壌（ピョンヤン）付近に設置したとされる郡の名を何というか。 | 5 楽浪郡（らくろう）

解説▶楽浪郡は、紀元前108年、真番郡（しんばん）・臨屯郡（りんとん）・玄菟郡（げんと）とともに朝鮮半島に置かれ、313年、高句麗によって滅ぼされた。

□□□
6 唐以前に、中国人は日本のことをどのようによんでいたか。 | 6 倭（わ）

□□□
7 紀元前1世紀ごろに倭人の社会は100余国に分かれ、定期的に楽浪郡に使者を送っていたと記載している中国の歴史書は何か。 | 7 『漢書』（かんじょ）地理志（ちりし）

□□□
8 紀元57年、倭の、ある小国の王の使者が、後漢の都洛陽におもむき皇帝から印綬（いんじゅ）を与えられたことを記載している中国の歴史書は何か。 | 8 『後漢書』（ごかんじょ）東夷伝（とういでん）

☐☐☐ **9**	『後漢書』東夷伝には、印綬を与えられた倭の小国の名は何と記載されているか。	**9**	奴国
☐☐☐ **10**	奴国の王に印綬を与えた中国皇帝は誰か。	**10**	光武帝

解説▶ このときの印と考えられる金印が、1784年に福岡県志賀島で発見され、それには「漢委奴国王」と刻まれている。また、『後漢書』東夷伝には、紀元107年に倭国王帥升らが、「生口」（奴隷と考えられる）160人を安帝に献じたと記載されている。

邪馬台国連合

☐☐☐ **1**	後漢末に、楽浪郡の南部を分割して設けられた郡の名を何というか。	**1**	帯方郡
☐☐☐ **2**	3世紀の中国では、魏・呉・蜀の3国が分立して覇を競いあったが、この時代を何というか。	**2**	三国時代
☐☐☐ **3**	三国時代の正史『三国志』のうち、倭についての記述がある魏の歴史書の通称を何というか。	**3**	「魏志」倭人伝
☐☐☐ **4**	『魏志』倭人伝に記載されている、3世紀の倭で小国の連合を形成していたとされる国を何というか。	**4**	邪馬台国
☐☐☐ **5**	邪馬台国の女王は誰であるとされているか。	**5**	卑弥呼（ひめこ）

解説▶ 「魏志」倭人伝には、邪馬台国は29国ほどの小国の連合の中心で、女王は鬼道（呪術）につうじ、239年、魏に使いを送り、「親魏倭王」の金印紫綬と銅鏡100枚などを賜ったと記述されている。

☐☐☐ **6**	卑弥呼の死後の混乱ののち、女王についたとされるのは誰か。	**6**	壱与（台与）
☐☐☐ **7**	邪馬台国の所在地については帯方郡からの経路が不明確なため、2説ある。その2説をあげよ。	**7**	近畿説と九州説
☐☐☐ **8**	奈良県桜井市では、1970年代からの発掘調査で、3世紀前半とみられる整然と配置された大型建物群を伴う100haにおよぶ集落遺跡が明らかになった。のちのヤマト政権の王宮につながるものとして注目されている、その遺跡を何というか。	**8**	纒向遺跡

考えてみよう

『後漢書』東夷伝にみる奴国と比べて、邪馬台国はどのような特色があっただろうか。「魏志」倭人伝などから読み取って説明してみよう。

➡奴国は（　　）にあった小国だったが、邪馬台国は29国ばかりの小国の（　　）として成立していた。（　　）・（　　）などの身分秩序や交易のための（　　）もあり、ある程度の統治機構や（　　）の制度も整っていた。

九州北部(福岡県)／連合／大人(たいじん)／下戸(げこ)／市(いち)／租税

第2章 | 古墳とヤマト政権

1 古墳文化の展開

古墳の出現とヤマト政権

□□□
1 古墳にはいくつかの形式がある。3世紀中ごろから後半になり出現し、とくに大規模なものが多い、円形の墳丘と方形の盛土を合体させた形式は何か。

1 前方後円墳

□□□
2 奈良県桜井市の纒向遺跡の南側にある、出現期の前方後円墳として最大級の規模をもつ古墳は何か。

2 箸墓古墳

□□□
3 木棺や石棺を納めた埋葬施設として、前期・中期の古墳に多くみられる形態は何か。

3 竪穴式石室

□□□
4 遺体とともに埋められた品々を何というか。

解説▶ 前期古墳は、墳頂部分に長い木棺を納めた竪穴式石室があり、銅鏡などの呪術的な副葬品を納めるなどの画一的な特徴があった。

4 副葬品

□□□
5 大和地方の、有力な豪族の首長を中心とした政治連合を何というか。

5 ヤマト政権

前期・中期の古墳

□□□
1 古墳の墳丘上に並べられた素焼きの土製品を何というか。

解説▶ 埴輪は円筒埴輪と形象埴輪の2種がある。古墳時代前期には、円筒埴輪のほか、家形埴輪や器財埴輪などの形象埴輪が用いられた。古墳時代中期以降には、これらの埴輪とともに人物埴輪や動物埴輪などの形象埴輪もさかんに用いられるようになった。古墳の表面は葺石でおおわれ環濠をもつものも少なくなかった。

1 埴輪

□□□
2 副葬品の中には、邪馬台国が交渉した魏の銅鏡とも考えられるものがある。それは何か。

解説▶ 前期古墳の副葬品は、銅鏡や玉（勾玉・管玉）など呪術的色彩

2 三角縁神獣鏡

が強いことから埋葬者は**司祭者的性格**が強く、中期以降の古墳の副葬品には、武器(刀剣類)・武具(甲冑など)・馬具・金銀装身具・鉄製農具などが多いことから、埋葬者は**武人的性格**が強いとされている。

□□□

3 大阪府堺市にある、5世紀ごろの築造と考えられるもので、平野に盛り土をし、周囲に2〜3重の濠をめぐらせた、墳丘が486mにおよぶ巨大古墳は何か。

3 大仙陵古墳(仁徳天皇陵古墳)

□□□

4 巨大古墳の被葬者は、**ヤマト政権**の最有力者と考えられる。その最有力者を何というか。

4 大王(だいおう)

東アジア諸国との交渉

□□□

1 紀元前1世紀ごろに建国され、313年には楽浪郡を滅ぼし、**朝鮮半島北部**を領有した国の名を何というか。

1 高句麗

□□□

2 4世紀半ばごろ、朝鮮半島の馬韓50余国が統一されて成立した国の名を何というか。

2 百済(ひゃくさい)

□□□

3 4世紀半ばごろ、朝鮮半島の辰韓12カ国が統一されて成立した国の名を何というか。

3 新羅(しんら)

□□□

4 4世紀後半以降、朝鮮半島南部の**弁韓(弁辰)**の地に分立していた諸国を総称して何とよんでいたか。

解説▶『日本書紀』では加耶を任那とよんでいる。

4 加耶(加羅)

□□□

5 4〜5世紀の、ヤマト政権の朝鮮半島進出の様子を記載している**高句麗**の王の石碑を何というか。

解説▶この碑は広開土王の優れた業績を顕彰する目的で、首都丸都(中国吉林省集安市通溝)に建てられたもので、当時の朝鮮半島情勢を知るための貴重な史料である。

5 広開土王(好太王)碑

□□□

6 5世紀初めから6世紀初頭にかけて、ヤマト政権の5人の王が**中国南朝**の王朝に朝貢し、倭と朝鮮半島の支配者の称号を求めたことが、中国の歴史書に記載されている。この5人の王を総称して何というか。

解説▶4世紀初めに匈奴の侵入を受けて中国は南北に分裂し周辺民族への支配が弱まり、東アジアの諸地域は国家形成へ進んだ。

6 倭の五王

□□□

7 倭の五王の名は、中国の歴史書に何と記されているか、順にあげよ。

7 讃・珍(弥)・済・興・武

□□□ **8**	倭の五王のうち、5人目の王は『日本書紀』では何天皇と されているか。	**8** 雄略天皇 _{ゆうりゃくてんのう}
□□□ **9**	雄略天皇の中国(宋)皇帝への**上表文**を記載している中国 の歴史書は何か。	**9** 『宋書』倭国伝 _{そうじょ わこくでん}

大陸文化の受容

□□□ **1**	4〜5世紀には**楽浪**・**帯方**に住んでいた漢民族が、5〜 6世紀には**百済**系の韓民族が**渡来**し、優れた技術や文化 を伝えた。これらの人々を何とよぶか。 **解説▶** ヤマト政権は彼らを韓鍛冶部・陶作部・錦織部などの技術者 集団に組織した。これら各種の部の総称を品部という。なお、 『古事記』『日本書紀』には、西文氏の祖先王仁、東漢氏の祖先 阿知使主、秦氏の祖先弓月君に関して渡来の説話が記されている。	**1** 渡来人 _{とらいじん}
□□□ **2**	6世紀に**百済**から渡来した**五経博士**によって伝えられた とされる教えは何か。	**2** 儒教 _{じゅきょう}
□□□ **3**	『日本書紀』によると**欽明天皇**の13(壬申)年(552年)に、 **百済の聖明王**(聖王、明王)から公式に伝えられたとされ る教えは何か。 **解説▶** 厩戸王(聖徳太子)の伝記である『上宮聖徳法王帝説』は、百 済王の仏像などの献上は戊午年(538年)のこととしている。な お、一部の渡来人の間では、それ以前から仏教が信仰されていた 可能性が高い。	**3** 仏教 _{ぶっきょう}

後期の古墳

□□□ **1**	古墳時代後期にあたる6世紀以降に一般化した古墳の埋 葬施設は何か。 **解説▶** 墓室である玄室と墳丘外部を結ぶ通路(羨道)をもち、追葬 が可能なことが特徴である。	**1** 横穴式石室 _{よこあなしき}
□□□ **2**	石室の壁面や石棺の外面などに彩色や線刻による壁画が 施された古墳を何というか。	**2** 装飾古墳 _{そうしょく}
□□□ **3**	一定地域内に**小規模な円墳**などが多数群集して構築さ れた古墳群を何というか。	**3** 群集墳 _{ぐんしゅうふん}

□□□

考えてみよう

5世紀後半から6世紀に、近畿地方以外の大型前方後円墳が
みられなくなったのは、ヤマト政権のあり方が変化したから
である。その変化を説明しよう。

➡ヤマト政権は、各地の豪族が（　　）して形成した政権か
ら、ヤマト政権の最有力者である（　　）を中心とした近畿
地方の勢力に（　　）するかたちへと変化した。

連合／大王／服属

古墳時代の人々の生活

□□□

1 古墳時代に用いられた、弥生土器の系譜を引く赤焼きの
土器を何というか。

1 土師器

□□□

2 5世紀後半以降に用いられた、朝鮮伝来の技術で製作さ
れた灰色で硬質な土器を何というか。

解説 ろくろを使用し、のぼり窯を用い、1000℃以上の高温で焼か
れた土器である。

2 須恵器

□□□

3 農耕に関する祭祀で、年の始めに五穀豊穣を祈る祭を
何というか。

3 祈年の祭り（祈年祭）

□□□

4 農耕に関する祭祀で、秋に収穫を感謝する祭を何という
か。

4 新嘗の祭り（新嘗祭）

□□□

5 川や滝などの清浄な水で穢れを落とす呪術的風習を何と
いうか。

解説 穢れを落とす呪術的風習として、禊のほかに、物品を差し出
すなどして罪や穢れを身から除く祓がある。

5 禊

□□□

6 鹿の肩甲骨を焼き、割れ具合から神意を汲み取る呪法を
何というか。

6 太占の法

□□□

7 熱湯に手を入れさせ、ただれるか否かによって真偽を判
定する神判の方法を何というか。

7 盟神探湯

□□□

8 人々は絶海の孤島や形の整った山などを神のやどる場所
と考え祭祀の対象とした。現在も残る福岡県宗像大社の
沖津宮が神としてまつる玄界灘の孤島は何か。

8 沖ノ島

ヤマト政権と政治制度

☐☐☐ 1	熊本県にある古墳から出土した、漢字が刻まれた鉄刀を何というか。	1 江田船山古墳出土鉄刀
☐☐☐ 2	埼玉県にある古墳から出土した、漢字が刻まれた鉄剣を何というか。	2 稲荷山古墳出土鉄剣
☐☐☐ 3	稲荷山古墳出土鉄剣には、「獲加多支鹵大王」の文字が刻まれ、江田船山古墳出土鉄刀にも同様の王名と考えられる文字が刻まれている。この大王とは何天皇を指すと考えられているか。	3 雄略天皇
☐☐☐ 4	ヤマト政権がつくりあげた、中央・地方の豪族を政権の支配下に組み入れるための政治制度を何というか。	4 氏姓制度
☐☐☐ 5	血縁を中心に構成された擬制的同族集団を何というか。	5 氏
☐☐☐ 6	氏の同族集団の首長と一般構成員を何というか。	6 氏上、氏人
☐☐☐ 7	ヤマト政権の大王が豪族たちに授けた、家柄や地位を示す称号を何というか。	7 姓（カバネ）
☐☐☐ 8	かつては大王家と並ぶ地位にあったと考えられる有力な豪族に与えられた姓は何か。 解説▶臣の称号は、地名を氏の名とした葛城・平群・蘇我・巨勢などの大和の豪族や、吉備・出雲など地方の大首長的な豪族に与えられている。	8 臣
☐☐☐ 9	ヤマト政権内での職掌を氏の名とした有力な豪族に与えられた姓を何というか。 解説▶連の姓は、大伴（軍事）・物部（軍事）・中臣（祭祀）氏など、特定の職能で大王に仕えた豪族に与えられている。	9 連
☐☐☐ 10	地方の有力な豪族に与えられた姓は何か。	10 君（公）
☐☐☐ 11	臣姓豪族の最有力者が就任した、ヤマト政権内における最高執政官の地位を表す称号は何か。	11 大臣
☐☐☐ 12	連姓豪族の最有力者が就任した、ヤマト政権内における最高執政官の地位を表す称号は何か。	12 大連

□□□		
13	各種の職務を世襲的につとめ、ヤマト政権の大王に、伴（とも）や部（べ）を率いて朝廷の職掌を分担した者を何というか。	13 伴造（とものみやつこ）

□□□		
14	伴造に従い、それぞれの職能でヤマト政権に奉仕した官人集団を何というか。 **解説** 伴を支える品部の例として、錦織部（にしごりべ）（高級織物の錦を織っていた部）、韓鍛冶部（からかぬちべ）（大陸伝来の技術で金属製品の製作をおこなった部）、陶作部（すえつくりべ）（朝鮮の技術で陶器の生産にあたった部）などがある。	14 伴

□□□		
15	ヤマト政権に服属した地方豪族が任命された地方官の名称をあげよ。	15 国造（くにのみやつこ）

□□□		
16	527年、新羅（しらぎ）と結んで大規模な反乱を引き起こしたとされる九州の豪族は誰か。	16 磐井（いわい）

□□□		
17	磐井の地位をあげよ。	17 筑紫国造（つくしのくにのみやつこ）

□□□		
18	ヤマト政権が各地に設けた直轄領を何というか。	18 屯倉（みやけ）

□□□		
19	大王家やその一族のために生活物資を貢納した、ヤマト政権の直轄民を何というか。	19 名代（なしろ）・子代（こしろ）

□□□		
20	豪族の私有地を何というか。	20 田荘（たどころ）

□□□		
21	豪族の私有民を何というか。	21 部曲（かきべ）

古墳の終末

□□□		
1	前方後円墳の造営が停止された6世紀末から7世紀初め以降の約100年ほどの時期に、国造などの一部の有力豪族が大型方墳や円墳を営んだ、この時期の古墳を何というか。	1 終末期古墳

□□□		
2	7世紀中ごろ、近畿の大王の墓はどのような形式の墓となったか。	2 八角墳

2 飛鳥の朝廷

東アジアの動向とヤマト政権の発展

□□□			
1	6世紀中ごろに、朝鮮半島への政策の失敗が原因で勢力を失ったとされる豪族は何氏か。 **解説▶**『日本書紀』によると、大伴金村は、512年に加耶西部の地域に百済の支配権が確立したことが失政とされ、失脚したとされている。	**1**	大伴氏
□□□ **2**	6世紀中ごろ、ヤマト政権内で**仏教受容**などをめぐって対立した大臣と大連の豪族はそれぞれ何氏か。 **解説▶**欽明天皇の時代に仏教が公式に伝えられた際、崇仏派の蘇我稲目と排仏派の物部尾輿とが激しく対立したという。なお、蘇我氏は、稲目・馬子・蝦夷・入鹿の4人が大臣の地位に就任し、権勢をほこった。	**2**	大臣:蘇我氏、大連: 物部氏
□□□ **3**	皇位継承問題で対立した大連の物部守屋を攻め滅ぼし、592年には自分たちが擁立した天皇を殺害した人物は誰か。	**3**	蘇我馬子
□□□ **4**	蘇我馬子に殺害された天皇は誰か。	**4**	崇峻天皇
□□□ **5**	崇峻天皇が暗殺されたあと、群臣に擁立されて即位した**最初の女性天皇**は誰か。	**5**	推古天皇
□□□ **6**	蘇我馬子とともに国政にあたった、**推古天皇の甥**にあたる人物は誰か。	**6**	厩戸王(聖徳太子)
□□□ **7**	603年に定められた、氏族ではなく、個人の才能・功績により冠位を与えるとした**人材登用の制度**を何というか。 **解説▶**徳・仁・礼・信・義・智の6徳目を、大小に分けて12階とし、色別の冠を与えた。	**7**	冠位十二階
□□□ **8**	604年に定められた、天皇への服従、衆議尊重、仏法僧崇敬など、官人への道徳的訓戒を内容とした法令を何というか。	**8**	憲法十七条
□□□ **9**	589年に、中国の南北朝を統一した王朝を何というか。	**9**	隋
□□□ **10**	推古天皇の時代に隋に派遣された使節を何というか。	**10**	遣隋使

□□□
11　607年、遣隋使として派遣されたのは誰か。

解説▶このときの国書は倭の五王時代とは異なり、中国皇帝に臣属しない形式をとっていたため、隋の皇帝煬帝が不快感を表したことが、『隋書』倭国伝に記されている。608年には、煬帝の答礼使として裴世清が来日した。

11　小野妹子

□□□
12　608年に派遣された遣隋使に同行して隋に渡った留学生の名をあげよ。

12　高向玄理

□□□
13　高向玄理とともに隋に渡った学問僧を2人をあげよ。

解説▶これら留学生・学問僧は、帰国（旻が632年、高向玄理と南淵請安は640年）して、唐の律令制などの新知識を伝えた。

13　南淵請安、旻

□□□
14　618年、隋にかわって中国を統一し、都を長安に置いて繁栄した王朝を何というか。

14　唐

□□□
15　第1回遣唐使として派遣されたのは誰か。

15　犬上御田鍬

□□□

考えてみよう

冠位十二階はどのようなことをめざしたのだろうか、氏姓制度と比較して説明してみよう。

➡氏姓制度のもとで姓は（　　　）に対してその職掌に応じて与えられたものだが、冠位十二階は（　　　）や（　　　）に応じて（　　　）に与えられたもので、官僚としての人材を登用しようとするものだった。

豪族／才能／功績／個人

飛鳥の朝廷と文化

□□□
1　7世紀前半の推古天皇の時代を中心に展開した文化を何というか。

解説▶中国の南北朝文化や百済・高句麗文化の影響を受けた、日本で最初の仏教文化である。

1　飛鳥文化

□□□
2　氏族が一族のために建立し、その帰依を受けた寺院を何というか。

2　氏寺

□□□
3　蘇我氏の発願によって建立された本格的な伽藍をもつ寺院を何というか。

3　飛鳥寺（法興寺）

□□□
4　厩戸王の発願といわれる、現在の大阪市に所在する寺院を何というか。

4　四天王寺

☐☐☐ **5**	厩戸王の発願により大和斑鳩の地に建立された寺院を何というか。 **解説** 法隆寺については、『日本書紀』の670年に法隆寺炎上の記事があることから、再建・非再建論争が起こったが、若草伽藍跡の発掘により再建説が有力となった。	**5** 法隆寺(斑鳩寺)
☐☐☐ **6**	飛鳥時代の仏師で、北魏様式の金銅像を制作したのは誰か。	**6** 鞍作鳥(止利仏師)
☐☐☐ **7**	鞍作鳥が制作したと伝えられる、法隆寺金堂の本尊を何というか。	**7** 法隆寺金堂釈迦三尊像
☐☐☐ **8**	左手に水瓶をもつ、法隆寺にある長身で柔和な姿態の木像を何というか。	**8** 法隆寺百済観音像
☐☐☐ **9**	片足をもう片方の足の股上に組み、手を頬にあてて思惟している中宮寺と広隆寺の木像をそれぞれ何というか。	**9** 中宮寺半跏思惟像、広隆寺半跏思惟像
☐☐☐ **10**	須弥座周囲の透彫の金具の下に玉虫の羽を伏せる技法を用いた、法隆寺にある仏像安置のための宮殿形をした厨子を何というか。	**10** 法隆寺玉虫厨子
☐☐☐ **11**	厩戸王の死後、王の妃が制作させた中宮寺蔵の絵画刺繍を何というか。	**11** 天寿国繍帳
☐☐☐ **12**	7世紀初頭の推古天皇の時代に、百済から暦法を伝えたとされる僧の名と、高句麗から彩色・紙・墨の技法を伝えたとされる僧の名をそれぞれあげよ。	**12** 百済:観勒、高句麗:曇徴

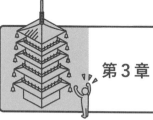

第3章 | 律令国家の形成

1 律令国家への道

大化改新

□□□ 1 父である蘇我馬子についで大臣となり、舒明天皇を擁立して専権を振るった人物は誰か。	1	蘇我蝦夷
□□□ 2 蘇我蝦夷の子で、父から大臣の地位を譲られ、有力な皇位継承者であった厩戸王の子を滅ぼした人物は誰か。	2	蘇我入鹿
□□□ 3 蘇我入鹿により滅ぼされた厩戸王の子とは誰か。	3	山背大兄王
□□□ 4 645年、蘇我本宗家の蝦夷・入鹿父子が滅ぼされてはじまった一連の政治改革を何というか。 解説▶蘇我蝦夷・入鹿父子が滅ぼされた政変を乙巳の変という。	4	大化改新
□□□ 5 蘇我本宗家を打倒し、天皇中心の官僚制による中央集権体制の確立をめざした皇族は誰か。	5	中大兄皇子
□□□ 6 大化改新を機に退位した皇極天皇にかわり、新たに即位した天皇は誰か。 解説▶中大兄皇子は皇太子となった。	6	孝徳天皇
□□□ 7 中大兄皇子に協力し、大化改新を推進し、改新政府で内臣になった人物と右大臣になった人物をあげよ。 解説▶左大臣には阿倍内麻呂がついた。	7	内臣：中臣鎌足、右大臣：蘇我倉山田石川麻呂
□□□ 8 大化改新の際、新たに国政顧問ともいうべき官職が設けられたが、何というか。	8	国博士
□□□ 9 かつて遣隋使に同行して中国に渡り、唐から帰国し国博士に任命された人物を2人あげよ。	9	旻、高向玄理
□□□ 10 645年に定められた日本最初の年号（元号）を何というか。	10	大化

□□□ **11**	645年に大王宮は飛鳥を離れ、難波の地で政治改革が進められた。難波の大王宮を何というか。	**11** 難波宮（難波長柄豊碕宮）
□□□ **12**	646年の正月に出された、4カ条からなる政治の基本方針を何というか。 **解説▶** 詔では、①私地私民をやめて公地公民とする、②地方行政区画を定め中央集権体制をとる、③戸籍・計帳をつくり、班田収授法をおこなう、④統一的税制をおこなう、という4つの基本方針を示している。	**12** 改新の詔

天智天皇・天武天皇

□□□ **1**	唐・新羅に滅ぼされた百済の復興のために、663年、倭が大軍を朝鮮半島に派遣し、旧百済勢力とともに唐・新羅連合軍と戦って大敗した。この戦いを何というか。	**1** 白村江の戦い（はくすきのえ）
□□□ **2**	白村江の戦いでの大敗を受けて、当時の中大兄皇子を中心とした政権が大宰府の北に設けた堤を伴う防御施設を何というか。	**2** 水城
□□□ **3**	白村江の戦いでの大敗ののち、対馬から大和にかけての山上に築かれた施設は何か。 **解説▶** 水城や朝鮮式山城の築造は、百済からの亡命貴族の指導下で進められた。さらに大宰府を防衛するために大宰府北方に大野城などが築かれた。	**3** 朝鮮式山城（山城）
□□□ **4**	斉明天皇の死後、中大兄皇子は皇太子のままで政治をとっていた（これを称制という）が、その後、即位して何天皇とよばれたか。	**4** 天智天皇
□□□ **5**	天智天皇が飛鳥（後岡本宮）から遷都したのはどこか。 **解説▶** 天智天皇のとき、中臣鎌足らが近江令を編纂したともいわれるが、律は伴わず、完成・施行を否定する考えもある。	**5** 近江大津宮
□□□ **6**	670年、天智天皇のもとで作成された最初の全国的な戸籍を何というか。 **解説▶** 全国的な戸籍で、氏姓を正す根本台帳として重要視され、永久保存とされた。	**6** 庚午年籍
□□□ **7**	天智天皇の死後、672年に起きた皇位継承の内乱を何というか。	**7** 壬申の乱

□□□
8 壬申の乱は天智天皇の皇子と天智天皇の弟の間で起こった。両者の名をあげよ。

8 子：**大友皇子**、弟：**大海人皇子**

□□□
9 壬申の乱に勝利した天智天皇の弟が皇居を置き、即位したのはどこか。

9 **飛鳥浄御原宮**

□□□
10 壬申の乱に勝利した天智天皇の弟は即位して、何天皇とよばれたか。

10 **天武天皇**

□□□
11 天武天皇が、新たに制定した**豪族の身分秩序**を何というか。

11 **八色の姓**

解説▶真人・朝臣・宿禰・忌寸・道師・臣・連・稲置の8つの姓が定められ、皇族に関係の深いものを上位に置くなど、天皇中心の身分秩序を編成した。

□□□
12 天武天皇のころに、従来の「大王」にかわって用いられるようになったと考えられる**君主の称号**は何か。

12 **天皇**

解説▶ヤマト政権は、7世紀後半から、従来の「倭」にかえて「日本」という国号を用いはじめた。

□□□

考えてみよう
壬申の乱は中央集権国家の形成に大きな意味をもった。具体的にはどのような影響をおよぼしたのだろうか。説明してみよう。

➡大友皇子の近江朝廷側についた（　　）が没落した結果、天武天皇は強大な権力を獲得し、（　　）の形成が進んだ。

有力中央豪族／中央集権国家

律令の成立と「日本」

□□□
1 天武天皇の皇后で、その諸政策を引き継いだ天皇は誰か。

1 **持統天皇**

□□□
2 天武天皇のころに編集が命じられ、**持統天皇**のときの689年に施行された令を何というか。

2 **飛鳥浄御原令**

解説▶飛鳥浄御原令にもとづいて、施行の翌年につくられたのが**庚寅年籍**。人民を統一的に支配する基礎となり、以後、6年ごとに戸籍がつくられる制度が確立した。

□□□
3 持統天皇のときに遷都した、**本格的な都城**を何というか。

3 **藤原京**

解説▶中国の**都城制**（天子の居城を中心に整えられた都市制度）をもとにした本格的な都で、宮城の周囲には**条坊制**をもつ京が設けられた。

□□□			
4	701年、律 6 巻・令11巻が完成し、律令政治の仕組みもほぼ整った。この律令を何というか。	4	大宝律令

解説▶これは、唐の永徽律令を手本に作成された。律は刑法で、唐のものをほぼ写したものあり、令は行政組織や官吏の勤務規定、人民の租税や労役の規定などで、日本の実情にあわせて大幅に改変されている。

□□□			
5	大宝律令の編纂に際し、中心となった人物を 2 人あげよ。	5	刑部親王、藤原不比等

□□□			
6	律令により運営される国家を何というか。	6	律令国家

□□□			
7	718年に成立し、757年に施行された律令を何というか。	7	養老律令

□□□			
8	養老律令を作成した人物と施行した人物は誰か。	8	作成：藤原不比等、施行：藤原仲麻呂

解説▶養老令は官撰注釈書『令義解』と私撰注釈書『令集解』に大部分が、養老律は一部が伝存する。内容的には大宝律令と大差はないという。

□□□			
9	702年に派遣された遣唐使のときに、それまで使われていた「倭」という国号にかわって新たな国号が正式に使われている。何という国号か。	9	日本

官僚制

□□□			
1	律令官制で二官とは神祇祭祀を司る官と、一般行政の最高機関である官を指すが、それぞれの名称をあげよ。	1	神祇官、太政官

解説▶太政官は、最高官職ではあるが則闕の官である太政大臣、政務を総括した左大臣・右大臣、大納言、少納言、左弁官・右弁官、外記などから構成されていて、公卿会議で審議し天皇の裁可を得て、その実務を八省に分担させた。

□□□			
2	太政官のもとで、政務を分掌した中央行政官庁を総称して何というか。	2	八省

解説▶左弁官のもとに中務・式部・治部・民部の 4 省、右弁官のもとに兵部・刑部・大蔵・宮内の 4 省が所属した。

□□□			
3	官吏の不正を監視する機関を何というか。	3	弾正台

□□□			
4	京内・宮中の警護をおもな職務とした機関を総称して何というか。	4	五衛府

解説▶衛門府・左衛士府・右衛士府・左兵衛府・右兵衛府を五衛府という。

5 諸王・諸臣に与えられた序列を示す等級は何か。

5 位階

解説▶養老令では親王・内親王が一品から四品の4等級、諸王は一位から五位、諸臣は一位から初位までの30階に分かれていた。

6 行政の運営は、太政官を構成する太政大臣、左・右・内大臣、大・中納言、参議、三位以上の者の合議でおこなわれた。それらの者をあわせて何というか。

6 公卿

7 一般に五位以上の位階をもつ者を何というか。

7 貴族

8 朝廷が置かれた京周辺の国々を何というか。

8 畿内

解説▶大和・山背(山城)・摂津・河内を畿内という。のちに和泉がくわわって五畿ともいわれる。

9 畿内以外の行政区を総称して何というか。

9 七道

解説▶東海・東山・北陸・山陽・山陰・南海・西海の七道で、畿内以外の各国は、七道のいずれかに属した。また都を起点とした主要幹線道路のことも示した。

10 畿内・七道の行政区は、さらに細分化された。国を構成する行政区と、のちに郷と改められる最末端の行政区をあげよ。

10 郡・里

11 国内の統治行政のために中央から派遣された地方官を何というか。

11 国司

解説▶国司の任期は、当初は6年であったがのちに4年となった。国司の幹部職員(四等官)は守・介・掾・目であった。

12 郡の民政・裁判を司り、旧国造などの在地豪族が任命され、終身官であった官職は何か。

12 郡司

13 50戸からなる最末端の地方行政の組織と、その長を何というか。

13 里、里長(さとおさ)

解説▶郡司の四等官は大領・少領・主政・主帳。郡は大宝律令施行前までは「評」といい、里は717年ごろ「郷」に改められた。

14 特別区域(要地)である京の司法・警察や庶政一般を担当した官職は何か。

14 左京職・右京職

15 外交上重要な摂津国の内政を担当した官職は何か。

15 摂津職

16 西海道の統轄と外国使節の接待などを職務とし、「遠の朝廷(とおのみかど)」といわれた官庁は何か。

16 大宰府

□□□		
17	律令制下の各官庁の幹部職員（上級役人）は4階級で構成されていた。この制度を何というか。 解説 4階級とは、長官（かみ：業務の統轄）・次官（すけ：補佐役）・判官（じょう：公文書の検査・作成）・主典（さかん：公文書の検査・作成）をいう。	17 四等官制
□□□		
18	官人は勤務の年数・成績などで位階が進められ、位階に応じた官職に任命された。この制度を何というか。	18 官位相当の制
□□□		
19	貴族の子や孫には特権があり、一定の年齢になれば父祖の位階に応じて位階が与えられ、上級貴族の官位独占や貴族層の固定化が起こった。この制度を何というか。	19 蔭位の制
□□□		
20	五位以上の者に与えられた田地を何というか。	20 位田
□□□		
21	官職に応じて与えられた田地を何というか。	21 職田
□□□		
22	律に定められた5種類の刑罰（五刑）をあげよ。	22 笞・杖・徒・流・死
□□□		
23	国家・天皇・尊属に対する罪はとくに重罪とされ、有位者でも減免されなかった。これらの重罪を総称して何というか。 解説 天皇に対する謀反や尊属に対する不孝などがあった。	23 八虐

民衆の負担

□□□		
1	6年ごとに戸を単位に作成された、班田収授・氏姓確認の基本台帳を何というか。	1 戸籍
□□□		
2	調・庸を徴収するために毎年作成された基本台帳を何というか。 解説 里のもとに行政組織の最末端として編成された戸を郷戸といい、口分田の班給や租税負担の単位になった。戸は実際の家族そのままではなく編成されたもの。	2 計帳
□□□		
3	6歳以上の男女に規定の田を班給した制度は何か。	3 班田収授法
□□□		
4	班田収授法により班給された田地を何というか。 解説 6歳以上の良民男性・公奴婢に2段（1段＝360歩）、女性は男性の3分の2（1段120歩）、家人・私奴婢は良民の3分の1が与えられた。班田は6年ごとにおこなわれた（6年1班）。	4 口分田
□□□		
5	班給のための土地区画制度を何というか。	5 条里制

解説▶田地を6町四方に分割し、一辺を条、他辺を里とよび、さらに細かく1町（約109m）四方を坪に分割して、36坪に区画し、田地の所在は何条何里何坪で示した。並べ方は千鳥式坪並・平行式坪並の2種類があった。

□□□
6 課役を負担した良民の21〜60歳の**成人男性**を何というか。 | 6 正丁

□□□
7 課役を負担した良民の**17〜20歳**の男性を何というか。 | 7 中男(少丁)

□□□
8 課役を負担した良民の**61〜65歳**の男性を何というか。 | 8 次丁(老丁)

□□□
9 律令制下の税の1つで、田地に課された税を何というか。 | 9 租

解説▶上田1段の公定収穫量72束に対し2束2把、のち50束に対し1束5把。いずれも収穫の3％にあたる。

□□□
10 諸国の産物を納入する、正丁・次丁・中男に課される税を何というか。 | 10 調

□□□
11 都での労役のかわりに麻布などを納入する、正丁・次丁に課される税を何というか。 | 11 庸

□□□
12 正丁について**1年に10日**と定められた**都での労役**を何というか。 | 12 歳役

□□□
13 国司の命令によって**地方での土木工事や国府の雑用**に、正丁について**年間60日**を限度として奉仕した労役を何というか。 | 13 雑徭

□□□
14 調・庸などの貢納物を都まで運搬する人々を何というか。 | 14 運脚

□□□
15 国家が、春に農民に稲を貸し付けて秋の収穫時に利息とともに回収する制度を何というか。 | 15 出挙

解説▶これは本来、貧民救済の措置であったが、しだいに強制的になり、国衙運営の重要財源となった。国家による公出挙と民間による私出挙とがあり、利率は公出挙5割、私出挙10割であった。

□□□

考えてみよう

大宝律令は唐の永徽律令を手本にしたものだが、令は日本の実情にあわせて大幅に改変されている。出挙を例に説明してみよう。

➡出挙は（　）たちが農民の（　）のために律令制以前からおこなっていた慣行だったが、律令制下では国家の（　）となり、国府や郡家の重要な（　）となった。 | 豪族／生活維持（救済）／租税／財源

□□□ 16	諸国に置かれた、管内の兵士を交代で訓練・勤務させた兵士の集団を何というか。	16 軍団
□□□ 17	正丁3～4人に1人の割合で兵士となり、各地の軍団で訓練を受けて交代で勤務する義務を何というか。 **解説▶** その間、庸・雑徭は免除されたが、食料・武装は自弁であった。さらに、民衆にとって、有力な労働力をとられることから、大きな負担であった。	17 兵役
□□□ 18	諸国の軍団から選ばれ、上京して五衛府などの警護をつとめた**任期1年の兵士**を何というか。	18 衛士
□□□ 19	重要地である**九州防衛**のために、おもに東国から選ばれた**任期3年の兵士**を何というか。	19 防人
□□□ 20	律令では人民を2つに大別した。その2つの身分の呼称をあげよ。 **解説▶** 貴族や官人、公民、特殊技術者である品部・雑戸を良民、奴婢らを賤民とした。	20 良民・賤民
□□□ 21	賤民の身分にされた5種の人々の総称をあげよ。 **解説▶** 五色の賤とは陵戸・官戸・家人・公奴婢・私奴婢をいい、陵戸は天皇の陵墓を守る官有の賤民。官戸は官有の賤民で一家を構えることができた。家人は私有の賤民で一家をなして生活でき、売買されなかった。公奴婢は官有の奴隷で中央官庁の雑役をし、一家を構えることができなかった。私奴婢は一家を構えることができず、売買の対象になった私有の奴隷。	21 五色の賤

---

2 平城京の時代

遣唐使

□□□ 1	630年以降、唐にほぼ20年に1度の割合で派遣された使節を何というか。 **解説▶** 630年第1回の使節として唐におもむいた犬上御田鍬以降、894年までの期間に19回任命され、うち15回渡航した（数え方には諸説ある）。盛時には、大使以下留学生ら約500人が4隻の船に分乗して渡航したので「よつのふね」ともよばれた。	1 遣唐使

2 遣唐使の前期の渡航路と後期の渡航路をあげよ。

解説 朝鮮半島を統一した新羅との関係が悪化（朝貢関係を要求する日本に対し新羅が対等の立場を要求）したことから、危険な南路をとらざるを得なくなった。

2 前期：北路、後期：南路

□□□

3 698年、大祚栄が中国東北部に住む靺鞨族や旧高句麗人を中心に建国し、日本と親密な使節の往来をおこなった国はどこか。

解説 渤海の使節は、国が滅びる直前まで34回来日したが、後半は貿易が主体になった。日本は都の鴻臚館や越前の松原客院、能登の能登客院で渤海使を厚遇した。日本からは遣渤海使が13回派遣された。

3 渤海

奈良の都平城京

□□□

1 710年から784年までの間、7人の天皇が奈良盆地北端部を都とした時代を何というか。

1 奈良時代

□□□

2 奈良盆地北端部に都城を築き遷都した天皇は誰か。

2 元明天皇

□□□

3 奈良盆地北端部に築かれた都城を何というか。

解説 都は東西約4.3km、南北約4.8km で、東西南北とも4町ごとに大路で区切られ、4町四方の各区画は条坊で示された。なお、全体を取り囲む羅城はなかったとされる。都の北部中央には平城宮が設けられ、現在までの発掘調査で発見された遺構や木簡などから古代の宮廷生活や財政構造などが明らかになっている。

3 平城京

□□□

4 平城京の都城域内で中央を南北に走る大路を何というか。

解説 朱雀大路の北側に平城宮が、南側に羅城門が位置した。朱雀大路の東側の地域を左京、西側の地域を右京という。唐の都である長安をモデルに造営されたが、長安にはない外京が左京の東側に設けられた。

4 朱雀大路

□□□

5 都の左京・右京に設けられた官営の市場を何というか。

解説 この市場で、地方から運ばれた産物や官吏に支給される布・糸などが交換された。

5 東市・西市

□□□

6 東西の市を管理した役所を何というか。

6 市司

□□□

7 唐の銭貨にならい、708年に鋳造された銭貨を何というか。

解説 すでに7世紀の天武天皇のころ、富本銭とよばれる貨幣が鋳造されていたが、流通は限定的であったと考えられている。なお、富本銭以降、10世紀半ばの乾元大宝まで13種類の銭貨が発行された。和同開珎から乾元大宝までを本朝十二銭とよんでいた。

7 和同開珎
（わどうかいほう）

□□□
8 711年、政府が銭貨の流通をはかって出した法令を何というか。

> **解説▶**一般に稲・布などの物品による取引がおこなわれていたため、銭貨は京・畿内のほかの地域ではあまり流通しなかった。そのためこの法令が出され、従六位以下は10貫、初位以下は5貫の銭を蓄えると、位を1階進めることとした。

8 蓄銭叙位令

地方の統治と蝦夷・隼人

□□□
1 律令国家のもと、都と国府を結ぶ主要道路（駅路）が整備され、約16kmごとに、官吏が公用に利用するための馬や宿などを提供する施設が設けられた。この施設を何というか。

1 駅家

□□□
2 律令制下の諸国の役所またはその所在地を何というか。

> **解説▶**国府にはのちに国分寺も建立され、文化の中心地ともなった。また、郡には郡の役所である郡家（郡衙）が設けられ、租を蓄える正倉が置かれた。なお、郡家の遺跡からは木簡や墨書土器が発見されており、漢字文化が地方にも展開していたことがわかる。

2 国府（国衙）

□□□
3 中央政府の支配に属さなかった東北地方の人々のことを何とよんでいたか。

3 蝦夷

□□□
4 7世紀半ばに、蝦夷を支配するため、日本海側の前線基地として設けられた城柵を2つあげよ。

> **解説▶**淳足柵は647年に現在の新潟市に、磐舟柵は648年に現在の村上市付近に設けられたと考えられている。

4 淳足柵、磐舟柵

□□□
5 7世紀後半の斉明天皇の時代に、北陸方面に派遣され、秋田地方などさらに北方の蝦夷と関係を結んだ人物は誰か。

5 阿倍比羅夫

□□□
6 712年、日本海側に新設された国を何というか。

> **解説▶**越後の北部と陸奥の一部をさいて新設された国。また、708年ころ設けられた出羽柵は、733年に蝦夷対策のための拠点として秋田に移されて秋田城となった。

6 出羽国

□□□
7 陸奥の国府と軍政をおこなう鎮守府が置かれた、現在の宮城県にあった蝦夷支配の根拠地はどこか。

7 多賀城

□□□
8 九州南部に居住し、中央政府の支配に抵抗して720年には大隅国司を殺害して乱を起こした人々を何というか。

8 隼人

☐☐☐ **9**	8世紀初めに、九州南部にあいついで新設された2つの国の名をあげよ。	**9**	薩摩国、大隅国
☐☐☐ **10**	このころ行政区画化された薩南諸島の島を2つあげよ。	**10**	種子島(多褹島)、屋久島(掖玖島)

藤原氏の進出と政界の動揺

☐☐☐ **1**	天智天皇が中臣鎌足に与えた姓は何か。 **解説▶**中臣鎌足の死の直前に、藤原の姓と最高位である大織冠が与えられたという。	**1**	藤原
☐☐☐ **2**	鎌足の子で、律令の編纂や平城京への遷都に貢献した人物は誰か。 **解説▶**藤原不比等の4人の子は、長男武智麻呂が南家、次男房前が北家、三男宇合が式家、四男麻呂が京家をおこした。	**2**	藤原不比等
☐☐☐ **3**	文武天皇と藤原不比等の娘宮子との間に生まれた首皇子は、即位して何天皇とよばれたか。	**3**	聖武天皇
☐☐☐ **4**	藤原不比等の死後、皇族勢力を代表して政権を担当したが、不比等の子の4兄弟の策謀により自殺に追い込まれたのは誰か。	**4**	長屋王
☐☐☐ **5**	長屋王が自殺させられた事件後に、皇族以外で初めて皇后(聖武天皇の皇后)に立てられたのは誰か。 **解説▶**光明子は、藤原不比等と県犬養橘三千代との間に生まれた。	**5**	光明子(光明皇后)
☐☐☐ **6**	藤原4兄弟の死後、政権を担当したのは誰か。	**6**	橘諸兄
☐☐☐ **7**	橘諸兄の政権に、聖武天皇の信任を得て顧問として参加した、唐からの帰国者を2人(学者と僧侶)あげよ。	**7**	学者:吉備真備、僧:玄昉
☐☐☐ **8**	吉備真備、玄昉の排除を要求し、九州で挙兵して敗死した、藤原宇合の子で式家出身の人物は誰か。	**8**	藤原広嗣
☐☐☐ **9**	藤原広嗣の乱が起きてから数年の間、動揺した聖武天皇は山背・摂津・近江の地に都を転々と遷した。それぞれの都の名をあげよ。	**9**	山背:恭仁京、摂津:難波宮、近江:紫香楽宮

☐☐☐ 10	741年、聖武天皇が仏教のもつ鎮護国家の思想により国家の安定をはかろうと、国ごとに僧寺・尼寺の建立を命じた。その詔を何というか。	10 国分寺建立の詔
☐☐☐ 11	国分寺建立の詔により建立された僧寺と尼寺をそれぞれ何というか。 解説 僧寺の正式名称は「金光明四天王護国之寺」、尼寺を「法華滅罪之寺」という。大和国分寺であった東大寺は、大仏が造立されたことから総国分寺と称され、華厳宗の総本山でもあった。	11 僧寺：国分寺、尼寺：国分尼寺
☐☐☐ 12	743年、聖武天皇が鎮護国家の思想にもとづいて、近江の紫香楽宮で金銅の大仏造立を宣言した詔を何というか。 解説 この大仏の正式名称は盧舎那仏という。大仏は、747年、平城京で造立が再開され、大仏師国中公麻呂らによって完成され、開眼供養ではバラモン出身のインド僧菩提僊那が導師をつとめた。	12 大仏造立の詔
☐☐☐ 13	752年、大仏開眼供養の儀式を挙行した天皇は誰か。 解説 孝謙天皇は、聖武天皇と光明皇后の娘である。	13 孝謙天皇
☐☐☐ 14	聖武天皇の退位後、光明皇太后の信任を得て政権を担当した、藤原武智麻呂の子にあたる南家出身の人物は誰か。	14 藤原仲麻呂（恵美押勝）
☐☐☐ 15	藤原仲麻呂を除こうと政変をはかったが、捕われて獄死した人物は誰か。 解説 橘奈良麻呂は橘諸兄の子で、大伴・佐伯・多治比氏らの旧豪族と結んで、藤原仲麻呂を除こうとはかった。	15 橘奈良麻呂
☐☐☐ 16	孝謙太上天皇の信任を得て政権を握った僧は誰か。	16 道鏡
☐☐☐ 17	藤原仲麻呂が道鏡を除こうとしたが失敗に終わった乱を何というか。	17 恵美押勝（藤原仲麻呂）の乱
☐☐☐ 18	恵美押勝の乱ののち、孝謙太上天皇が重祚したが、何天皇とよばれるか。 解説 称徳天皇のもとで、道鏡は太政大臣禅師、さらに法王となり仏教政治をおこなった。なお、孝謙重祚で廃された淳仁天皇は淡路に流された。	18 称徳天皇
☐☐☐ 19	法王となった道鏡を皇位につけよという宇佐八幡神の神託が偽託であると報告し、道鏡に配流されたのは誰か。	19 和気清麻呂
☐☐☐ 20	称徳天皇の死後、即位した天智天皇の孫は誰か。 解説 称徳天皇の死後、藤原北家の藤原永手や式家の藤原百川らに	20 光仁天皇

よって道鏡は下野の薬師寺に追放された。

民衆と土地政策

☐☐☐
1 8世紀には農業も進歩し、住居は竪穴住居にかわって西日本から新しい形式の住居が普及した。どのような住居か。

1 掘立柱住居

☐☐☐
2 このころの家族のあり方は今日と違い、男性が女性の家に通うことではじまる結婚形態だった。そのような結婚形態を何というか。

2 妻問婚

考えてみよう

奈良時代の一般民衆の家族のあり方は、残存する戸籍などからうかがい知ることができるが、その特徴について説明してみよう。

➡このころの結婚形態は男性が女性の家に通う（　　）だった。結婚しても夫婦は（　　）のままで、夫婦とも独自の（　　）をもっていた。生業の分担や子育てでは（　　）の発言力が強かったと考えられる。

妻問婚／別姓／財産／女性

☐☐☐
3 722年、政府が出した農民を開墾に従事させようとした田地開墾計画を何というか。

3 百万町歩開墾計画

☐☐☐
4 723年、**一定期間の土地の保有を認め**開墾を奨励した法令は何か。

4 三世一身法

解説▶長屋王政権によって出されたもので、新たに灌漑施設を築いて開墾した場合は三世にわたり、旧来の灌漑施設を利用して開墾した場合には本人一代の間、土地の保有を認めた法令。

☐☐☐
5 743年、身分によって**面積制限をつけて、開墾地の永久私有**を認めた法令を何というか。

5 墾田永年私財法

解説▶貴族・寺社・地方豪族は山野を占有し、付近の農民や浮浪人らを使用して開墾を進め、広大な私有地を所有するようになった。

☐☐☐
6 **墾田永年私財法を契機**として8〜9世紀に広がりをみせた私有地を何というか。

6 初期荘園

解説▶初期荘園は輸租田である。田地の耕作は国司や郡司の権力を背景に動員された付近の農民や浮浪人らを駆使しておこなわれ、大規模に原野を開墾した。初期荘園の多くは、律令制が衰退し郡司による班田農民の把握が困難になるとともに荒廃していった。

□□□ 7	農民が本籍地を離れて他所へ行き、現地で調・庸を納めていることを何というか。	7 浮浪
□□□ 8	農民が本籍地を離れたのち、行先不明で調・庸も納めないことを何というか。	8 逃亡

□□□

考えてみよう

初期荘園の多くは、律令制が衰退するのと並行して荒廃していったが、それはなぜだろうか。

➡初期荘園の耕作は、国司や(　　)の権力を背景に動員された付近の(　　)や浮浪人を使っておこなわれたので、律令制が衰退すると、耕作者を確保できなくなってしまった。

郡司／班田農民

3　律令国家の文化

白鳳文化

□□□ 1	7世紀の大化改新から平城遷都のころまでの時期の文化を何というか。 解説▶唐初期の文化(初唐文化)の影響を受け、律令国家建設期の清新・活気・明朗が文化の特色である。	1 白鳳文化
□□□ 2	天武天皇が皇后の病気平癒を願い建立した、**白鳳文化**における美術の宝庫といわれる寺院はどこか。	2 薬師寺
□□□ 3	薬師寺の金堂にある本尊を何というか。 解説▶台座の鬼形・唐草文様に西アジアの影響がみられる。	3 薬師寺金堂薬師三尊像
□□□ 4	もとは飛鳥の山田寺の本尊で、興福寺から発見された仏像の一部を何というか。	4 興福寺仏頭
□□□ 5	「凍れる音楽」の異称をもつ、薬師寺にある裳階つきの三重塔を何というか。	5 薬師寺東塔
□□□ 6	1949年に焼損した、インドのアジャンター壁画に類似する、この時代を代表する絵画は何か。	6 法隆寺金堂壁画
□□□ 7	1972年に奈良県明日香村で発見された古墳に描かれた	7 高松塚古墳壁画

壁画を何というか。

解説▶石室の天井に星宿、壁面に四神や男女群像が極彩色で描かれ、高句麗の古墳壁画の人物図に類似している。

天平文化と大陸／国史編纂と「万葉集」

□□□
1 8世紀、平城京を中心として栄えた**国際色豊かな高度な貴族文化**を何というか。

解説▶聖武天皇の時代を中心に、盛唐の影響を受けた文化で、律令国家最盛期を反映する高度な貴族文化、**仏教色の濃い文化**である。

1 天平文化

□□□
2 712年、元明天皇の時代に完成した、**漢字の音・訓を用いることによって日本語を表記している歴史書**を何というか。

解説▶日本古来の歌謡や固有名詞などを、漢字で表すことに苦心を払いながら、神代から推古天皇の時代までを記載している。

2 『古事記』

□□□
3 『古事記』のもととなった、5世紀末から6世紀前半ごろに成立したとされる**皇室の系譜および朝廷の説話・伝承**をそれぞれ何というか。

3 系譜:「帝紀」、説話・伝承:「旧辞」

□□□
4 天武天皇の命を受け、「帝紀」「旧辞」を誦習したのは誰か。

4 稗田阿礼

□□□
5 稗田阿礼が誦習した内容を筆録して『古事記』を完成させたのは誰か。

5 太安万侶(安麻呂)

□□□
6 720年に完成した**官撰の正史**を何というか。

解説▶中国の史書にならい、漢文で書かれた編年体による歴史書で、「帝紀」「旧辞」や各種記録をもとに、神代から持統天皇の時代までを記載している。

6 『日本書紀』

□□□
7 『日本書紀』編纂の中心人物は誰か。

7 舎人親王

□□□
8 『日本書紀』に続いて、10世紀初めまで5つの官撰の正史が編纂されたが、『日本書紀』を含めたこれらの**6つの正史を総称**して何というか。

解説▶『日本書紀』『続日本紀』『日本後紀』『続日本後紀』『日本文徳天皇実録』『日本三代実録』の6つの正史を六国史という。

8 六国史

□□□
9 713年、諸国に編纂が命じられた**地誌**を何というか。

解説▶『常陸国風土記』『出雲国風土記』『播磨国風土記』『豊後国風土記』『肥前国風土記』の5カ国の風土記が伝えられてお

9 風土記

り、『出雲国風土記』のみ完本である。

| □□□ 10 | 751年に成立した、**現存最古の漢詩集**を何というか。 | 10 『懐風藻』 |

| □□□ 11 | 淡海三船とともに天平期の漢詩文の文人として知られ、**日本最初の公開図書館「芸亭」**を設立したのは誰か。 | 11 石上宅嗣 |

| □□□ 12 | 天平期までの和歌など**約4500首**を集めた歌集を何というか。 | 12 『万葉集』 |

| □□□ 13 | 『万葉集』に収録された歌のうち、**地方農民の素朴・素直な心情、親子・夫婦の哀別の感情**がうかがえる歌としてどのようなものがあるか。 | 13 東歌、防人歌 |

| □□□ 14 | 『万葉集』の歌人のうち、才気に富み、優麗で格調の高い歌を詠んだ白鳳期の女性歌人は誰か。 | 14 額田王 |

| □□□ 15 | 天皇の権威などを、力強く・荘重・雄大に歌い上げた白鳳期の万葉歌人は誰か。 | 15 柿本人麻呂 |

| □□□ 16 | 『万葉集』の編者の1人といわれている人物をあげよ。 | 16 大伴家持 |

| □□□ 17 | 『貧窮問答歌』を詠み、農民の苦しい生活を歌い上げた歌人は誰か。 | 17 山上憶良 |

| □□□ 18 | 律令国家の教育機関で、中央に置かれ、**貴族の子弟を教育した機関**を何というか。 | 18 大学 |

解説▶大学の教科は、儒教の経典を学ぶ明経道、法律を学ぶ明法道などがあり、9世紀には漢文・歴史を学ぶ紀伝道も生まれた。

| □□□ 19 | 国ごとに置かれ、**郡司の子弟を教育した機関**は何か。 | 19 国学 |

国家仏教の展開

| □□□ 1 | **国家仏教**として、国家のために種々の法会や祈禱をおこない、仏教によって国家の安定をはかるという思想を何というか。 | 1 鎮護国家(の思想) |

| □□□ 2 | 仏教の教義・理論を学問的に研究する奈良仏教の6つの学派を何というか。 | 2 南都六宗 |

解説▶三論・成実・法相・倶舎・華厳・律の6宗をいう。

| □□□ 3 | 奈良時代に失明の苦難を乗り越えて来日した唐僧は誰か。 | 3 鑑真 |

□□□			
4	鑑真が伝えた僧尼の守るべき心と行動の規範を何というか。	4	戒律

解説▶一定の戒律を、定められた手続きで授けられなければ官僧になれなかった。鑑真が、東大寺大仏殿前につくられた臨時の戒壇で聖武太上天皇ほか400余人に授戒したのが初例。こののち、下野国薬師寺・筑前国観世音寺にも戒壇院が設立された。

□□□			
5	鑑真が創建した寺院を何というか。	5	唐招提寺

□□□			
6	奈良時代に政府の弾圧を受けながらも、**民衆への布教**とともに**社会事業**をおこなった僧は誰か。	6	行基

解説▶行基はのちに大僧正に任じられ、大仏の造営に協力した。

□□□			
7	奈良時代には**仏と神は本来同一**であるという思想も起こった。それを何というか。	7	神仏習合

天平の美術

□□□			
1	毎年3月に法華会がおこなわれる東大寺の天平建築物を何というか。	1	東大寺法華堂(三月堂)

□□□			
2	聖武天皇の遺品を納めた校倉造の宝庫を何というか。	2	正倉院宝庫

解説▶校倉造は、断面が台形や三角形の木材を井の字形に組み壁面を構成した。正倉院宝庫に所蔵されている宝物には、螺鈿紫檀五絃琵琶や漆胡瓶など、ペルシアや中国西域の文化の影響がみられる遺物も多い。

□□□			
3	鑑真が創建した寺院にある、盧舎那仏や千手観音を安置する天平期の建築物は何か。	3	唐招提寺金堂

□□□			
4	8世紀にさかんに制作された粘土製の像を何というか。	4	塑像

□□□			
5	8世紀にさかんに制作された、麻布を漆で塗り固めてつくった像を何というか。	5	乾漆像

□□□			
6	東大寺法華堂(三月堂)の本尊の乾漆像を何というか。	6	東大寺法華堂不空羂索観音像

□□□			
7	東大寺法華堂に伝わってきた、静かに合掌した敬虔な姿の一対の写実的な塑像を何というか。	7	東大寺日光・月光菩薩像

□□□			
8	唐招提寺の御影堂に安置されている創建者の坐像を何というか。	8	唐招提寺鑑真像

□□□			
9	興福寺八部衆像の1つで、少年を思わせる真剣な顔つきや、三面六臂の姿で知られる乾漆像を何というか。	9	興福寺阿修羅像
□□□			
10	薬師寺所蔵の、麻布に描かれた天女像を何というか。	10	薬師寺吉祥天像
□□□			
11	樹の下に唐風衣装を身につけた美女を配した正倉院所蔵の屏風を何というか。	11	正倉院鳥毛立女屏風
□□□			

考えてみよう

天平文化は国際色豊かな貴族文化だったと考えられる。そのような文化が生まれた要因は何だろうか。

➡律令体制は全国の富が中央に(　　)する経済体制で、朝廷や宮廷貴族は豊かな(　　)をもっており、それを使って、(　　)がもたらした、国際色豊かな(　　)の文物を確保することができた。

集中／経済力／遣唐使／唐

---

4 律令国家の変容

平安遷都と蝦夷との戦い

□□□			
1	光仁天皇の政策を受け継ぎ、律令制の再建につとめた天皇は誰か。	1	桓武天皇
□□□			
2	784年に桓武天皇が遷都した、山背国の都を何というか。	2	長岡京
□□□			
3	長岡京の造営を主導したが、現地で監督中に暗殺された、藤原式家出身の人物は誰か。	3	藤原種継
□□□			
4	長岡京造営の後、今の京都に新たに建設された都を何というか。	4	平安京
	解説 桓武天皇が和気清麻呂の建言をいれて遷都した。東西約4.5km、南北約5.2kmで、構造はほぼ平城京に同じ。湿地帯の右京は発展せず、左京が繁栄した。この遷都のときに、山背国は山城国と改められた。		
□□□			
5	794年に平安京に都が置かれてから、源頼朝によって幕府が開かれるまでの時代を何というか。	5	平安時代

□□□
6 蝦夷征討のために任命された臨時の将軍を何というか。

6 征夷大将軍

解説▶朝廷は東北地方の城柵の周辺に関東地方の農民を柵戸として移住させるなど、支配浸透をはかっていた。しかし、光仁天皇の時代には蝦夷の豪族伊治呰麻呂が多賀城を陥れるなど、東北地方では戦争があいついだ。桓武天皇のもとでも紀古佐美が阿弖流為に大敗するなど、蝦夷地域への支配浸透は不十分であった。

□□□
7 桓武天皇の時代に征夷大将軍に任じられ、蝦夷の族長であった阿弖流為を降伏させるなど、蝦夷征討に従事したのは誰か。

7 坂上田村麻呂

□□□
8 坂上田村麻呂が802年に北上川中流域に築いた城を何というか。

8 胆沢城

□□□
9 802年に、多賀城から胆沢城に移された、蝦夷征討のための役所を何というか。

9 鎮守府

□□□
10 803年に、胆沢城のさらに北方に東北経営の前進拠点として築かれた城を何というか。

10 志波城

解説▶805年、東北地方での戦い(軍事)と平安京造営(造作)という二大政策は、国家財政や民衆にとって大きな負担となるという藤原緒嗣と、二大政策の継続を主張する菅野真道との間で論争がおこなわれた(徳政相論、徳政論争)。その結果、桓武天皇は緒嗣の意見を採用し、二大政策の中止を決定した。

平安時代初期の政治改革

□□□
1 国司の不正を防ぐため、桓武天皇が設置した、解由状(国司交替時の証明書)を審査する官職は何か。

1 勘解由使

□□□
2 征夷大将軍や勘解由使のように奈良・平安時代にかけて新設された、令に定められていない官職を何というか。

2 令外官

□□□
3 桓武天皇は、東アジアの緊張が緩和されたことを受けて、軍団を廃止し、新たに郡司の子弟や有力農民の志願による少数精鋭の兵を採用した。この兵を何というか。

3 健児

解説▶奥羽・佐渡・大宰府管内を除き軍団を廃止。国ごとに数を定め、60日の分番交替であった。

□□□
4 桓武天皇の子で、桓武天皇のあとに即位し、官庁の統廃合を進めて財政負担の軽減をはかったが、病気のため3年で退位した天皇は誰か。

4 平城天皇

□□□ 5	平城天皇の弟で、平城天皇の退位後に即位し、新たな官職の設置など、政治改革を進めた天皇は誰か。	5	嵯峨天皇
□□□ 6	810年、平城太上天皇の復位と平城再遷都をはかって起こされた事件を何というか。 解説▶ 式家出身で藤原種継の子である藤原仲成・薬子兄妹と平城太上天皇とが、権力の掌握をめざして起こした事件であるが、嵯峨天皇側の迅速な対応で失敗に終わった。	6	平城太上天皇の変 （薬子の変）
□□□ 7	嵯峨天皇のもとで**平城太上天皇の変**に際して設けられた、天皇のかたわらに侍して**機密の文書や訴訟**を扱った**令外官**を何というか。	7	蔵人頭
□□□ 8	蔵人頭を長官とする役所を何というか。	8	蔵人所
□□□ 9	蔵人頭に最初に任命された藤原北家出身の人物は誰か。	9	藤原冬嗣
□□□ 10	京中の治安維持のため、嵯峨天皇のときに新設された令外官は何か。	10	検非違使
□□□ 11	律令の条文の補足や改正のために出された法令と、施行細則をそれぞれ何というか。	11	格、式
□□□ 12	9世紀前半から10世紀初頭にかけて、**格・式**を分類整理して編纂したものが作成された。これらを総称して何というか。 解説▶ 三代格式とは、嵯峨天皇のときに編纂された弘仁格式、清和天皇のときの貞観格式、醍醐天皇のときの延喜格式をいう。	12	三代格式
□□□ 13	養老令の解釈を統一するため、政府が清原夏野らに編集させ、833年に完成した官撰注釈書を何というか。	13	『令義解』
□□□ 14	惟宗直本が、『令義解』など多くの令の注釈書を集成、編集したものを何というか。	14	『令集解』

地方と貴族社会の変容

□□□ 1	農民が課役からのがれるために、戸籍に記載される性別・年齢を偽って申告することを何というか。 解説▶ 浮浪・逃亡や偽籍の増加により、政府は人民を把握することがしだいにできなくなり、班田収授の実施は困難になっていった。	1	偽籍

□□□

> **考えてみよう**
>
> 偽籍をおこなうことは、なぜ農民にとって利益のあること
> だったのだろうか。
>
> ➡律令の規定では、（　　）に対しても男性の3分の2の
> 　（　　）の班給があり、一方で、（　　）や（　　）などの成人
> 　男性にかかる税負担はなかったから。

女性／口分田／調／ 雑徭

□□□

2 班田収授の実施が困難になると国家財政の維持が困難に
なった。それに対応するため、政府が9世紀に**大宰府**と
畿内に設けた直営田をそれぞれ何というか。

2 大宰府：公営田、畿
内：官田

唐風文化と平安仏教

□□□

1 平安遷都から9世紀末ごろまで密教と密教芸術の発展、
漢文学の隆盛などを特色とする文化が展開した。この文
化を嵯峨・清和天皇のときの年号をとって何とよぶか。

1 弘仁・貞観文化

□□□

2 9世紀にあいついで編纂された**勅撰**の漢詩文集を、作成
された順に3つあげよ。

2 『凌雲集』『文華秀麗
集』『経国集』

□□□

3 空海の詩・碑銘・書簡などを弟子が編集したものを何と
いうか。
解説▶菅原道真の漢詩文を集めたものが『菅家文草』。

3 『性霊集』（『遍照発
揮性霊集』）

□□□

4 平安時代、漢文学が流行すると、大学での学問も重視さ
れるようになったが、有力氏族が大学で学ぶ一族の子弟
のために設けた、**寄宿舎**にあたる施設は何か。

4 大学別曹

□□□

5 **大学別曹**のうち、和気氏が設けたものを何というか。

5 弘文院

□□□

6 **大学別曹**のうち、藤原氏が設けたものを何というか。
解説▶ほかに、在原氏や皇族の奨学院、橘氏の学館院が知られる。

6 勧学院

□□□

7 空海が庶民教育のために京都に設けた施設を何というか。

7 綜芸種智院

□□□

8 804年の遣唐使に従って入唐し、**天台**教学を学び、帰国
後、独自の仏教教学を確立したのは誰か。

8 最澄

□□□

9 最澄が開いた仏教の宗派と本山とされる**比叡山**にある寺
院をそれぞれ何というか。

9 天台宗、延暦寺

☐☐☐ 10	最澄に師事し、入唐して帰国後、天台宗の密教化を進めた第3世天台座主は誰か。	10	円仁
☐☐☐ 11	比叡山で修行し、入唐して帰国後、天台宗の密教化を進め、園城寺(三井寺)を再興した第5世天台座主は誰か。	11	円珍
☐☐☐ 12	最澄と同じく804年に入唐して密教を学び、帰国後、真言教学を確立したのは誰か。	12	空海
☐☐☐ 13	空海が開いた仏教の宗派を何というか。	13	真言宗
☐☐☐ 14	真言宗の本山とされる紀伊の高野山に建てられた寺院を何というか。	14	金剛峯寺
☐☐☐ 15	真言宗の京都での本山を何というか。	15	教王護国寺(東寺)
☐☐☐ 16	仏教において、釈迦の教えを経典から学び、修行して悟りを開こうとする教えを何というか。	16	顕教
☐☐☐ 17	仏教において、秘密の呪法の伝授・習得により悟りを開こうとする教えを何というか。 解説▶真言宗の密教を東密とよび、天台宗の密教を台密とよぶ。	17	密教
☐☐☐ 18	仏の加護を祈り呪文を唱え、災難を除き、現世の利益を得ようとする呪法を何というか。	18	加持祈禱
☐☐☐ 19	神仏習合の考え方の影響を受けたことを表す、神社の境内に建てられた寺院を何というか。 解説▶神仏習合を表すほかの事象として、神前で仏教の経を読む神前読経や僧の風貌をした八幡神の像(僧形八幡神像)の制作などがあげられる。	19	神宮寺
☐☐☐ 20	日本古来の山岳信仰をもとに、道教や仏教などの影響を受けて成立した、山岳修行により呪力を体得するという実践的な信仰を何というか。	20	修験道

密教芸術

☐☐☐ 1	女人高野とよばれる奈良県の代表的な密教寺院を何というか。 解説▶この寺院の金堂や五重塔は平安時代初期の山岳寺院の唯一の遺構である。	1	室生寺

□□□		
2	平安時代初期に多くみられる、頭部と胴体を1本の木材から彫り出す木像の製作法と、衣文の鋭いひだの表現様式を何というか。 **解説▶** 元興寺薬師如来像や神護寺薬師如来像などは、一木造で翻波式を用いた代表的仏像である。	2 一木造、翻波式
□□□		
3	密教彫刻の代表といわれる、華麗な彩色と豊満な肢体をもつ観心寺の仏像を何というか。	3 観心寺如意輪観音像
□□□		
4	応神天皇像ともいわれる、**神仏習合**を反映した薬師寺の一木造彩色の神像を何というか。	4 薬師寺僧形八幡神像
□□□		
5	園城寺にある、円珍の感得像といわれる、不動明王が正面を向き直立した図像を何というか。 **解説▶** この不動明王は黄色に彩色されていたことから黄不動といい、高野山の赤不動・青蓮院の青不動とともに三不動図という。	5 園城寺不動明王像 （黄不動）
□□□		
6	**密教の世界観**を整然と構図化して表した図を何というか。 **解説▶** 金剛界と胎蔵界を図示した教王護国寺両界曼荼羅が有名である。	6 曼荼羅
□□□		
7	平安時代初期、唐風の力強い筆蹟を特色とする書をよくした3人の能書家を何というか。	7 三筆
□□□		
8	三筆の名をあげよ。	8 嵯峨天皇、空海、橘逸勢
□□□		
9	空海が最澄に送った書状をまとめたものを何というか。	9 『風信帖』

第3章

第4章 貴族政治の展開

1 摂関政治

藤原氏北家の発展

□□□ **1** 嵯峨天皇の厚い信任を得て、平城太上天皇の変に際して最初の蔵人頭に任じられたのは誰か。	**1** 藤原冬嗣
□□□ **2** 藤原冬嗣は藤原四家のうち、何家の出身か。 **解説▶** 藤原北家は藤原不比等の子房前の流れをくむ藤原氏である。	**2** 北家
□□□ **3** 藤原冬嗣の子で、北家の優位を確立したのは誰か。	**3** 藤原良房
□□□ **4** 842年、伴健岑・橘逸勢らが謀反を企てたとして配流された事件を何というか。	**4** 承和の変

摂政・関白の始まり

□□□ **1** 天皇が幼少の期間、その政務を代行する官職を何というか。	**1** 摂政
□□□ **2** 藤原良房が、摂政に任命されたときの天皇は誰か。	**2** 清和天皇
□□□ **3** 866年、朝堂院の正門の放火事件をきっかけとして、大納言であった伴善男が配流された事件を何というか。 **解説▶** 伴善男は左大臣源信の失脚をねらって、自分の息子に大極殿前の応天門の放火を指示したとされ、発覚して伊豆に配流。紀豊城・紀夏井らもそれぞれ配流された。顚末は『伴大納言絵巻』に詳しい。	**3** 応天門の変
□□□ **4** 天皇の成人後に、その後見役として政治を補佐する官職を何というか。	**4** 関白
□□□ **5** 藤原良房の養子で、初めて関白に任命されたのは誰か。	**5** 藤原基経

□□□		
6	藤原基経を初めて関白に任命した天皇は誰か。	6 光孝天皇
□□□		
7	光孝天皇の死後に即位した天皇のもとで改めて関白に任命された藤原基経が、関白を命じた勅書に抗議して撤回させた事件を何というか。	7 阿衡の紛議
□□□		
8	阿衡の紛議が起きたときの天皇は誰か。	8 宇多天皇

解説▶宇多天皇が即位したとき、改めて基経を関白に任命したが、その勅書の中に「阿衡」（名のみで職務を伴わない）の文字があったため、基経は出仕せず、宇多天皇は再び詔を出して基経を出仕させた。また、この勅書を起草した橘広相は処分された。

□□□		
9	宇多天皇が藤原氏に対抗するため登用した学者出身の人物は誰か。	9 菅原道真
□□□		
10	醍醐天皇に讒言し、菅原道真を大宰権帥に左遷した左大臣は誰か。	10 藤原時平

延喜・天暦の治

□□□		
1	「延喜の治」といわれた親政を展開した天皇は誰か。	1 醍醐天皇
□□□		
2	「天暦の治」といわれた親政を展開した天皇は誰か。	2 村上天皇

解説▶班田を命じ延喜の荘園整理令を出したり、『日本三代実録』や『延喜格』『延喜式』が編纂されたり、本朝十二銭の最後である乾元大宝が発行されたりするなど、天皇親政を展開した醍醐・村上両天皇の治世は、後世、延喜・天暦の治として理想視されたが、実際は藤原氏が実権を握り、律令にもとづく政治も形骸化していった。

□□□		
3	969年、左大臣が失脚し大宰権帥に左遷された事件を何というか。	3 安和の変
□□□		
4	安和の変で失脚した左大臣とは誰か。	4 源高明

解説▶源高明が娘婿である為平親王を擁立する陰謀があるとの密告が、清和源氏の源満仲らによってなされ、これが事件の発端となった。この事件で藤原北家の勢力は不動のものとなり、摂政・関白は常置となった。摂関は藤原忠平の子孫が継承した。

摂関政治

□□□		
1	母方の親戚を何というか。	1 外戚

□□□
2 藤原氏は、娘を天皇の后妃に入れ、生まれた皇子を天皇に立て、**母方の祖父**として権力を握った。母方の祖父を何というか。

2 外祖父

□□□
3 藤原氏が、天皇の外戚として摂政・関白を独占し、国政を左右していた政治を何というか。

3 摂関政治

□□□
4 摂政・関白を独占した<u>藤原北家</u>を何とよぶか。
　解説▶ 摂政・関白は藤原氏の中で最高の地位にある者として、藤原氏の氏長者を兼ね、人事権を掌握するなど絶大な権力を握った。

4 摂関家

□□□
5 4人の娘を天皇・皇太子の后妃とし、3代の天皇の内覧・摂政として権勢をほこったのは誰か。

5 藤原道長

□□□
6 藤原道長の子で、後一条・後朱雀・後冷泉天皇3代約50年間の摂政・関白として政権を握ったのは誰か。

6 藤原頼通

□□□

考えてみよう

摂関家の権力は強大なものとなったが、それは万能無制限のものではなかったと考えられる。どのようなことからそう考えられるのだろうか。

➡政治の運営は摂関政治のもとでも、政務は太政官で（　　）により審議され、多くの場合は（　　）（幼少時はは摂政）の決裁を経て（　　）や（　　）などの文書で命令伝達されるなど、律令政治の体制は維持されていたと考えられるから。

公卿／天皇／太政官符／宣旨

国際関係の変化

□□□
1 894年、遣唐使の中止を建言したのは誰か。
　解説▶ 道真が唐の疲弊と航路の危険とを理由に宇多天皇に建議して中止された。

1 菅原道真

□□□
2 唐滅亡後に五代十国の諸王朝が興亡したのち、中国を再統一した王朝を何というか。

2 宋(北宋)

□□□
3 東部モンゴル地方の遊牧民が10世紀初めに耶律阿保機によって統合され、渤海を滅ぼした。その国を何というか。

3 遼(契丹)

□□□
4 10世紀前半、新羅を滅ぼして朝鮮半島を統一した王朝を何というか。
　解説▶ 日本は、大陸や朝鮮半島の国々と正式な国交は開かなかった

4 高麗

が、商船の往来はあった。宋からは商人を通じて書籍や陶磁器、薬品などが輸入され、日本からは金や水銀・真珠・硫黄などが輸出された。『新猿楽記』には「商人の主領」が、幅広く唐物や日本の商品を取り扱っている様子が描かれている。

2 国風文化

国文学の発達

□□□		
1	10〜11世紀の摂関時代を中心とする文化を何というか。	1 国風文化

解説▶唐風文化が消化され、これに日本の風土や日本人の心情・嗜好をくわえた文化が形成された。かな文字の発達、優雅な貴族文化、浄土教の流行などを特徴とする。

□□□		
2	平安時代初期に漢字から生まれた表音文字を何というか。	2 かな(仮名)文字

□□□		
3	仮名文字のうち、万葉がな(仮名)の草書体を簡略化した文字を何というか。	3 平がな

□□□		
4	僧侶が仏典訓読のため、漢字の偏・旁・冠などの一部を符号化した文字を何というか。	4 片かな

□□□		
5	905年、醍醐天皇の命で紀貫之らによって編纂された最初の勅撰和歌集を何というか。	5 『古今和歌集』

□□□		
6	物語文学に大きな影響を与えた、かぐや姫の物語を何というか。	6 『竹取物語』

□□□		
7	在原業平の恋愛談を中心とする歌物語を何というか。	7 『伊勢物語』

□□□		
8	11世紀初めに成立した、光源氏を中心に貴族社会を描写した長編物語を何というか。	8 『源氏物語』

□□□		
9	『源氏物語』の作者は誰か。	9 紫式部

解説▶紫式部は一条天皇の中宮彰子(藤原道長の娘)に仕えていた。紫式部には宮廷での見聞・人物評など随筆風の『紫式部日記』もある。

□□□		
10	10世紀末から11世紀初めにかけて成立したと考えられる、鋭い感覚と機知に富んだ、宮廷生活の体験をもととした随筆集は何か。	10 『枕草子』

11	『枕草子』の作者は誰か。 解説▶清少納言は一条天皇の皇后定子（藤原道長の兄道隆の娘）に仕えていた。紫式部も清少納言も『白氏文集』などの中国文学への深い理解をもっていた。	11 清少納言
12	藤原道長の栄華を賛美した、かな書き編年体の物語を何というか。	12 『栄華(花)物語』
13	10世紀前半に成立した、日本で最初のかな日記を何というか。	13 『土佐日記』
14	『土佐日記』の作者は誰か。 解説▶紀貫之が土佐守の任を終え、海賊におびえながら京都に帰るまでの様子を著した日記。	14 紀貫之

浄土の信仰

1	神仏習合が進み、神は仏が人々の救済のため権に形をかえて世に現れた(権現)とする考え方が生まれたが、これを何というか。	1 本地垂迹説
2	中国から伝来した陰陽五行説にもとづいて、吉凶や災厄を説明したり判定する呪術・祭祀を何というか。	2 陰陽道
3	家などの建物の中に謹慎し、外出をひかえることで、不吉をさけることを何というか。	3 物忌
4	凶となる方角をさけて目的地に向かうことを何というか。 解説▶この時代には怨霊や疫神をまつり疫病や飢饉などの災厄を逃れようとする御霊信仰が広まり、御霊会がさかんにもよおされた。	4 方違
5	阿弥陀仏を信仰し、来世において極楽浄土に往生して悟りを得ることを願う教えを何というか。	5 浄土教
6	極楽往生を願い、仏の姿を心に念じて仏の名を唱えること、とくに阿弥陀仏を念じ「南無阿弥陀仏」と唱えることを何というか。	6 念仏
7	釈迦の没後、仏法の衰退と天災地変の頻発の世を予言した思想を何というか。	7 末法思想
8	末法思想によると、釈迦没後の世界はどのように変遷すると考えられているか。	8 正法・像法・末法

解説 ふつう、釈迦没後千年の正法の世、つぎの千年の像法の世を経たのちに、仏法の衰える乱世である末法の世がくるとされ、当時、1052（永承7）年から末法の世に入るといわれていた。		

□□□
| 9 | 10世紀半ば、諸国を遊行し、京の市で念仏の功徳を説き、庶民に浄土教の布教をおこない**市聖**とよばれた僧は誰か。 | 9 空也 |

□□□
| 10 | 比叡山横川恵心院に住み、経論から極楽・地獄のありさまを示し、**極楽往生**のためには念仏すべきことを説いたのは誰か。 | 10 源信（恵心僧都） |

□□□
| 11 | 念仏往生の教えを説いた、源信の著書を何というか。 | 11 『往生要集』 |
| | **解説** 慶滋保胤が著した『日本往生極楽記』を代表とする、往生をとげたと信じられた人々の伝記を集めた**往生伝**もこのころ書かれ、浄土信仰の広まりに影響を与えた。 | |

□□□

考えてみよう

奈良時代の仏教と平安時代の浄土教を比較したとき、どのような違いがあるだろうか。

➡奈良時代の仏教は（　　）のための（　　）仏教だったが、平安時代に流行した浄土教は（　　）を極楽浄土に（　　）させ、救済するための仏教という特徴をもっていた。

鎮護国家／国家／個人／往生

国風美術

□□□
| 1 | 国風文化が展開した時期の**貴族の住宅様式**を何というか。 | 1 寝殿造 |

□□□
| 2 | 唐絵に対し、**日本的風物**を主題にした絵画を何というか。 | 2 大和絵 |

□□□
| 3 | 国風文化の時期に活躍した、流麗・優雅な、仮名および草書体の能書家3人を何というか。 | 3 三跡（三蹟） |

□□□
| 4 | 三跡のうち、『屏風土代』などで書跡を知ることができるのは誰か。 | 4 小野道風 |

□□□
| 5 | 三跡のうち、『離洛帖』で書跡を知ることができるのは誰か。 | 5 藤原佐理 |

□□□
| 6 | 三跡のうち、日記『権記』や書写作品『白氏詩巻』などを残したのは誰か。 | 6 藤原行成 |

解説 三跡の書風は、和様といわれる。

□□□
7 浄土教の流行に伴い建立された、阿弥陀仏を安置する建物を何というか。

7 阿弥陀堂

□□□
8 阿弥陀堂の代表例で、藤原頼通が別荘とした宇治の寺院に建立したものを何というか。

8 平等院鳳凰堂

□□□
9 仏師が各部分を分けて制作し、1つにまとめあげる仏像制作技法を何というか。

9 寄木造

□□□
10 寄木造の仏像制作技法を完成したのは誰か。

10 定朝

□□□
11 定朝の制作と確証のある唯一の仏像は何か。

11 平等院鳳凰堂阿弥陀如来像

□□□
12 往生を願う人々の臨終に際して阿弥陀仏が迎えに来る場面を描いた絵を何というか。

12 来迎図

貴族の生活

□□□
1 平安時代中期以降の貴族男性の公用の正装を何というか。

1 束帯

解説 略装を衣冠という。

□□□
2 平安時代中期以降の貴族女性の正装を何というか。

2 女房装束(十二単)

□□□
3 平安時代中期以降の男性・女性それぞれの成人儀式を何というか。

3 男性:元服、女性:裳着

□□□
4 大祓や賀茂祭、灌仏、七夕、相撲など、朝廷では毎年同じ時期におこなわれる儀式が重視された。そのような儀式を何と総称するか。

4 年中行事

□□□
5 貴族は年中行事に参加した経験を先例として子孫に伝えるため、日記や行事の次第や作法を記した儀式書を残した。摂関家の栄華を批判的に叙述した藤原実資の日記を何というか。

5 小右記

解説 このころの宮廷貴族に求められた重要な力量に、年中行事を先例通り着実におこなうことがあった。そのために日記や儀式書が編まれた。日記では藤原道長の『御堂関白記』、儀式書では源高明の『西宮記』や藤原公任の『北山抄』などが有名。

3 地方政治の展開と武士

受領と負名

1 902年、醍醐天皇によって出された、中央の権勢をほこる貴族や寺社への土地の寄進や院宮王臣家による山川藪沢の独占などを禁止する法令を何というか。

1 延喜の荘園整理令

> **解説▶** 醍醐天皇はこのほかに、班田の励行をはかるなど、律令制の再建をはかったが、国司のもとで徴税・運搬、文書の作成などの実務を担っていた郡司の力が衰え、浮浪・逃亡・偽籍などもあり戸籍・計帳の制度は崩れ、班田収授も実施不可能となっていた。

2 任国におもむく国司の最上席者で、徴税業務などを中心に大きな権限と責任を負った者を何というか。

2 受領

3 地方では、10～11世紀ころに、公領・荘園の田地の耕作・徴税を請け負った有力農民が現れた。そのような有力農民を何というか。

3 田堵

4 請負人が自分の請け負った田地の耕作権を示すために、自分の名をつけた田地を何というか。

4 名（名田）

> **解説▶** 田堵は、名とよばれる田地の納税を請け負ったことから、負名ともよばれた。また、田堵のうち、大規模な経営をおこなう者は大名田堵とよばれる。戸籍に記帳された成人男性に課税する原則は崩れ、土地を基礎に受領が負名から徴税する体制ができていった。

5 平安時代中期以降の公領の貢納物で、かつての租・調・庸や公出挙の利稲に由来するとされる税を何というか。

5 官物

6 平安時代中期以降の公領の貢納物で、かつての雑徭などに由来するとされる労役を何というか。

6 臨時雑役

7 受領以外の国司は実務から排除されるようになり、国司に任命されても任国におもむかず、自分の代理人（目代）を派遣して、国司としての収入を得ることもさかんになった。それを何というか。

7 遙任

8 受領の中には強欲な者もおり、988年、尾張の郡司や百姓らが国守を訴えたが、その訴状を何というか。

8 尾張国郡司百姓等解

9	尾張国郡司百姓等解で訴えられた尾張国守とは誰か。 解説▶受領の強欲を伝える例としては、この藤原元命が有名。	9 藤原元命
10	私財(銭・米・絹など)を出して宮中の行事費や寺社の造営費を請け負い、その代償として官職を得ることを何というか。	10 成功
11	成功によって、同じ官職に任命されることを何というか。	11 重任
12	11世紀後半には受領も任国に常時駐在しなくなった。受領が、自らが赴任しない国衙(留守所)に派遣した役人を何というか。	12 目代
13	地方の国衙において、目代に指揮され実務をおこなった、その国の有力者らを何というか。	13 在庁官人

荘園の発達

1	11世紀に入ると、土着国司の子孫や地方豪族の中に、国衙から臨時雑役などを免除され、一定領域を開発する者が現れた。そのような領主を何というか。	1 開発領主
2	国衙からの干渉を免れるため、開発領主は開発した土地を、名目上、中央の有力貴族・寺社に寄進して、官物や臨時雑役の免除の権利を得た。この権利を何というか。	2 不輸(の権)
3	太政官符や民部省符などの政府から出される許可書により、不輸の権が認められた荘園を何というか。	3 官省符荘
4	受領によって在任中のみ独自に不輸の権が保障された荘園を何というか。	4 国免荘
5	名目上、寄進を受けた荘園の領主を何というか。	5 領家
6	領家から、さらに上級の有力者に荘園が重ねて寄進された場合、その上級の領主を何というか。 解説▶領家・本家のうち、実質的な支配権をもつ者を本所といった。	6 本家
7	当初、名目的な寄進をした開発領主は、荘園の現地の管理者となった。その管理者を何というか。 解説▶上級の荘官として預所、下級の荘官として下司・公文といったよび名がある。	7 荘官

□□□			
8	開発領主からの寄進によって形成された荘園を何というか。	8	寄進地系荘園

□□□			
9	国衙の検田使や収納使などの荘園への立ち入りを拒絶する権利を何というか。	9	不入(の権)

解説 不入の権は、初めは検田使(面積や課税の可否の調査)や収納使らの荘園への立ち入り拒絶権であったが、やがて国家の警察権介入拒否権にまで発展した。

□□□

考えてみよう

受領は収入源を減らすことになる寄進地系荘園を整理しようとしたが効果はあがらなかった。それはなぜだろうか。

➡11世紀後半には、荘園の増加で(　)からの収入が不安定になった(　)や摂関家・大寺社が積極的に(　)を受け、むしろ荘園の(　)をはかるようになったから。

封戸／天皇家／寄進／拡大

地方の反乱と武士の成長

□□□			
1	9〜10世紀の地方政治の混乱の中、武芸を習い戦に従事するようになった者を何というか。	1	武士(兵)

□□□			
2	土着した国司の子孫や地方の豪族を中心に形成された武装集団を何というか。	2	武士団

□□□			
3	武士団を構成した一族の者と、それに従った者をそれぞれ何とよぶか。	3	一族：家子、従者：郎党(郎等、郎従)

□□□			
4	中小地方武士団を統合した大武士団の統率者を何というか。	4	棟梁

□□□			
5	武士団の統率者のうち、平高望(高望王)を祖とする一族を何というか。	5	桓武平氏

□□□			
6	武士団の統率者のうち、源経基(経基王)を祖とする一族を何というか。	6	清和源氏

□□□			
7	桓武平氏のうち、一族の争いから、939年に関東一帯を占拠する乱を起こしたのは誰か。	7	平将門

解説 平将門は、父の遺領問題から伯父国香を殺害して一族間の抗争を引き起こし、さらに常陸・下野・上野の国府を攻め落とし、新皇と称して下総の猿島を本拠とした。

☐☐☐ 8	平将門が起こした乱を鎮定した桓武平氏の人物は誰か。	8 平貞盛
☐☐☐ 9	平貞盛とともに乱を鎮定した下野の押領使は誰か。	9 藤原秀郷
☐☐☐ 10	前伊予掾であったが、海賊平定の恩賞に対する不満から、逆に瀬戸内海海賊を率いて、939年に乱を起こしたのは誰か。 解説▶藤原純友は伊予の日振島を根拠地として、939年に乱を起こし大宰府を焼いたが、小野好古や源経基によって討たれた。	10 藤原純友
☐☐☐ 11	平将門と藤原純友によって東西でほぼ同じ時期に起こされた乱をあわせて何とよんでいるか。 解説▶この乱の平定をきっかけに清和源氏や桓武平氏のように、代々武名と武芸を継承する兵の家(軍事貴族)が成立した。	11 天慶の乱
☐☐☐ 12	9世紀後半以降、盗賊の追捕や内乱の鎮圧のために置かれた令外官を2つあげよ。	12 押領使、追捕使
☐☐☐ 13	平安時代、貴族に仕えて身辺の警護にあたった人々のことを何というか。	13 侍
☐☐☐ 14	宇多天皇のときに置かれた、宮中の警備にあたった武士のことを何というか。	14 滝口の武者(武士)
☐☐☐ 15	摂津に土着していた清和源氏の人物で、その子、頼光・頼信とともに藤原兼家・道長に仕え武力で奉仕するとともに、諸国の受領をつとめ摂関家を支えたのは誰か。	15 源満仲
☐☐☐ 16	1019年、沿海州に住む女真人の船50余隻が、対馬・壱岐を経て博多湾に侵入した刀伊の来襲に際して、九州の武士を率いて撃退した大宰権帥は誰か。	16 藤原隆家
☐☐☐ 17	高望王の曽孫で、1028年に上総で乱を起こし房総一帯を占拠したのは誰か。	17 平忠常
☐☐☐ 18	平忠常の乱を平定し、源氏の東国進出の契機をつくったのは誰か。	18 源頼信

第5章 院政と武士の躍進

1 院政の始まり

延久の荘園整理令と荘園公領制

□□□
1 1068年に即位して親政を開始した、藤原氏と外戚関係をもたない天皇は誰か。

解説▶ 後三条天皇の母親は三条天皇の皇女禎子内親王で、藤原氏を外戚としていない。また、50年もの間、摂政・関白をつとめた藤原頼通も1067年に宇治に引退し、関白は弟教通にかわっていた。

1 後三条天皇

□□□
2 後三条天皇のときに出された1069年の荘園整理令は何か。

解説▶ 1045年以降の新立荘園を廃止し、それ以前の荘園も、証拠書類（券契）が明らかでなく、国務を妨げる荘園は整理することとした。この荘園整理令により石清水八幡宮は、34の荘園のうち13が整理された。

2 延久の荘園整理令

□□□
3 荘園整理の実をあげるために太政官内に新設された役所は何か。

3 記録荘園券契所（記録所）

□□□
4 国司や在庁官人らによって管理された土地を、何というか。

解説▶ 11世紀ごろまでに令制の郡郷制が崩壊するに従い、公領内は郡・郷・保などから構成されるようになり、国司は徴税のため支配下の豪族や開発領主を郡司・郷司・保司などの役人に任命した。

4 公領（国衙領）

□□□
5 田堵などの有力農民は、名の請負人の立場からしだいに土地への権利を強め、何とよばれるようになったか。

5 名主

□□□
6 荘園で名主に課した律令制下の租に相当するものを何というか。

6 年貢

□□□
7 名主が負担したもので、土地の産物の納入など年貢以外の貢納物と労役の負担をそれぞれ何というか。

7 貢納物：公事、労役：夫役

☐☐☐ **8** 12世紀になると、一国の編成は、私有の土地と国家の土地が並立する体制へと変化していった。この体制を何というか。	**8** 荘園公領制

☐☐☐

考えてみよう

後三条天皇の出した荘園整理令はそれまでの荘園整理令と比較して、どのような特徴があったのだろうか。

➡ ( )にゆだねられていた荘園整理を、中央に( )を設けておこなうこととした。( )と国司の報告をあわせてきびしく審査し、基準にあわない荘園は( )のものであっても停止したので、これまでのものより大いに効果が上がった。	国司／記録荘園券契所／証拠書類（券契）／摂関家

院政の開始

☐☐☐ **1** 1051年、陸奥の土豪安倍頼時が国司に反抗して起こした戦乱を何というか。	**1** 前九年合戦
☐☐☐ **2** 朝廷から陸奥守兼鎮守府将軍に任命され、**前九年合戦**を平定し安倍氏を滅ぼした人物は誰か。	**2** 源頼義
☐☐☐ **3** 前九年合戦の平定の際、源頼義を助けた**出羽の豪族**をあげよ。	**3** 清原氏
☐☐☐ **4** 1083年、陸奥・出羽両国で大きな勢力をほこっていた清原氏の相続争いから起こった戦乱を何というか。	**4** 後三年合戦
☐☐☐ **5** 清原氏の内紛に介入した陸奥守兼鎮守府将軍は誰か。 **解説▶** 源義家は、父の頼義に従って前九年合戦の平定に参加している。後三年合戦後には、従軍した武士たちに私財で賞を与え、信望を高めたという。	**5** 源義家
☐☐☐ **6** 源義家の援助で内紛を勝ち抜き、陸奥・出羽両国を支配下に置いたのは誰か。 **解説▶** 藤原清衡以後、陸奥の平泉を拠点に栄えた一族を奥州藤原氏という。	**6** 藤原清衡
☐☐☐ **7** 後三条天皇のあとを継いで親政を展開していたが、1086年、にわかに幼少の皇太子に譲位し、天皇の後見役として実権を握り政治をおこなったのは誰か。	**7** 白河天皇（上皇）

| 8 | 白河天皇の譲位によって即位したのは誰か。 | 8 | 堀河天皇 |

□□□

| 9 | 皇位を退いた天皇の尊号を何というか。 | 9 | 上皇(太上天皇) |

□□□

| 10 | 譲位した天皇が出家したときの尊称は何か。 | 10 | 法皇 |

□□□

| 11 | 上皇または法皇が直系子孫の天皇を父系尊属として後見し、国政を主導した政治を何というか。 | 11 | 院政 |

解説▶院は上皇の住居のことで、のちには上皇自身を指すようになった。

□□□

| 12 | 院政をおこなった、院の家政機関を何というか。 | 12 | 院庁 |

解説▶院庁から出される文書である院庁下文と、上皇の命令を伝える院宣が、国政全般に対してしだいに効力をもつようになった。なお、白河上皇が本格的な院政をはじめたのは、堀河天皇の死後、幼少の鳥羽天皇を即位させてからのこと。

□□□

| 13 | 院の御所の警護にあたった武士を何というか。 | 13 | 北面の武士 |

□□□

| 14 | 平安時代末期に「治天の君」として国政を担当した上皇3人をあげよ。 | 14 | 白河上皇、鳥羽上皇、後白河上皇 |

解説▶白河上皇は、堀河・鳥羽・崇徳天皇3代43年間、鳥羽上皇は、崇徳・近衛・後白河天皇3代27年間、後白河上皇は、二条・六条・高倉・安徳・後鳥羽天皇5代34年間、院政をおこなった。

□□□

| 15 | 院政期に上皇らがさかんにおこなった紀伊熊野三山への参詣を何というか。 | 15 | 熊野詣 |

□□□

| 16 | 院政期に、天皇家の手によって建立された6つの寺院を何というか。 | 16 | 六勝寺 |

解説▶京都東山付近に建立された白河天皇の法勝寺のほか、尊勝寺・最勝寺・円勝寺・成勝寺・延勝寺の6寺をいう。

---

2 院政と平氏政権

院政期の社会

□□□

| 1 | 国政を担当する上皇の側近として権勢を振るった者たちを何というか。 | 1 | 院近臣 |

第5章

□□□ 2	鳥羽上皇の時代には院の周辺に荘園の寄進が集中し、不輸・不入の権をもつ荘園も一般化した。鳥羽上皇が八条院暲子に与えた荘園群と後白河上皇が持仏堂の長講堂に寄進した荘園群をあげよ。	2 八条（女）院領、長講堂領
□□□ 3	院政期に盛行した、上級貴族や大寺社に一国の支配権を与え、その国からの収益を得させる制度を何というか。	3 知行国制
□□□ 4	知行国制で国の支配権を与えられ、子弟や近親者を国守に推挙した貴族や寺社を何というか。	4 知行国主
□□□ 5	上皇や女院の所有する知行国を何というか。	5 院分国
□□□ 6	大寺院の雑役に従事した下級僧侶を中心に形成された寺院内の武装集団を何というか。	6 僧兵
□□□ 7	興福寺の僧兵が春日大社の神木を、延暦寺の僧兵が日吉神社の神輿を擁して朝廷に訴えたように、敵対者への威嚇で要求を通そうとする行動を何というか。	7 強訴
□□□ 8	強訴をたびたび起こした興福寺・延暦寺をどのように言い表しているか。 解説▶ 興福寺の僧兵を奈良法師、延暦寺の僧兵を山法師といった。『源平盛衰記』によると、白河法皇が「賀茂川の水、双六のさいの目、山法師、これぞ朕が心に随わぬ者」と言ったという。	8 南都・北嶺
□□□ **考えてみよう** 院政の時代は武士の中央政界への進出が進んだ時代である。それには、どのような事情があったのだろうか。 ➡興福寺や延暦寺が（　）を使って朝廷に（　）して要求を通そうとする中で、（　）を恐れた院や朝廷はその圧力に抵抗できず、武士を用いて警護や（　）にあたらせた。これが武士の中央政界進出を招いた。		僧兵／強訴／神仏の威／鎮圧
□□□ 9	後三年合戦後、陸奥・出羽両国を支配し、3代の栄華をほこったのは何氏か。	9 奥州藤原氏
□□□ 10	奥州藤原氏の3代の人物名を順にあげよ。	10 藤原清衡・基衡・秀衡

11 奥州藤原氏の根拠地はどこか。

> 解説▶ 奥州藤原氏は奥州で産出される金の力を背景として繁栄し、中尊寺や毛越寺などの豪華な寺院を建立した。

11 平泉

保元・平治の乱

□□□
1 白河法皇に重用され北面の武士となり、源義家の子である源義親が起こした乱を平定し、伊勢平氏の武名を高め、中央政界に地歩を築いたのは誰か。

> 解説▶ 伊勢平氏は、平将門の乱を鎮定した平貞盛の子維衡が伊勢守となり、任期終了後に土着し、伊勢・伊賀に勢力をもった。平正盛は維衡の曽孫にあたる。

1 平正盛

□□□
2 平正盛の子で、瀬戸内海の海賊を平定し、鳥羽上皇の信任を得、武士としても院の近臣としても重用され、平氏繁栄の基礎を築いたのは誰か。

> 解説▶ 平忠盛は、鳥羽院領肥前国神埼荘の管理をゆだねられたのを機に、博多で日宋貿易に着手した。

2 平忠盛

□□□
3 1156年、鳥羽法皇の死後、皇位継承問題と摂関家内の対立から起きた乱を何というか。

3 保元の乱

□□□
4 保元の乱で皇位継承をめぐり対立した上皇と天皇の名をあげよ。

4 崇徳上皇、後白河天皇

□□□
5 保元の乱で対立した摂関家の兄と弟の名をあげよ。

5 兄：藤原忠通、弟：藤原頼長

□□□
6 保元の乱で上皇方に参加した源氏・平氏の武士の名をあげよ。

6 源為義・為朝、平忠正

□□□
7 保元の乱で天皇方に参加した源氏・平氏の武士の名をあげよ。

7 源義朝、平清盛

□□□
8 1159年、院近臣間の対立と源平両棟梁の対立がもとで起こった事件は何か。

8 平治の乱

□□□
9 後白河天皇の側近で平氏と結んで権勢を振るい、平治の乱勃発時に自殺したのは誰か。

9 藤原通憲（信西）

□□□
10 藤原通憲と対立し、源氏の棟梁と挙兵し敗れて斬罪となった公卿は誰か。

10 藤原信頼

□□□			
11	平治の乱で挙兵した源氏の棟梁は誰か。	11	源義朝

□□□			
12	平治の乱を平定した平氏の棟梁は誰か。	12	平清盛

解説 この2つの乱は、貴族社会の内部の争いを武士の実力で解決したものである。平清盛の地位と権力は急速に高まり、1167年には武士で初めて太政大臣となった。

平氏政権

□□□			
1	保元の乱で兄崇徳上皇を配流し、二条天皇に譲位後、5代の天皇にわたり院政をおこなったのは誰か。	1	後白河上皇（法皇）

□□□			
2	平清盛が京都の六波羅に樹立した最初の武家政権を何というか。	2	平氏政権（六波羅政権）

□□□			
3	平清盛の娘で天皇の中宮となったのは誰か。	3	平徳子（建礼門院）

□□□			
4	平徳子が中宮となった天皇とは誰か。	4	高倉天皇

□□□			
5	平徳子と高倉天皇との間に生まれた天皇が即位し、清盛は外戚となった。その天皇は誰か。	5	安徳天皇

□□□			
6	平氏がその財政基盤として積極的に取り組んだ対外貿易は何か。	6	日宋貿易

□□□			
7	日宋貿易のため平清盛が修築した摂津の港は何か。	7	大輪田泊

解説 この港は現在の神戸港の一部で古くからの要港であり、清盛の手によって拡張された。清盛は安芸の音戸瀬戸も開削したと伝えられている。

□□□

考えてみよう

平氏政権の特徴として立后外戚政策のように摂関家と同様のものもあったが、諸国の武士との関係では武家政権としての特徴もあった。それはどのようなものだっただろうか。

➡各地で成長する（　　）の一部を、荘園や公領の現地支配者である（　　）に任命し、西国一帯の武士を（　　）とすることに成功した。

武士団／地頭／家人

院政期の文化

□□□			
1	平安時代末期に流行した、庶民感情をよく表現した民間の歌謡を何というか。	1	今様
2	平安時代末期に今様の歌謡を集めてつくられた歌謡集を何というか。	2	『梁塵秘抄』
3	『梁塵秘抄』を撰集したのは誰か。	3	後白河上皇
4	貴族の華やかな過去を追憶して、和文体で書かれた物語を何というか。	4	歴史物語
5	歴史物語のうち、藤原道長を中心とした藤原全盛期を批判的に著述した物語を何というか。	5	『大鏡』
6	仏教・民間説話を和漢混淆文で記した平安時代末期の説話集を何というか。	6	『今昔物語集』

解説 この説話集は、本朝・天竺(インド)・震旦(中国)の三部からなっており、当時の民衆や武士の姿を生き生きと描いている。

□□□			
7	平将門の乱を漢文で書き著した軍記物語は何か。	7	『将門記』
8	前九年合戦の経過を書き著した軍記物語は何か。	8	『陸奥話記』
9	藤原清衡が現在の岩手県平泉に建立した阿弥陀堂を何というか。	9	中尊寺金色堂
10	大分県豊後高田市に現存する阿弥陀堂を何というか。	10	富貴寺大堂
11	福島県いわき市に現存する阿弥陀堂を何というか。	11	白水阿弥陀堂
12	絵と詞書で時間の経過や場面の展開を表す絵画を何というか。	12	絵巻物
13	絵巻物で、紫式部が著した宮廷貴族の物語を絵画化した作品は何か。	13	『源氏物語絵巻』

解説 この絵巻は大和絵の先駆的作品で、吹抜屋台・引目鉤鼻といわれる手法で描かれている。

□□□			
14	絵巻物で、応天門の変を描いた作品を何というか。	14	『伴大納言絵巻』

☐☐☐ 15	絵巻物で、飛倉の図で有名な毘沙門天信仰の霊験縁起談を描いた作品を何というか。	15 『信貴山縁起絵巻』
☐☐☐ 16	絵巻物で、動物を擬人化して、貴族社会や仏教界を風刺した作品は何か。 **解説▶** 筆者は鳥羽僧正覚猷といわれている。	16 『鳥獣人物戯画』
☐☐☐ 17	平安時代末期の装飾経で、庶民の生活を下絵とした扇形の紙に法華経が書かれたものを何というか。	17 『扇面古写経』
☐☐☐ 18	航海の守護神をまつり平清盛の崇敬を受けた神社はどこか。	18 厳島神社
☐☐☐ 19	平氏一門が繁栄を祈り、厳島神社に奉納した装飾経を何というか。	19 『平家納経』

第6章 武家政権の成立

1 鎌倉幕府の成立

源平の争乱

☐☐☐
1 1177年に後白河法皇の近臣が平氏打倒を企て、失敗する事件が起きた。これを何というか。

> **解説▶** 藤原成親などの院近臣らが、京都東山鹿ヶ谷の俊寛の山荘で平氏打倒の計画を立てたが、失敗した。平清盛は1179年、後白河法皇を鳥羽殿に幽閉し、多数の貴族を処罰し、国家機構を手中に収め、翌年安徳天皇を即位させた。しかし、平氏に対する中央の貴族や大寺院の不満も高まった。

1 鹿ヶ谷の陰謀

☐☐☐
2 1180年、後白河法皇の皇子を擁し平氏打倒の兵をあげたが、宇治で敗死した清和源氏の武士は誰か。

2 源頼政

☐☐☐
3 源頼政らに擁立され、平氏打倒の令旨を発した後白河法皇の皇子とは誰か。

3 以仁王

☐☐☐
4 平治の乱で伊豆に流されていたが、1180年に以仁王の令旨に応じて伊豆の豪族とともに挙兵した源氏の嫡流は誰か。

4 源頼朝

☐☐☐
5 以仁王の令旨に応じて、木曽で挙兵したのは誰か。

> **解説▶** この人物は、源頼朝とは従兄弟にあたる。平氏を討ち入京を果たし征夷大将軍に任じられたが、後白河法皇に疎んぜられ源範頼・義経により討たれた。

5 源(木曽)義仲

☐☐☐
6 1180年、以仁王らの挙兵後に平氏が遷都した都を何というか。

> **解説▶** この都は現在の神戸市。この遷都には公家たちの反対が多く、半年もたたずに京都に戻された。

6 福原京

☐☐☐
7 1181年ごろから畿内・西日本を中心に飢饉が起こったことは、清盛の突然の死とともに、平氏勢力に大きな打撃を与えた。この飢饉を何というか。

7 養和の飢饉

8	1185年3月、平氏一門が滅亡した長門国での戦いを何というか。	8 壇の浦の戦い

解説▶平氏の棟梁平宗盛を将とした平氏が滅び、8歳の安徳天皇や清盛の妻時子をはじめ、多くの者が入水した。1180年から85年にかけての源平の争乱は、その間の年号をとって治承・寿永の乱ともいう。

9	源平の争乱で東国武士を率いて各地を転戦し、平氏を滅ぼした源頼朝の弟を2人あげよ。	9 源範頼、源義経

解説▶平氏滅亡後に、源範頼は源頼朝にいれられず伊豆に配流後に暗殺されたと伝えられる。源義経も頼朝と不和になり奥州に潜伏中、平泉で藤原泰衡に攻められ自殺した。なお、奥州藤原氏は義経をかくまったとして1189年、頼朝によって滅ぼされた。

鎌倉幕府

1	源氏の嫡流である源頼朝が東国経営の拠点としたのはどこか。	1 鎌倉
2	源頼朝が鎌倉に政治機関を設け、東国および全国支配をおこなった武家政権を何というか。	2 鎌倉幕府
3	1192年、後白河法皇の死後に源頼朝が任命され、以後、武家政権の統率者の地位を示すようになった官職を何というか。	3 征夷大将軍
4	1185年、源義経追討を理由として、頼朝が朝廷から国ごとに設置することを公認され、初め総追捕使や国地頭などとよばれた軍事・警察権を行使するための職は何か。	4 守護
5	1185年、頼朝が諸国の公領・荘園に設置することを認められ、土地管理・治安維持・年貢徴収などをおこなった職を何というか。	5 地頭
6	地頭が設置されたとき徴収が認められた、田畑1段につき5升の米のことを何というか。	6 兵粮米
7	鎌倉幕府の政治機構の中で、御家人の統率と軍事・警察の任にあたった機関は何か。	7 侍所
8	侍所の長官の職名と初代長官に任命された人物をあげよ。	8 別当、和田義盛
9	幕府の文書作成や財政を司った機関は何か。	9 公文所(のち政所)

□□□		
10	公文所の長官の職名と初代長官に任命された人物をあげよ。	**10** 別当、大江広元
□□□		
11	幕府の訴訟・裁判処理機関は何か。	**11** 問注所
□□□		
12	問注所の長官の職名と初代長官に任命された人物をあげよ。	**12** 執事、三善康信
□□□		
13	守護は**各国に1人ずつ東国の御家人**が任命されたが、その職務の1つで、各国の御家人に**京都大番役**を割り当てる権限を何というか。	**13** 大番催促
□□□		
14	守護の職務のうち京都大番役の催促以外の権限を2つあげよ。	**14** 謀叛人・殺害人の逮捕
□□□		
15	京都大番役の催促、謀反人・殺害人の逮捕の3つの権限を総称して何というか。	**15** 大犯三カ条(関東御下知三箇条)
□□□		
16	地頭は御家人の中から任命され、**年貢の徴収や納入**と土地管理および**治安維持**を任務としたが、当初任命されたのはどのような所領であったか。	**16** 謀反人の所領(平家没官領)
□□□		
17	九州の御家人の統率と軍事・警察の任を司った機関を何というか。	**17** 鎮西奉行
□□□		
18	在京御家人の統率、京都の治安維持、朝廷との交渉のために設けられた機関を何というか。	**18** 京都守護
□□□		
19	守護・地頭設置の経過についての記述がある日記『玉葉』の著者は誰か。	**19** 九条(藤原)兼実

解説▶ 五摂家の1つ、九条家の祖。源頼朝の後援で関白・太政大臣・議奏公卿(朝廷の重要政務を審議)になる。『玉葉』は鎌倉初期を知る重要な史料。

幕府と朝廷

□□□		
1	土地を仲立ちにして**主従の関係**が結ばれる制度を何というか。	**1** 封建制度
□□□		
2	鎌倉時代に将軍と**主従関係**を結んだ武士を何というか。また、主従関係を結んでいない武士を何というか。	**2** 御家人、非御家人

□□□
3 将軍と御家人の主従関係は、将軍の与える恩恵と御家人の側の奉仕義務で支えられていた。この恩恵と奉仕義務を何というか。

3 御恩、奉公

□□□
4 将軍の御恩のうち、御家人に**先祖伝来の所領**の支配を保障することを何というか。

4 本領安堵

□□□
5 将軍の御恩のうち、御家人に、功によって新たに所領・官位や地頭職などを与えることを何というか。

5 新恩給与

□□□
6 御家人の奉公のうち、自費で内裏や京都市内の警備にあたる任を何というか。

6 京都大番役

□□□
7 御家人の奉公のうち、**幕府の御所**を警備する役を何というか。

7 鎌倉番役

解説▶東国御家人は守護への任命や地頭職が与えられることが多かった。西国御家人は地頭職付与の例は少なく、下司職など荘園制下の職権を保護され、守護によって組織化され京都大番役などをつとめた。

□□□
8 幕府の経済的基盤のうち、**将軍家の所領**で、**源平の争乱**や**承久の乱**などで没収した荘園を中心とするものを何というか。

8 関東御領

□□□
9 朝廷から将軍に与えられた**知行国**を何というか。

9 関東知行国(関東御分国)

解説▶将軍の知行国の国司には、幕府が推薦した御家人が任命され、その国の収入の一部を幕府に納入した。関東知行国は鎌倉時代初期に9カ国あった。

□□□
10 10世紀までの律令・格式の編纂ののちに14世紀半ばまで、朝廷で制定された特別立法の法令を何というか。

10 新制

□□□

考えてみよう
鎌倉時代初期の特色に、公家と武家の二元的な支配があげられる。説明してみよう。

➡朝廷は諸国に(　　)を任命しており、幕府は(　　)を任命し(　　)の任務をおこなっていた。また、貴族や寺社は(　　)として土地からの収益を得ていたが、幕府も御家人を(　　)に任命し在地領主権を保証し収益を得ていた。

国司／守護／国衙／荘園領主／地頭

2 武士の社会

北条氏の台頭

□□□		
1	源頼朝の急死後、2代将軍に就任したのは誰か。	1 源頼家
2	源頼朝の死後、御家人中心の政治を求める動きが強まり、御家人13人の合議制がおこなわれ、将軍源頼家の専制が抑制された。合議の中心にあった頼朝の妻の家と、頼家の妻の家をあげよ。 **解説** 2代将軍源頼家は比企氏と結び北条氏と対立したが、1203年、比企能員の乱後、祖父北条時政により伊豆の修禅寺に幽閉され、翌年謀殺された。	2 北条氏・比企氏
3	御家人13人の合議体制の中で北条氏が徐々に幕府の実権を握ったが、こうした北条氏の地位を指す言葉を何というか。	3 執権
4	執権の地位に最初についた人物は誰か。	4 北条時政
5	北条時政の娘で源頼朝の妻となり、のち尼将軍とよばれたのは誰か。	5 北条政子
6	1213年、北条氏に倒された侍所別当は誰か。	6 和田義盛
7	和田義盛を滅ぼし、政所・侍所の別当を兼ねて執権の地位を確立したのは誰か。	7 北条義時

承久の乱

□□□		
1	九条兼実ら親幕府派公卿を退け、院政を展開し朝廷の勢力を挽回しようとした上皇は誰か。	1 後鳥羽上皇
2	後鳥羽上皇が院の武力の強化をはかって設けた軍事力は何か。	2 西面の武士
3	後鳥羽上皇と連携をはかっていた3代将軍は、1219年、鶴岡八幡宮での儀式の際に、源頼家の子公暁によって暗殺された。その3代将軍は誰か。	3 源実朝

□□□ **4**	源氏将軍が絶えたあと、摂関家から迎えられた将軍を何というか。	**4** 摂家将軍(藤原将軍)
□□□ **5**	京都から迎えられた鎌倉幕府4代将軍は誰か。 **解説**▶頼経は関白九条道家の子で、1219年わずか2歳で鎌倉に下り、北条政子が後継者として養育にあたり、26年、将軍となった。	**5** 藤原(九条)頼経
□□□ **6**	1221年、後鳥羽上皇が北条義時追討の宣旨を出してはじまった朝廷と幕府との戦いを何というか。 **解説**▶幕府は北条義時の子泰時と、義時の弟時房らの率いる軍を送り、京都を制圧した。	**6** 承久の乱
□□□ **7**	承久の乱に敗れた後鳥羽上皇が配流されたのはどこか。	**7** 隠岐
□□□ **8**	承久の乱ののち、初め土佐に、のち阿波に流された上皇は誰か。	**8** 土御門上皇
□□□ **9**	承久の乱ののち、佐渡に流された上皇は誰か。 **解説**▶承久の乱後、即位してわずか70余日の仲恭天皇は廃され、後堀河天皇に譲位させられている。	**9** 順徳上皇
□□□ **10**	承久の乱ののち、京都守護にかわり、朝廷監視・尾張以西の御家人の統轄をおこなった機関は何か。 **解説**▶承久の乱後、京都に残り戦後処理にあたっていた北条泰時・時房がそのまま探題に任命された。	**10** 六波羅探題
□□□ **11**	承久の乱ののち、後鳥羽上皇方についた貴族や武士から没収した所領に置かれ、新たな得分規定が適用された地頭を何というか。	**11** 新補地頭
□□□ **12**	新補地頭の地位にある者の得分の法定率の新たな基準を何というか。 **解説**▶この法定率では、(イ)田畑11町ごとに1町の免田、(ロ)田地1段につき5升の加徴米、(ハ)山や川からの収益の半分、をそれぞれ地頭に与えるということが定められた。なお、承久の乱以前から補任されていた地頭を本補地頭という。	**12** 新補率法

□□□

考えてみよう

承久の乱に幕府が勝利したことは、公武の二元的支配の状況にどのような変化をおよぼしたのだろうか。

➡西国監視のため（　　　）が置かれ、さらに上皇方の所領を没収し、新たに多くの（　　　）を任命したことで、畿内や西国の（　　　）・（　　　）に幕府の力がおよぶようになり、二元的支配は（　　　）優位な状況になった。

六波羅探題／地頭／荘園／公領／幕府

執権政治

□□□
1 北条義時の死後、3代執権として執権政治の発展を主導したのは誰か。

1 北条泰時

□□□
2 北条泰時によって新設された執権の補佐役を何というか。
解説▶幕府の出す下文・下知状・御教書などに、執権とともに署名加判したので、連署とよばれた。初代の連署は泰時の叔父北条時房である。

2 連署

□□□
3 1225年、幕府によって新設された最高決裁機関を構成する役職を何というか。
解説▶幕府の重要政務や裁判の評議・裁定を合議する最高決裁会議を評定といい、執権・連署・評定衆から構成された。

3 評定衆

□□□
4 1232年、北条泰時が定めた51カ条からなる武家の最初の体系的法典を何というか。
解説▶この法典の制定の趣旨をよく知ることのできるものが、在京中の弟で六波羅探題の重時にあてた北条泰時の書状（泰時書状）である。

4 御成敗式目（貞永式目）

□□□
5 御成敗式目に「右大将家之例」として基準とされた源頼朝時代の判例を何というか。
解説▶成文化の目的は公平な裁判の判決基準を定めることにあった。基準となったのは武家社会の道理と源頼朝以来の先例である。なお、同じ時期に朝廷の支配下では公家法が、荘園領主のもとでは本所法が効力をもっていた。

5 先例

□□□
6 北条泰時の孫で、幕府の5代執権は誰か。
解説▶1203年に北条時政が政所別当に就任、13年に義時が侍所の別当も兼ねて執権政治が本格化するが、泰時・時頼の代に最も安定した。

6 北条時頼

□□□
7 北条時頼が、1247年に有力御家人三浦泰村一族を滅ぼした合戦を何というか。

7 宝治合戦

□□□
8 1249年、北条時頼が裁判の公平と迅速化をはかるために新設した訴訟審理機関を何というか。

8 引付

☐☐☐ 9	引付の構成員を何というか。	9 引付衆
☐☐☐ 10	後嵯峨上皇の院政下、幕府の要請によって設置され、所領・人事の訴訟や神事などを評議・議決した機関の構成員で、幕府の承認を経て上級貴族と実務官僚5～6人が任命されたのは何か。	10 院評定衆
☐☐☐ 11	1252年、執権北条時頼が藤原将軍頼嗣を廃し、将軍として迎えた後嵯峨上皇の皇子は誰か。	11 宗尊親王
☐☐☐ 12	宗尊親王のように皇室から迎えられた将軍を何というか。	12 皇族将軍（宮将軍、親王将軍）

武士の生活／武士の土地支配

☐☐☐ 1	鎌倉時代までの武士は開発領主の系譜を引き、先祖伝来の土地を中心に所領を拡大してきた。所領の重要地に建てられた武士の住居を何というか。 解説▶ この時代の館の様子は、『一遍上人絵伝』などで知ることができ、考古学の発掘調査によっても裏付けられている。	1 館（たち）
☐☐☐ 2	領主などに隷属し、佃・門田・正作とよばれた直営地の耕作をおこなった下層農民を何というか。	2 下人
☐☐☐ 3	鎌倉時代の武家社会における血縁集団の統率者・代表者を何というか。	3 惣領
☐☐☐ 4	鎌倉時代の武家社会において、惣領を中心に一門が団結して戦ったり、祖先や一門の氏神の祭祀をおこなったりする体制を何というか。	4 惣領制
☐☐☐ 5	鎌倉時代の武家社会において、一門の中で惣領や嫡子以外の者を何というか。	5 庶子
☐☐☐ 6	惣領を継ぐ嫡子のほかに庶子にも財産が分与される相続形態を何というか。	6 分割相続
☐☐☐ 7	武士の生活は質素で、武芸を身につけることが重視された。馬上から、的として下げた笠を射る弓技を何というか。	7 笠懸
☐☐☐ 8	馬場に放した犬を馬上から追い射る弓技を何というか。	8 犬追物

□□□
9	疾走する馬上から3つの的をつぎつぎと射る弓技を何というか。	**9** 流鏑馬

解説▶ 笠懸・犬追物・流鏑馬の3つを総称して騎射三物という。また、多数の勢子を使って獲物を追い出し、弓矢でしとめる大規模な狩猟である巻狩も、武芸の訓練としておこなわれた。その中で、武勇を重んじ名誉を尊ぶ精神や恥を忌避する態度を特徴とする弓馬の道とよばれる道徳も生まれた。

□□□
10	地頭の荘園侵略に対し、荘園領主は地頭に荘園の管理をいっさいまかせて、**一定の年貢納入**だけを請け負わせる契約を結ぶようになった。このような契約を何というか。	**10** 地頭請(地頭請所)

□□□
11	地頭の荘園侵略に対し、荘園領主は土地の相当部分を地頭に与え、相互の支配権を認めあう取決めを結んだ。この取決めを何というか。	**11** 下地中分

解説▶ 武士たちは、荘園・公領の領主や、所領の近隣の武士との間で年貢の徴収や境界の問題をめぐって紛争を起こすことが多かった。承久の乱後に、畿内・西国地方に多くの地頭が任命され、とくに東国出身の武士が各地に所領をもつようになったので、紛争はますます拡大した。

第
6
章

3　モンゴル襲来と幕府の衰退

モンゴル襲来

□□□
1	モンゴル(蒙古)高原に現れ、**モンゴル諸部族**の統一をなしとげたのは誰か。	**1** チンギス゠ハン(成吉思汗)

解説▶ この人物とその後継者たちは、ユーラシア大陸の東西にまたがる大帝国を建設した。

□□□
2	チンギス゠ハンの孫で、モンゴル帝国第5代皇帝は誰か。	**2** フビライ(忽必烈)

□□□
3	フビライは、中国を支配するため都を移し、国号も中国風のものに定めたが、都の名称と国号は何か。	**3** 都:大都、国号:元

解説▶ この国は以前から南宋を攻め、1258年には高麗を服属させた。1266年から日本へ降伏勧告の使者がやってくるようになった。

□□□
4	元が日本に対し朝貢を要求したときの**鎌倉幕府8代執権**は誰か。	**4** 北条時宗

□□□ 5	1274年、元軍が対馬・壱岐を侵して、大挙して博多湾に上陸した出来事を何というか。	5 文永の役
□□□ 6	文永の役で日本軍は元軍の集団戦法に悩み、火薬を使った火器に苦しんだが、この火器を何というか。 解説▶「集団戦法」と「てつはう」に苦しんだ武士たちは、一時水城のあたりまで退かなければならなかった。	6 てつはう
□□□ 7	文永の役ののち、元軍の再来に備えて幕府が博多湾に築いた防御施設を何というか。	7 防塁(石築地・石塁)
□□□ 8	文永の役以前から、元軍の来襲に備えてはじまり、役後に幕府が大幅に強化した、御家人に九州北部の要地を警備させる番役を何というか。	8 異国警固番役
□□□ 9	1281年、2度目の元軍の襲来を何というか。	9 弘安の役
□□□ 10	2度の元軍の襲来をあわせて何というか。 解説▶モンゴル襲来に参戦した肥後の御家人竹崎季長が、自分の活躍を子孫に伝えるために描かせた『蒙古襲来絵詞』は有名。	10 モンゴル襲来(蒙古襲来・元寇)

モンゴル襲来後の政治

□□□ 1	1293年、西国防備と九州統治強化のため、博多に設けられた軍事・行政・裁判の処理機関を何というか。	1 鎮西探題
□□□ 2	北条氏の嫡流の当主のことを何というか。 解説▶得宗の名は、北条義時が徳宗と号したことに由来するといわれ、義時から泰時・経時・時頼・時宗・貞時・高時と受け継がれた。	2 得宗
□□□ 3	得宗の家臣とその代表のことを何というか。	3 家臣:御内人、代表:内管領
□□□ 4	得宗が実権を握り、内管領を中心とする御内人や北条一門が幕政を主導するようになった政治を何というか。	4 得宗専制政治
□□□ 5	1285年、9代執権北条貞時の外祖父であった有力御家人が、内管領平頼綱の讒言で討伐された事件を何というか。	5 霜月騒動
□□□ 6	霜月騒動で討伐された、9代執権の外祖父であった有力御家人とは誰か。 解説▶執権北条貞時は、この騒動のあと平頼綱を滅ぼし、幕府の全	6 安達泰盛

権を握った。全国の守護の半分以上は北条氏一門が占め、各地の地頭職の多くも北条氏の手に帰した。

琉球とアイヌの動き

☐☐☐
1　12世紀ごろ、琉球に按司という豪族層が現れたが、彼らが拠点とした城砦を何というか。

1　グスク(城)

☐☐☐
2　14世紀中ごろ、琉球地方に割拠していた按司たちは、三山とよばれる3つの地方勢力に統合されていった。それぞれ何というか。

2　山北(北山)・中山・山南(南山)

☐☐☐
3　北の蝦夷ヶ島では、古代には稲作を伴わない続縄文文化が展開したが、そのあと2つの文化が並存した。その2つをあげよ。
解説▶これらの文化を経て、13世紀ごろにアイヌ文化が形成されたと考えられている。

3　擦文文化・オホーツク文化

☐☐☐
4　鎌倉時代初期に北条氏の家臣となり、北条義時のとき、蝦夷管領に任じられた津軽の豪族は誰か。

4　安藤(安東)氏

☐☐☐
5　安藤氏の根拠地となっていた津軽半島の日本海側の港で、アイヌとの交易もおこなわれた港はどこか。

5　十三湊

社会の変動

☐☐☐
1　鎌倉時代に畿内や西日本で普及した、同じ土地で表作の米と裏作の麦を栽培する農法を何というか。

1　二毛作

☐☐☐
2　刈り取った草や木の葉を地中に埋め、腐敗させた肥料を何というか。

2　刈敷

☐☐☐
3　草木を焼いた灰の肥料を何というか。
解説▶鎌倉時代には牛や馬を耕作に利用する牛馬耕も広がった。また、多収穫米である大唐米が輸入されるなど、生産力の向上をもたらすさまざまな要因があった。

3　草木灰(かい)

☐☐☐
4　月に数回、一定の日に荘園・公領の中心地や寺社の門前などで開かれるようになった市を何というか。

4　定期市

☐☐☐
5　月に3回開かれる定期市を何というか。

5　三度の市(三斎市)

□□□
7 鎌倉時代に、京都・奈良・鎌倉などの都市にみられるようになった常設の小売店のことを何というか。 | 7 見世棚

□□□
8 鎌倉時代に各地の港で、**物資の輸送や保管・委託販売**などに従事した業者を何というか。 | 8 問（問丸）

□□□
9 日宋貿易で日本に流入した**中国の銅銭**は何か。 | 9 宋銭

解説▶ 売買の手段や一部の荘園における年貢の銭納などには、もっぱら宋銭が使われた。

□□□
10 遠隔地間の金銭の輸送や貸借を手形で**決済する制度**を何というか。 | 10 為替（かわし）

□□□
11 鎌倉時代に**名主・僧侶**などの中から現れた**高利貸**を何というか。 | 11 借上

解説▶ 各地の港や宿は町として発展し、有徳人とよばれる富裕者も成長した。また、経済活動が発展する中で、荘園領主や地頭の圧迫に抵抗する農民たちの動きも活発となった。例としては、1275年、地頭湯浅氏の非法を荘園領主に訴えた紀伊国阿氐河荘民の訴状などが有名である。

幕府の衰退

□□□
1 1297年、窮乏する御家人を救済するために9代執権北条貞時が発した**御家人の所領売買や質入を禁止する法令**は何か。 | 1 永仁の徳政令

解説▶ 幕府は、そのほかに、地頭・御家人に売却した土地でも売却後20年未満のもの、御家人以外の者に売却した土地については、年限を限らず無償で返却させたが、効果は十分でなかった。

□□□

考えてみよう

御家人が窮乏化していった要因には、モンゴル襲来時の戦いに対して十分な恩賞が与えられなかったことなどがあるが、ほかにはどのようなことが要因として考えられるだろうか。

➡惣領制で（　）がおこなわれ、所領の（　）が進み、収入の少なくなった御家人が多かった。さらに、貨幣の流通が一般化し、貨幣を獲得するため所領を（　）したり売却したりする者が増えた。 | 分割相続／細分化／質入れ

2 鎌倉時代末期から南北朝時代にかけて現れてきた、荘園領主や幕府に反抗する地頭や非御家人の新興武士を何というか。

2 悪党

---

4 鎌倉文化

鎌倉文化／鎌倉仏教

□□□

1 12世紀末から14世紀初め、公家文化に新興の武家文化や宋・元文化の要素がくわわって形成された文化を何というか。

1 鎌倉文化

□□□

2 ひたすらに念仏を唱えることにより、誰でも平等に極楽往生できると説いたのは誰か。

2 法然（源空）

解説 ▶ 初め天台を学び、さらに諸学を修め、1175年に京都で専修念仏を説いたが、1207年、旧仏教の反対で専修念仏は停止、四国に配流された。

□□□

3 法然が説いた「専修念仏の教え」「他力易行の門」といわれた宗派は何か。

3 浄土宗

□□□

4 法然が関白九条兼実の求めに応じて浄土宗の教義を説いた著書は何か。

4 『選択本願念仏集』

□□□

5 法然の弟子で、救われたい心をもち念仏を唱えれば、誰でも極楽往生できると説いたのは誰か。

5 親鸞

解説 ▶ 1207年、法然の法難の際に越後に流され、赦免後北陸から関東に布教した。阿弥陀仏の救いを信じる心を起こすだけで、極楽往生できるという絶対他力を説いた。

□□□

6 親鸞を開祖とする宗派は何か。

6 浄土真宗（一向宗）

□□□

7 親鸞の思想で、煩悩の深い人間こそが、阿弥陀仏の救いの対象であるという考えを何というか。

7 悪人正機説

解説 ▶ 親鸞の弟子唯円が、親鸞の死後に師の教えが乱れるのを嘆いて書き記した『歎異抄』に、この教えが述べられている。

□□□

8 親鸞の著書をあげよ。

8 『教行信証』

第6章

□□□ 9	時宗の開祖であり、信心の有無、浄・不浄を問わず、念仏を唱えさえすれば往生できると説いたのは誰か。	9	一遍（智真）

解説 時宗は臨命終時宗の意で、一遍は平生を臨終と考えて念仏を唱えよと主張した。一遍は全国各地を布教して歩いたことから、遊行上人とよばれる。

□□□ 10	一遍が各地で布教する際におこなったことで、極楽往生の喜びを表現して、念仏を唱え鉦や太鼓にあわせ踊ることを何というか。	10	踊念仏

□□□ 11	南無妙法蓮華経という題目を唱えることにより、人は即身成仏し世界は浄土となると説いたのは誰か。	11	日蓮

解説 この人物は安房国生まれで、自ら「旃陀羅の子（漁民の子）」と称した。天台のほか諸宗を学び、法華宗を開いた。辻説法で自説が正しいことを説き、他宗を攻撃し、国難を予言するなどして、伊豆や佐渡に配流された。

□□□ 12	日蓮を開祖とする宗派とその本山をあげよ。	12	日蓮宗（法華宗）、久遠寺

□□□ 13	日蓮の著書をあげよ。	13	『立正安国論』

□□□ 14	坐禅によって悟りを得ようとする仏教宗派を何というか。	14	禅宗

解説 6世紀ごろ中国ではじまった、坐禅を組んで悟りを開く自力中心の仏教宗派で、臨済宗・曹洞宗と江戸時代に隠元隆琦によって伝えられた黄檗宗の3派がある。

□□□ 15	12世紀末、2度中国南宋におもむいた僧により伝えられた禅宗の一派とその本山をあげよ。	15	臨済宗、建仁寺

解説 初めは比叡山などの圧迫を受けたが、やがて鎌倉・室町幕府の保護を受けて、京都・鎌倉五山を中心に発展した。

□□□ 16	臨済宗を伝えたのは誰か。	16	栄西

□□□ 17	栄西の著書をあげよ。	17	『興禅護国論』

解説 栄西は初め鎌倉におもむき寿福寺を、のち京都に建仁寺を開いた。彼は中国から茶をもたらし、将軍源実朝のために『喫茶養生記』を著したという。

□□□ 18	臨済宗は坐禅の中で、師から与えられた課題を解決することで悟りに達することを主眼とするが、この課題を何というか。	18	公案

□□□ 19	北条時頼の帰依を受け、鎌倉に建長寺を開いた南宋の禅	19	蘭渓道隆

僧は誰か。

第6章

□□□ **20**	北条時宗の招きで来日し、鎌倉に円覚寺を開いた南宋の禅僧は誰か。	20 無学祖元
□□□ **21**	ひたすら坐禅を組むことが仏法であるとした禅宗の一派とその本山をあげよ。	21 曹洞宗、永平寺
□□□ **22**	曹洞宗を南宋から日本に伝えたのは誰か。 解説▶ 道元は天台・臨済を学び、入宋して曹洞宗を伝えた人物。権力に近づくことをさけ、地方の土豪・武士に布教した。	22 道元
□□□ **23**	道元の著書をあげよ。	23 『正法眼蔵』
□□□ **24**	曹洞宗が説いた、「ひたすら坐禅に打ちこむ」ということを何というか。	24 只管打坐

考えてみよう

鎌倉時代に生まれた新しい仏教の宗派は、平安時代までの仏教勢力と異なる点がある。それはどのようなことだろうか。

➡鎌倉仏教の特色は（　　）・（　　）・題目のいずれかを選び、それに専念すれば救われるというもので、（　　）や（　　）など広い階層を対象とする教えだった。

念仏／禅／庶民／武士

□□□ **25**	山城国笠置山に住み、戒律の復興につとめた法相宗の僧は誰か。	25 貞慶（解脱）
□□□ **26**	戒律の復興につとめ、京都郊外の栂尾に高山寺を建て、『摧邪輪』を著し法然を批判した華厳宗の僧は誰か。	26 明恵（高弁）
□□□ **27**	大和西大寺を中心として戒律の復興と民衆化につとめた律宗の僧は誰か。	27 叡尊（思円）
□□□ **28**	鎌倉極楽寺の中興で、奈良に救癩施設の北山十八間戸を建立した律宗の僧は誰か。	28 忍性（良観）
□□□ **29**	伊勢神宮外宮の度会家行が説いた、内宮に対する外宮の地位の引上げと神本仏迹説の確立をはかった神道理論は何か。 解説▶ 度会家行は、本地垂迹説とは反対の立場に立ち、神を主として仏を従とする神本仏迹説を唱えた。また、著書に『類聚神祇本源』がある。	29 伊勢神道（度会神道）

中世文学のおこり

□□□ 1	もと北面の武士（俗名佐藤義清）で、出家して各地を遍歴し、秀歌を残したのは誰か。	1	西行
□□□ 2	西行の歌集を何というか。	2	『山家集』
□□□ 3	神職の家に生まれ、50歳で出家・隠棲し、人生の無常を説く随筆を書き残した人物は誰か。 解説▶ 代々、下鴨神社の禰宜であったが、社司（神職の一種）になり切れず出家した。	3	鴨長明
□□□ 4	鴨長明が1212年に書き残した随筆は何か。	4	『方丈記』
□□□ 5	承久の乱の直前、後鳥羽上皇に挙兵を思いとどまらせるため歴史書を献上したという、九条兼実の弟で天台座主でもあった人物は誰か。	5	慈円（慈鎮）
□□□ 6	慈円が書き著した歴史書を何というか。	6	『愚管抄』
□□□ 7	1205年、後鳥羽上皇の命によって編集された8番目の勅撰和歌集は何か。	7	『新古今和歌集』
□□□ 8	『新古今和歌集』の撰者の1人で歌集『拾遺愚草』や『明月記』を著したのは誰か。	8	藤原定家
□□□ 9	3代将軍源実朝の歌集をあげよ。 解説▶ 金槐とは、鎌倉の槐門（大臣の唐名）のことで、力強く格調の高い万葉調の歌を含む。	9	『金槐和歌集』
□□□ 10	流麗な和漢混淆文で、後世に「語り物」として愛好された戦いを題材とした文学を何というか。	10	軍記物語
□□□ 11	1156年・1159年の戦乱を記述した作品をそれぞれ何というか。	11	1156年：『保元物語』、1159年：『平治物語』
□□□ 12	平家の興亡を流麗・重厚な文で書き記した軍記物語の最高傑作を何というか。 解説▶ 鎌倉時代の軍記物語で、信濃前司藤原行長が東国生まれの盲目の僧生仏と協力して著したという説がある。	12	『平家物語』

□□□
| 13 | 『平家物語』を平曲（へいきょく）として語り継いだ僧形の盲目芸能者を何というか。 | 13 琵琶法師（びわほうし） |

解説▶鎌倉時代の軍記物語で、『平家物語』を語りの文学といい、『源平盛衰記（じょうすいき）』を読みの文学ともいう。

□□□
| 14 | 洛東の吉田神社神職卜部（うらべ）氏出身で、後二条天皇に仕え、天皇の死後に出家し、随筆集を書き残した歌人は誰か。 | 14 兼好法師（けんこう）（卜部兼好、吉田兼好） |

□□□
| 15 | 兼好法師が、1330年ごろに書き残した随筆集は何か。 | 15 『徒然草（つれづれぐさ）』 |

□□□
| 16 | 朝廷や公家社会の年中行事・官職などを研究する学問を何というか。 | 16 有職故実（ゆうそくこじつ） |

解説▶鎌倉時代の代表的な有職故実の書としては、順徳天皇が著した『禁秘抄（きんぴしょう）』がある。

□□□
| 17 | 鎌倉時代中期、武蔵国金沢（かねざわ）の称名寺（しょうみょうじ）内に開設された私設図書館を何というか。 | 17 金沢文庫 |

□□□
| 18 | 金沢文庫を開設したのは誰か。 | 18 金沢（北条）実時（さねとき） |

□□□
| 19 | 1180年の源頼政（よりまさ）の挙兵以後から1266年までの鎌倉幕府の歴史を、編年体で記した歴史書を何というか。 | 19 『吾妻鏡（あずまかがみ）』 |

美術の新傾向

□□□
| 1 | 源平の争乱で焼失した東大寺（とうだいじ）の復興につとめた僧侶は誰か。 | 1 重源（ちょうげん） |

解説▶この僧侶は1167年に入宋し、翌年栄西（えいさい）とともに帰国した。東大寺再建にあたっては、宋の工人陳和卿（ちんなけい）らも重源に請われて参加した。

□□□
| 2 | 東大寺の復興に採用された建築様式は何か。 | 2 大仏様（だいぶつよう） |

□□□
| 3 | 東大寺に現存する大仏様の建築物は何か。 | 3 東大寺南大門（なんだいもん） |

□□□
| 4 | 鎌倉の禅宗寺院に多く用いられた宋から伝わった建築様式は何か。 | 4 禅宗様（ぜんしゅうよう）（唐様（からよう）） |

□□□
| 5 | 鎌倉の寺院に現存する、禅宗様の代表例をあげよ。 | 5 円覚寺舎利殿（えんがくじしゃりでん） |

□□□
| 6 | 大仏様や禅宗様に対して、日本の伝統的な建築様式を何というか。 | 6 和様（わよう） |

解説▶この様式の代表例として、後白河法皇発願で平清盛の造営に

第6章

なる蓮華王院本堂(三十三間堂)がある。

□□□			
7	鎌倉時代初期に活躍し、代表作に興福寺の無著像・世親像がある仏師は誰か。	7	運慶

解説▶無著はインド僧で法相宗の祖、世親はその弟。

□□□			
8	東大寺僧形八幡神像が代表作で、安阿弥様という優美な気品ある作風の仏師は誰か。	8	快慶

□□□			
9	東大寺南大門にあり、運慶・快慶のもとで慶派一門の合作による寄木造の傑作は何か。	9	東大寺南大門金剛力士像

□□□			
10	蒙古襲来での奮戦の様子を子孫に伝えるため、肥後の御家人が描かせた絵巻物を何というか。	10	『蒙古襲来絵詞』

□□□			
11	『蒙古襲来絵詞』を描かせた御家人は誰か。	11	竹崎季長

□□□			
12	鎌倉時代に発達した写実的な大和絵の肖像画を何というか。	12	似絵

□□□			
13	京都神護寺蔵の「伝源頼朝像」「伝平重盛像」などを描いたとされる肖像画の大家は誰か。	13	藤原隆信

□□□			
14	藤原隆信の子で「後鳥羽上皇像」などの肖像画を描いたのは誰か。	14	藤原信実

□□□			
15	禅宗で、修行を終えた僧が与えられる師や先徳の肖像画を何というか。	15	頂相(ちんそう)

□□□			
16	鎌倉時代、加藤景正が中国で学んだ製法によって尾張ではじめたとの伝承がある焼き物を何というか。	16	瀬戸焼

解説▶加藤景正がはじめたという伝承については、今では事実の裏付けがないとされるが、瀬戸焼には宋や元の強い影響が認められる。

□□□			
17	伏見天皇の皇子尊円入道親王が宋の書風を取り入れて創始した平明高雅な書派を何というか。	17	青蓮院流

第7章　武家社会の成長

1　室町幕府の成立

鎌倉幕府の滅亡

□□□
1 鎌倉時代中期以降、天皇家は2派に分かれ皇位や皇室領荘園などをめぐって抗争を展開したが、2派の名をあげよ。

1 持明院統、大覚寺統

□□□
2 持明院統と大覚寺統の対立抗争の要因をつくった上皇は誰か。

2 後嵯峨上皇

解説▶1259年、後嵯峨上皇が、長男の後深草天皇に弟亀山天皇への譲位を命じたのが、対立の原因。

□□□
3 14世紀初めに幕府の調停ではじまった、2派が交代で皇位につく方式を何というか。

3 両統迭立

解説▶後宇多天皇から後醍醐天皇まで、6人の天皇が両統から交互に即位した。1317年に文保の和談が成立していたが、対立は解消しなかった。

□□□
4 1318年に即位し、院政を廃止し記録所を再興するなど、親政をおこない権限強化をはかった天皇は誰か。

4 後醍醐天皇

□□□
5 後醍醐天皇のころ、得宗専制政治にたいする御家人の不満が高まっていた鎌倉幕府の執権と内管領をあげよ。

5 執権：北条高時、内管領：長崎高資

□□□
6 1324年、両統迭立を支持する幕府に不満をもっていた後醍醐天皇は側近と討幕計画を進めたが、幕府側にもれて失敗した。この事件を何というか。

6 正中の変

□□□
7 1331年、後醍醐天皇が再度討幕計画を立てて失敗し、隠岐に流された事件を何というか。

7 元弘の変

□□□
8 元弘の変以降、反幕府勢力を結集して討幕運動をおこなった後醍醐天皇の皇子は誰か。

8 護良親王

解説▶護良親王は、のちに後醍醐天皇による建武の新政において征夷大将軍に任命された。しかし、足利尊氏と対立し鎌倉に幽閉さ

れ、中先代の乱のときに尊氏の弟直義に殺害された。

9	元弘の変で、後醍醐天皇のよびかけで挙兵した河内の豪族は誰か。 解説▶この人物は河内の赤坂城や千早城で幕府軍と戦い、建武の新政に貢献した。	9	楠木正成
10	幕府の有力御家人で、幕府に背き六波羅探題を攻め滅ぼしたのは誰か。 解説▶足利氏は、下野国足利荘に土着した源義家の孫を祖とする清和源氏の一族。幕府軍の指揮官として出兵した高氏は天皇側につき六波羅探題を攻め滅ぼし、建武の新政に参加、天皇の名尊治の1字を許され尊氏と改名した。	10	足利高氏(のち尊氏)
11	鎌倉を攻め、幕府を滅ぼした上野国の御家人は誰か。 解説▶新田氏は、上野国新田荘に土着した源義家の孫を祖とする清和源氏の一族。義貞は後醍醐天皇のよびかけに応じて、鎌倉を攻め幕府を滅ぼした。	11	新田義貞

建武の新政

1	鎌倉幕府滅亡後の後醍醐天皇による政治を何というか。 解説▶新政のための諸機関を設け、国司・守護を併置し、大内裏の造営・乾坤通宝の鋳造を計画したが、わずか3年余りで崩壊した。	1	建武の新政
2	建武の新政において絶対視された、天皇の意志を蔵人が承って伝える文書を何というか。	2	綸旨
3	建武の新政の政権で重要政務を取り扱った中央機関は何か。	3	記録所
4	建武の新政で新設された、所領問題などを裁断する機関を何というか。	4	雑訴決断所
5	建武の新政に味方した武士の論功行賞のために設けられた機関を何というか。	5	恩賞方
6	建武の新政で京都の治安を維持するための軍事・警察機関を何というか。 解説▶この機関の頭人(長官)には新田義貞が任命された。	6	武者所
7	後醍醐天皇が皇子成良親王と足利直義に命じ、関東10カ国の統治にあたらせた機関は何か。	7	鎌倉将軍府

□□□ 8	後醍醐天皇の皇子義良親王と北畠顕家が奥羽2州の統治にあたった機関は何か。 解説▶本拠地を多賀城跡に置いた。義良親王は、のち後村上天皇として即位する。	8 陸奥将軍府
□□□ 9	1334年、京都二条の鴨川の河原に掲げられた、建武の新政の失政を批判・風刺した落書は何か。	9 二条河原落書
□□□ 10	1335年、北条高時の子が鎌倉幕府の再興をはかって起こされた反乱は何か。	10 中先代の乱
□□□ 11	中先代の乱を引き起こした、北条高時の子は誰か。 解説▶足利尊氏はこの乱を平定するため関東に下り、それを機に後醍醐天皇から離反し、京都に攻め上った。	11 北条時行

南北朝の動乱

□□□ 1	1336年、京都を制圧した足利尊氏が擁立した、持明院統の光厳天皇の弟は誰か。	1 光明天皇
□□□ 2	1336年、入京した足利尊氏が示した政治の大綱を何というか。 解説▶室町幕府は、具体的法令として御成敗式目を用い、必要に応じて新令をくわえた。これを「建武以来追加」といい、総数200余条に達した。	2 建武式目
□□□ 3	光明天皇の系統を引く京都の朝廷を何というか。	3 北朝
□□□ 4	北朝に対し、吉野に逃れ皇位の正統性を主張した後醍醐天皇の朝廷を何というか。	4 南朝
□□□ 5	南北両朝の対立が引き起こした、諸国の守護・国人などを巻き込んだ全国的な動乱を何というか。 解説▶1336年から92年にわたる動乱の57年間を南北朝時代という。	5 南北朝の動乱
□□□ 6	南朝の重臣として後醍醐・後村上天皇に仕え、南朝勢力の保持・拡充につとめ、『神皇正統記』の著者としても知られる人物は誰か。	6 北畠親房
□□□ 7	観応年間(1350〜52)に幕府内部で起きた足利氏の対立・抗争とそれに連動した全国的争乱を何というか。	7 観応の擾乱

| 8 | 観応の擾乱で対立した足利尊氏の弟と尊氏の執事をあげよ。 | 8 | 弟：足利直義、執事：高師直 |

解説 観応の擾乱は、足利直義と高師直との対立にはじまる。1351年高師直が敗死し、1352年足利直義が鎌倉で尊氏によって毒殺されたことで一応の収束をみた。しかし、その後も尊氏派、旧直義派、南朝勢力が離合集散を繰り返し、南北朝の動乱を長引かせることとなった。

□□□

考えてみよう

南北朝の動乱が長期化した要因には幕府内部の対立があったが、そのほかに鎌倉時代後期ころからはじまっていた社会の変化もあげられる。それはどのような変化だっただろうか。

➡武士の家では嫡子による(　　)が一般化し、(　　)が解体していった。武士たちは遠方に住む一族との(　　)結合より近隣に住む武士同士の(　　)結合を重視するようになり、各地の武士団の内部分裂と対立を引き起こした。

単独相続／惣領制／血縁的／地縁的

守護大名と国人一揆

| 1 | 従来の大犯三カ条のほかに、他人の田畑を一方的に刈り取る行為(刈田狼藉)を取り締まる権限や、幕府の判決を強制執行する権限(使節遵行)をもち、領国内の地頭や武士を支配下に置くなど権限を拡大し、任国も世襲化するようになっていった守護を何というか。 | 1 | 守護大名 |

| 2 | 1352年、守護に荘園・公領の年貢の半分を軍費として徴収する権限を与えた法令を何というか。 | 2 | 半済令 |

解説 この法令は当初、1年限りで、近江・美濃・尾張の3国に限定されていたが、やがて全国的に、また永続的におこなわれるようになり、さらに年貢だけでなく土地を分割するようになった。

| 3 | 荘園領主が守護に年貢の徴収を請け負わせた制度を何というか。 | 3 | 守護請 |

| 4 | 荘官・地頭らが地方に土着し、領主化した有力武士を何というか。 | 4 | 国人 |

解説 守護の力の弱い地域では、国人たちが自主的に紛争を解決したり農民を支配する契約を結ぶなど、国人一揆を結成することもあった。このような国人一揆は守護の支配にしばしば抵抗した。

室町幕府

<table>
<tr><td>□□□
1</td><td>1338年、征夷大将軍に任じられた足利尊氏が開いた武家政権を何というか。</td><td>1</td><td>室町幕府</td></tr>
<tr><td>□□□
2</td><td>1338年から、1573年に足利義昭が織田信長に追放されるまでの約240年間を何時代というか。</td><td>2</td><td>室町時代</td></tr>
<tr><td>□□□
3</td><td>動乱期の1368年、2代将軍足利義詮のあとを継ぎ、3代将軍に就任したのは誰か。</td><td>3</td><td>足利義満</td></tr>
<tr><td>□□□
4</td><td>1392年、足利義満の斡旋で南朝の後亀山天皇が北朝の後小松天皇に譲位し、南北朝の対立が終結した。これを何というか。</td><td>4</td><td>南北朝の合体(合一)</td></tr>
<tr><td>□□□
5</td><td>3代将軍が京都の室町に造営した壮麗な邸宅を何というか。
解説▶足利義満は、それまで朝廷が保持していた京都の警察権・民事裁判権・商業課税権などの市政権や、諸国に課する段銭の徴収権などを幕府の管轄下に置いた。</td><td>5</td><td>室町殿(花の御所)</td></tr>
<tr><td>□□□
6</td><td>足利義満は強大化した守護の統制をはかったが、1391年、中国・近畿に11カ国を領し、六分一殿とよばれた守護大名の一族が討たれた戦乱を何というか。</td><td>6</td><td>明徳の乱</td></tr>
<tr><td>□□□
7</td><td>明徳の乱で討たれた守護大名は誰か。</td><td>7</td><td>山名氏清</td></tr>
<tr><td>□□□
8</td><td>1399年、幕府の圧力に反抗した守護大名が和泉国の堺で挙兵して、討たれた戦乱を何というか。</td><td>8</td><td>応永の乱</td></tr>
<tr><td>□□□
9</td><td>応永の乱で討たれた守護大名は誰か。
解説▶この人物は周防・長門・石見・豊前・和泉・紀伊の6カ国の守護であった。</td><td>9</td><td>大内義弘</td></tr>
<tr><td>□□□
10</td><td>室町幕府で将軍を補佐し、政務を統轄した職は何か。</td><td>10</td><td>管領</td></tr>
<tr><td>□□□
11</td><td>管領の職を交代でつとめた足利一門の守護家を総称して何というか。</td><td>11</td><td>三管領</td></tr>
<tr><td>□□□
12</td><td>管領につく守護家をあげよ。</td><td>12</td><td>細川・斯波・畠山</td></tr>
<tr><td>□□□
13</td><td>室町幕府で武士の統率と京都の警備・刑事訴訟にあたった機関を何というか。</td><td>13</td><td>侍所</td></tr>
</table>

☐☐☐ **14**	侍所の長官を何というか。	**14** 所司
☐☐☐ **15**	侍所所司を交代でつとめた守護家を総称して何というか。	**15** 四職
☐☐☐ **16**	侍所所司につく守護家をあげよ。	**16** 赤松・一色・山名・京極
☐☐☐ **17**	室町幕府の財政事務を取り扱う機関は何か。	**17** 政所
☐☐☐ **18**	幕府の記録・訴訟文書保管を当初担当した機関は何か。	**18** 問注所
☐☐☐ **19**	将軍の直轄軍を何というか。	**19** 奉公衆
☐☐☐ **20**	将軍の直轄地を何というか。 解説▶御料所は近畿・東海を中心に各地に点在した荘園であった。	**20** 御料所
☐☐☐ **21**	室町幕府が、質物を保管する蔵をもつ金融業者に課した税は何か。	**21** 土倉役（倉役）
☐☐☐ **22**	幕府が酒造業者に課した税は何か。	**22** 酒屋役
☐☐☐ **23**	朝廷・幕府・守護などが、田畑の段別に課した臨時税を何というか。	**23** 段銭
☐☐☐ **24**	寺社などが造営・修復・行事などのため、幕府の許可を得て家屋の棟数に応じて課した臨時税は何か。	**24** 棟別銭
☐☐☐ **25**	幕府・荘園領主・守護・寺社などが関所で徴収した通行税、港で徴収した入港税をそれぞれ何というか。	**25** 関銭、津料
☐☐☐ **26**	室町幕府の地方機関で、関東8カ国と伊豆・甲斐を支配した機関を何というか。	**26** 鎌倉府
☐☐☐ **27**	鎌倉府の長官の呼称と、初代長官に任命された人物をあげよ。 解説▶足利基氏は、尊氏の四男。鎌倉府の組織は幕府とほぼ同じで、権限も大きく、やがて京都の幕府としばしば衝突するようになった。	**27** 鎌倉公方（関東公方）、足利基氏
☐☐☐ **28**	鎌倉公方を補佐した職を何というか。また、この職を世襲した家名をあげよ。 解説▶上杉氏は足利氏と関係が深く、関東管領を世襲、のち扇谷上杉と山内上杉に分裂。扇谷上杉は後北条氏によって滅ぼされ、山内上杉は越後の長尾景虎に名跡を譲った。	**28** 関東管領、上杉氏

□□□		
29	九州の守護統制にあたった室町幕府の機関は何か。	29 九州探題

□□□		
30	陸奥の軍事・民政をおこなった室町幕府の機関は何か。	30 奥州探題

□□□		
31	最上氏が世襲し、出羽国を支配した室町幕府の機関は何か。	31 羽州探題

東アジアとの交易

□□□		
1	南北朝の動乱のころに、対馬・壱岐・肥前松浦地方の住民を中心とする海賊集団が、朝鮮・中国沿岸を襲い略奪をおこなった。その海賊集団を何というか。	1 倭寇（前期倭寇）

□□□		
2	1342年、足利尊氏が後醍醐天皇の冥福を祈るための寺院建立費用を得ようと、元に派遣した貿易船を何というか。 **解説▶** これ以前の1325年、鎌倉幕府は建長寺の再建費を得るために建長寺船を元に派遣している。	2 天龍寺船（ぶね）

□□□		
3	1368年、朱元璋が元を倒し、中国を統一した漢民族の王朝を何というか。	3 明

□□□		
4	1404年、足利義満によって開始された日明貿易は、日本国王が中国皇帝に臣従するという形式でおこなわれた。こうした形式の貿易を何というか。 **解説▶** 明では、交易を冊封関係を前提とする諸国の王との朝貢貿易のみに限定し、ほかの外国船貿易および中国人の海外渡航・交易を禁じる海禁政策がとられていた。	4 朝貢貿易

□□□		
5	日明貿易は、遣明船が明から交付された証票の持参を義務付けられておこなわれたことから、何とよばれるか。 **解説▶** 勘合は、「日本」の2字を分け、明からは日字勘合を、日本からは本字勘合を持参し、寧波と北京で底簿と照合するものであった。	5 勘合貿易

□□□		
6	足利義満の死後、朝貢形式を嫌い日明貿易を中断した室町幕府4代将軍は誰か。	6 足利義持

□□□		
7	貿易の利潤を重視して、日明貿易を再開した6代将軍は誰か。 **解説▶** 日明貿易は朝貢形式であったことから、滞在費・運搬費などをすべて明側が負担した。そのため日本側の利益は大きかった。なお、大量にもたらされた銅銭は、日本の貨幣流通に大きな影響を与えた。	7 足利義教

第7章

□□□			
8	1523年、日本の勘合船が**中国の貿易港**で貿易の主導権をめぐって起こした紛争事件を何というか。	8	寧波の乱

解説▶15世紀後半、幕府の衰退とともに、日明貿易の実権は、博多商人と結んだ**大内氏**と堺商人と結んだ細川氏の手に移った。両者は1523年に寧波で紛争を起こし、この争いに勝った**大内氏**が貿易を独占した。1551年に大内氏が滅亡すると、勘合貿易は断絶し、ふたたび倭寇の活動が活発になった。これを後期倭寇という。

□□□			
9	1392年、倭寇を撃退して名声を上げた**高麗**の武将が朝鮮半島に建てた王朝は何か。	9	朝鮮（李朝）

□□□			
10	朝鮮を建てた**高麗**の武将とは誰か。	10	李成桂

□□□			
11	朝鮮の倭寇禁圧要求を機にはじまった貿易を何というか。	11	日朝貿易

解説▶朝鮮国王は日本の通交者を厳格に規制した。日本からは銅や硫黄が輸出され、朝鮮からは**大蔵経**や大量の**木綿**が輸入され、人々の生活様式に大きな影響を与えた。

□□□			
12	日朝間の貿易の管理権を握った**対馬**の島主で守護は何氏か。	12	宗氏

□□□			
13	1419年、倭寇を恐れた朝鮮が、根拠地とみなした**対馬**を突如襲撃した事件を何というか。	13	応永の外寇

□□□			
14	1510年、朝鮮に住む日本人居留民が貿易統制策に反発して暴動を起こし鎮圧されたが、この事件を何というか。	14	三浦の乱

解説▶日本人が倭館を建て居住した朝鮮の3つの港湾都市である富山浦（釜山）・乃而浦（薺浦）・塩浦（蔚山）を総称して三浦という。なお、三浦の乱後日朝貿易はしだいに衰えていった。

琉球と蝦夷ヶ島

□□□			
1	1429年、琉球で山北・中山・山南の3つの地方勢力が統一されて成立した王国を何というか。	1	琉球王国

□□□			
2	琉球王国を建てた中山王は誰か。	2	尚巴志

□□□			
3	琉球の船は**日本・中国・南方**（ジャワ島・インドシナ半島など）との間で物品の輸出入をおこなう交易に従事した。このような貿易を何というか。	3	中継貿易

考えてみよう

琉球王国は、明が海禁政策を実施していたにもかかわらず、中継貿易をおこなうことができた。それはなぜだろうか。

➡琉球王国は明の(　)体制の中に組み込まれ、(　)することで明から多くの返礼品を獲得する朝貢形式の貿易をおこなっていたため。

冊封／朝貢

□□□

4 蝦夷ヶ島で固有の言語と宗教をもち、独自の文化や共同体(集落)を形成していた先住民を何というか。

解説 蝦夷ヶ島とは、鎌倉時代末期ごろから本州系日本人の居住地より北の北海道を指す言葉となった。

4 アイヌ

□□□

5 北海道の南部に進出した**本州系日本人**を何というか。

5 和人(シャモ)

□□□

6 室町時代に渡島半島南部にあった本州系日本人の12の城館を、総称して何というか。

6 道南十二館

□□□

7 1457年、アイヌが和人の進出・圧迫に対抗し蜂起した事件を何というか。

7 コシャマインの蜂起

□□□

8 コシャマインの蜂起を制圧した**武田信広**は、城館の館主の娘婿となって、その家を継承した。信広が継承した家は何氏か。

8 蠣崎氏

2　幕府の衰退と庶民の台頭

惣村の形成

□□□

1 鎌倉時代の末期ごろから形成されはじめた、自立的・自治的な村を何というか。

1 惣(惣村)

□□□

2 惣村の指導者を何というか。

2 おとな(長、乙名)、沙汰人、番頭など

□□□

3 惣村の自治的協議機関を何というか。

解説 村民代表が鎮守の社などに定期的に、または臨時に集合し、惣掟・一揆・入会・農事などを協議決定した。ときには、惣村が複数集まって大寄合を開く場合もあった。

3 寄合

□□□ 4	寄合で定められた惣百姓が守るべき規約を何というか。	4	惣掟(村掟、地下掟)
□□□ 5	村落の警察権・裁判権を村民自ら行使することを何というか。	5	自検断(地下検断)
□□□ 6	惣村の結合の中心となった、神社の祭礼をおこなう祭祀集団を何というか。	6	宮座
□□□ 7	年貢などを惣がひとまとめにして請け負うことを何というか。	7	地下請(村請、百姓請)
□□□ 8	刈敷・草木灰用の採草や薪炭などのために共同で利用できる、惣百姓が共有する山や野を何というか。	8	入会地
□□□ 9	武士や農民が、不法代官や荘官の罷免や年貢の減免など特定の目的を達成するために結成した地域的集団を何というか。	9	一揆
□□□ 10	年貢の減免や不法荘官の罷免を要求し、全員が耕作を放棄し他領や山林に退去することを何というか。 **解説▶** 領主のもとへ集団でおしかけて訴える強訴も、抵抗の手段としておこなわれた。	10	逃散
□□□ 11	惣村の有力者の中には守護と主従関係を結んで侍身分を獲得する者も多く現れた。そのような者を何というか。	11	地侍

幕府の動揺と土一揆

□□□ 1	1416~17年、前関東管領上杉禅秀の乱を鎮圧し、また明との貿易を国の体面を汚すものとして中止した4代将軍は誰か。	1	足利義持
□□□ 2	天台座主から還俗して6代将軍となり、専制的な政治を展開した人物は誰か。	2	足利義教
□□□ 3	1438年、鎌倉公方が幕府と衝突し、翌年、足利義教に自害に追い込まれた事件を何というか。	3	永享の乱
□□□ 4	永享の乱で討たれた鎌倉公方は誰か。	4	足利持氏
□□□ 5	永享の乱のとき、鎌倉公方と対立した関東管領は誰か。	5	上杉憲実

□□□			
6	1441年、播磨の守護が足利義教を自邸に招き、謀殺した事件を何というか。	6	嘉吉の変

□□□			
7	嘉吉の変で足利義教を殺害した播磨の守護とは誰か。	7	赤松満祐

□□□			
8	惣を基盤とする土民が中心となって、領主への年貢・夫役の減免要求や高利貸業者に対する債務破棄などの要求をおこなった集団行動を何というか。	8	土一揆

□□□			
9	債権・債務の破棄を命じる法令を何というか。	9	徳政令

解説▶徳政を要求する一揆を徳政一揆という。

□□□			
10	1428年、近江の運送業者である馬借が徳政を要求して蜂起し、京都の酒屋や土倉を襲撃したのをきっかけに、近畿一帯に波及した土一揆を何というか。	10	正長の徳政一揆(土一揆)

解説▶奈良市柳生街道の峠口に、「正長元年ヨリサキ者カンヘ(神戸)四カンカウ(箇郷)ニヲキメ(負目)アルヘカラス」と刻まれた、この一揆の成果を記した碑(柳生徳政碑文)がある。

□□□			
11	正長の徳政一揆を「日本開白以来、土民蜂起是れ初めなり」と興福寺の僧侶が書き残したが、この日記は何か。	11	『大乗院日記目録』

解説▶この日記は、奈良興福寺の僧尋尊が、一乗院・大乗院の経歴と社会・経済や政治の事件について記した年譜。

□□□			
12	1441年、7代将軍足利義勝の就任直後に、京都で「代始の徳政」を要求する一揆が起きた。この一揆を何というか。	12	嘉吉の徳政一揆(土一揆)

解説▶嘉吉の変直後に起こった地侍らに指導された数万人の一揆で、天下一同(全国一律)の徳政が要求された。このとき、幕府はついに徳政令を発布した。

□□□

考えてみよう

正長の徳政一揆も嘉吉の徳政一揆も、新たな将軍の就任にあわせて起きているが、それはこの時代の社会観念と密接に関わっている。どのようなことか説明してみよう。

➡中世には、支配者の(　　)によって、(　　)関係や(　　)関係など、さまざまな社会的関係が(　　)されるという社会観念が存在しており、将軍交代時の「天下一同の徳政」はこの観念にもとづいて要求された。

交代／所有／貸借／清算

応仁の乱と国一揆

☐☐☐ 1	将軍の継嗣問題と幕府実力者の対立、さらに畠山・斯波両家の家督争いとがからんで起こった、1467年から77年にかけての大乱を何というか。	1 応仁の乱（応仁・文明の乱）
☐☐☐ 2	応仁の乱における将軍の継嗣問題は、8代将軍足利義政の弟と実子との争いのことである。それぞれの名をあげよ。 解説▶ 義政の弟義視は僧籍に入っていたが、還俗して義政の後継者となることが決まっていた。その後、義政夫人日野富子に義尚が生まれ、大乱の一因となった。	2 弟：足利義視、実子：足利義尚
☐☐☐ 3	応仁の乱のころの幕府実力者とは、管領家と四職の家柄の者である。それぞれの名をあげよ。	3 管領：細川勝元、四職：山名持豊（宗全）
☐☐☐ 4	南北朝時代から戦国時代にかけての、下の者が上の者をしのいでいく風潮を何というか。	4 下剋上
☐☐☐ 5	1485年、南山城地方で2つにわかれて争っていた畠山軍を国外に退去させ8年間の自治的支配をおこなった一揆を何というか。 解説▶ 南山城の国人・土民らが、両畠山軍退陣などの要求を実現し、国掟を制定し、36人の月行事が以後8年間にわたり南山城を支配した。	5 山城の国一揆
☐☐☐ 6	山城の国一揆の様子をうかがい知ることができる興福寺僧侶の日記・記録を何というか。	6 『大乗院寺社雑事記』
☐☐☐ 7	15世紀末から16世紀末に、浄土真宗本願寺派の門徒が中心となって起こした一揆を何というか。	7 一向一揆
☐☐☐ 8	1488年、加賀の門徒が国人と手を結び、守護富樫政親を自刃させ、以後石山本願寺降伏までの約100年間にわたり一揆勢が支配した一揆を何というか。	8 加賀の一向一揆

農業の発達

☐☐☐ 1	室町時代に畿内や西日本でおこなわれた、同じ耕地で1年間に米・麦のほか、そばや大豆なども栽培する農法を何というか。	1 三毛作

□□□ 2	品種改良により収穫時期をずらした米の3品種を何というか。	2	早稲・中稲・晩稲
□□□ 3	室町時代には、鎌倉時代以来の刈敷・草木灰とともに人糞尿が用いられた。これを何というか。	3	下肥

商工業の発達

□□□
1 商品の増大や流通経済の発達により、特産品の売却や年貢銭納の貨幣を獲得するため市日の回数も増えた。月6度開催された定期市を何というか。

1 六斎市

解説▶ 連雀商人や振売とよばれる行商人も増えた。また、地方特産品としては、加賀や丹後の絹織物、美濃の美濃紙、播磨の杉原紙、美濃や尾張の陶器、備前の刀などが有名。

□□□
考えてみよう
三度の市から六斎市へ市日の開催が増えたのは、商品の増加や流通経済の発展が1つの理由だが、荘官や農民たちの事情も考えられる。それはどのような事情だろうか。

➡荘官や農民たちは市で（　　）を売却して（　　）を入手し、（　　）の銭納や必要な商品の購入にあてた。

農産物／貨幣／年貢

□□□
2 都市で一般化した、軒端に棚をつくり商品を並べて販売した店を何というか。

2 見世棚（店棚）

□□□
3 中世、とくに都市に発達した商工業者の同業組合を何というか。

3 座

解説▶ 大寺社や天皇家から与えられた神人・供御人などの称号を根拠に、関銭免除や独占販売権を認められて、全国的な活動をみせる座もあった。大山崎離宮八幡宮所属の大山崎油座、北野社所属の麹座などが有名。

□□□
4 室町時代、国内で普及した明銭を2種あげよ。

4 洪武通宝、永楽通宝、宣徳通宝など

□□□
5 貨幣流通が発達すると、輸入銭・私鋳銭・焼銭・欠銭などが混用されたため、悪銭を嫌い良銭を求める行為がおこなわれ、円滑な流通が阻害されたが、これを何というか。

5 撰銭

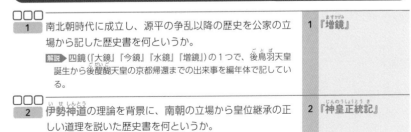

☐☐☐ 6	撰銭が経済混乱をもたらすため、幕府や大名が発布した、**領内通用貨幣や貨幣間の交換率**などを定めた法令は何か。 **解説▶**室町幕府では1500年が初例で、10回程度発令された。	6 **撰銭令**
☐☐☐ 7	質物保管のための**土蔵**をもつ、鎌倉・室町時代の金融業者は何か。	7 **土倉**（どそう）
☐☐☐ 8	金融業もおこなった鎌倉・室町時代の**酒造業者**は何か。	8 **酒屋**（さかや）
☐☐☐ 9	商品の保管・売買のほか、商人宿の機能も果たした、**専門の卸売商人**（おろしうり）を何というか。	9 **問屋**（といや）
☐☐☐ 10	室町時代、遠隔地取引がさかんになる中で利用された**為替手形**（かわせてがた）を何というか。	10 **割符**（さいふ）
☐☐☐ 11	交通の要地に発達した、**馬を利用した運送業者**を何というか。	11 **馬借**（ばしゃく）
☐☐☐ 12	交通の要地に発達した、**車を利用した運送業者**を何というか。	12 **車借**（しゃしゃく）
☐☐☐ 13	幕府や公家・寺社・大名らが、**通行税**を徴収する目的で**交通の要地**に設置したものは何か。 **解説▶**廻船の往来が活発になり、「兵庫北関入船納帳」（ひょうごきたせきいりふねのうちょう）などによれば、1445年の兵庫湊出入りの船の総数は2700隻以上におよんだ。	13 **関所**（せきしょ）

---

3 室町文化

文化の融合／動乱期の文化

☐☐☐ 1	南北朝時代に成立し、源平の争乱以降の歴史を公家の立場から記した歴史書を何というか。 **解説▶**四鏡（『大鏡』『今鏡』『水鏡』『増鏡』）の1つで、後鳥羽天皇（ごとば）誕生から後醍醐天皇（ごだいご）の京都帰還までの出来事を編年体で記している。	1 『**増鏡**』（ますかがみ）
☐☐☐ 2	**伊勢神道**（いせしんとう）の理論を背景に、南朝の立場から皇位継承の正しい道理を説いた歴史書を何というか。	2 『**神皇正統記**』（じんのうしょうとうき）

□□□ 3	常陸国小田城で北朝方と対陣中に、『神皇正統記』を著したのは誰か。	3 北畠親房
	解説▶後醍醐天皇の死の報に接し、義良親王のために書き著したという。1339年ころ成立、「大日本は神国なり」ではじまり、神代から後村上天皇まで取り扱った。	
□□□ 4	足利尊氏の幕府創設を武家(北朝)の立場で著した歴史書を何というか。	4 『梅松論』
	解説▶この歴史書の書名は、足利氏の幕府の正統性と足利一門の梅・松のごとくの繁栄を願って名づけられたという。	
□□□ 5	後醍醐天皇の討幕計画以後、足利義詮の死までの南北朝の動乱について著した軍記物語をあげよ。	5 『太平記』
	解説▶戦乱と社会的な変革が生き生きと描かれており、これを節付けして読み語りする太平記読みによって広められた。	
□□□ 6	南北朝時代に盛行した、数種の茶をのみ、産地を判別する遊び(賭け事)を何というか。	6 闘茶
	解説▶南北朝期には佐々木道誉に代表される、動乱の中で伝統的権威を軽んじ、派手で傍若無人な振る舞いをしつつ、諸芸能にも奇才を発揮したバサラ大名などの新興武士も現れた。	

室町文化の成立

□□□ 1	3代将軍足利義満の時代を中心として、武家文化が公家文化を摂取して形成された文化を何というか。	1 北山文化
□□□ 2	足利義満は将軍職を義持に譲ったのちも政務を執り続け、政務の場所として京都北山に壮麗な北山殿を営んだ。そこに建てられた3層の舎利殿を何というか。	2 金閣
	解説▶第1層が寝殿造風の法水院、第2層が潮音洞と称する和様の観音殿、第3層が禅宗様の仏殿究竟頂で、2・3層の外壁に金箔を押している。北山山荘は、義満死後に鹿苑寺となった。	
□□□ 3	後醍醐天皇や足利尊氏・直義らが帰依した、天龍寺開山で臨済宗の僧侶は誰か。	3 夢窓疎石
□□□ 4	南宋の官寺の制にならった臨済宗寺院の寺格を何というか。	4 五山・十刹
□□□ 5	五山の上に置かれ別格とされた京都の寺院名をあげよ。	5 南禅寺

☐☐☐ 6	京都における臨済宗の五大官寺を何というか。 解説▶天龍寺・相国寺・建仁寺・東福寺・万寿寺の5寺をいう。	6 京都五山
☐☐☐ 7	鎌倉における臨済宗の五大官寺を何というか。 解説▶建長寺・円覚寺・寿福寺・浄智寺・浄妙寺の5寺をいう。	7 鎌倉五山
☐☐☐ 8	禅僧らによって中国から伝えられた、墨の濃淡と強弱の描線による、墨一色の東洋独特の絵画は何か。	8 水墨画
☐☐☐ 9	宋・元の絵画に学び日本の水墨画を開拓した相国寺の僧は誰か。	9 如拙
☐☐☐ 10	如拙作品で、瓢箪で鮎を押さえる公案を題材にした絵画を何というか。	10「瓢鮎図」
☐☐☐ 11	五山・十刹の禅僧により栄えた漢詩文学を何というか。	11 五山文学
☐☐☐ 12	五山を中心に出版された、禅の経典や漢詩文集などの書籍を何というか。	12 五山版
☐☐☐ 13	代表的な五山文学僧で、幕府の政治・外交顧問としても活躍した人物をあげよ。	13 絶海中津
☐☐☐ 14	奈良時代の散楽を源流とする、滑稽を主とした雑芸・歌曲を何というか。	14 猿楽
☐☐☐ 15	猿楽は室町時代になると、民間に発展した田楽をとり入れ、宗教的芸能から庶民的芸術、さらには幽玄を旨とする舞台芸術に発展するが、これを何というか。	15 能(猿楽能)
☐☐☐ 16	大和の興福寺・春日社に奉仕した猿楽の4つの座を何というか。 解説▶観世座・宝生座・金春座・金剛座の4つの座である。観世座ははじめ結崎座とよばれ、春日社・興福寺への奉仕を任としていた。	16 大和猿楽四座
☐☐☐ 17	足利義満の保護を受け、猿楽能を大成し、観世座の祖といわれたのは誰か。	17 観阿弥
☐☐☐ 18	観阿弥の子で、父とともに猿楽能を大成し、優れた役者・脚本家・芸術理論家でもあったのは誰か。	18 世阿弥

☐☐☐ 19	世阿弥が著した能楽の芸術理論書を何というか。 解説▶観阿弥の芸談をもとに、世阿弥自身の体験や意見をくわえて能の真髄を述べたものである。	19	『風姿花伝』(『花伝書』)

室町文化の展開

☐☐☐ 1	8代将軍足利義政の時代を中心とした、禅の影響を受けた簡素さと伝統的な幽玄・侘を特徴とする文化を何というか。	1	東山文化
☐☐☐ 2	足利義政が、応仁の乱後、1489年東山山荘に建てた2層からなる仏殿を何というか。 解説▶初層は書院造風の心空殿、2層は禅宗様の潮音閣。堂中に観音像を安置していたので観音殿ともよばれた。	2	銀閣
☐☐☐ 3	銀閣は足利義政の死後、寺院に改められたが、この寺院を何というか。	3	慈照寺
☐☐☐ 4	銀閣と同じ東山山荘内にある足利義政の持仏堂を何というか。	4	東求堂
☐☐☐ 5	東求堂の東北隅にある四畳半の部屋で、足利義政の書斎兼茶室を何というか。	5	同仁斎
☐☐☐ 6	室町時代に成立した、現在の日本住宅の源流となる住宅建築様式を何というか。	6	書院造
☐☐☐ 7	床の間の脇に設けた板張りで、縁側に張り出し、前に明障子を立て、机をつくり付けにした部分を何というか。 解説▶東求堂同仁斎が書院造の代表とされる。	7	付書院
☐☐☐ 8	水を用いず砂と石で山水自然を表現する、禅の精神で統一された庭つくりの方式を何というか。	8	枯山水
☐☐☐ 9	白砂と大小15の石を配置した、俗に虎の子渡とよばれている庭園と、大徳寺の渓谷から大河に至る水の流れを表現した枯山水の庭をあげよ。	9	龍安寺石庭・大徳寺大仙院庭園
☐☐☐ 10	相国寺の周文に学び、明から帰国後、山口雲谷庵に住み、日本の水墨画を完成したのは誰か。	10	雪舟
☐☐☐ 11	雪舟の山水画で、秋・冬の2幅からなる作品は何か。	11	『秋冬山水図』

□□□ 12	水墨画(漢画)をよくし、**幕府の御用絵師となった狩野派**の祖といわれる人物は誰か。	12	狩野正信
□□□ 13	狩野正信の子で、水墨画に**大和絵**の手法をとり入れ、父とともに**狩野派の画風を確立**したのは誰か。 解説▶大和絵では、宮廷絵所預や幕府の絵師をつとめた**土佐光信**が出て土佐派の基礎を固めた。	13	狩野元信
□□□ 14	茶に禅の精神をとり入れ、**簡素・静寂の境地**を重んずる**茶の湯**を何というか。	14	侘茶
□□□ 15	一休宗純に参禅し、**侘茶を創出**したのは誰か。	15	村田珠光
□□□ 16	**侘茶をさらに簡素化**した堺の商人は誰か。	16	武野紹鷗
□□□ 17	堺の豪商出身で、**侘茶の風趣**をつきつめ、**茶道を確立**したのは誰か。	17	千利休(宗易)
□□□ 18	足利義政の同朋衆立阿弥が座敷飾りとして披露し、のちに儒教や仏教の思想の影響を受け芸術性を高めていった技法は何か。	18	立花(りっか)
□□□ 19	仏前の供花から豪華な**立花**に発展し、侘茶の流行とともに簡素な投げ入れの方法を用いるようになり、**芸術性を追求**したものを何というか。	19	花道(華道、生花)
□□□ 20	京都六角堂の僧侶で、生花の芸術性を高めた立花の名手は誰か。	20	池坊専慶
□□□ 21	室町時代随一の学者として知られ、関白・太政大臣をつとめるとともに、数多くの**有職故実・古典研究**の著書を残したのは誰か。 解説▶有職故実の書としての『公事根源』、9代将軍足利義尚の諮問に答えた政治意見書『樵談治要』が代表的著書である。	21	一条兼良
□□□ 22	室町幕府と結び、**すべての神道の統合**をはかったのは誰か。	22	吉田兼俱
□□□ 23	吉田兼俱が儒教・仏教をもとり入れ、反本地垂迹説にもとづき、神道を中心に儒学・仏教を統合しようとする神	23	唯一神道(吉田神道)

道説を何というか。

□□□

考えてみよう

室町時代は枯山水の庭園や山水水墨画、茶の湯など、現代に伝わる伝統文化が生まれた時代である。このころ生まれた文化の特色とその背景にある共通する精神を説明してみよう。

➡東山文化の特色は（　　）・（　　）を精神的な基調とするが、そこには簡素さを重視する（　　）の影響が共通してみられる。

幽玄／侘／禅の精神

庶民文芸の流行

□□□

1 能の間に演じられるようになった、滑稽を旨とする風刺性の強い喜劇を何というか。

解説 ▶ 庶民の側から大名・僧侶・山伏などを風刺したものが多い。

1 狂言

□□□

2 室町時代のころから幅広い階層で流行した俚謡・流行歌など自由な形式で歌われた歌を何というか。

2 小歌

□□□

3 小歌のような流行歌310余首を集録し、1518年に成立した歌謡集を何というか。

3 『閑吟集』

□□□

4 室町時代の庶民的な短編物語で絵の余白に話し言葉で文章が書かれているものを何というか。

解説 ▶ 御伽草子の内容は、公家物・僧侶物・武家物・庶民物など多種多様で、仏教思想の影響の強いものが多い。

4 御伽草子

□□□

5 小さな男子が鬼ヶ島で打出の小槌を得て、背を大きくし貴族の姫と結婚するという御伽草子は何か。

5 『一寸法師』

□□□

6 和歌を上の句と下の句に分け、一座の人々がつぎつぎに連作した文芸を何というか。

解説 ▶ 初めは2句の唱和であったが、しだいに50句・100句と連ねる50韻・100韻の長連歌となった。連歌を職業とする連歌師が各地を遍歴したことで普及した。

6 連歌

□□□

7 南北朝時代の摂政・関白・太政大臣で、学問や和歌・連歌に優れ、連歌の規則書『応安新式』を著わした人物は誰か。

7 二条良基

☐☐☐ 8	二条良基が編集して準勅撰とされ、連歌の地位を高めた連歌集を何というか。	8 『菟玖波集』
☐☐☐ 9	東常縁から古今伝授を受け、連歌を心敬に学び、諸国を遍歴した連歌師は誰か。	9 宗祇
☐☐☐ 10	宗祇により、深みのある芸術に高められた連歌を何というか。	10 正風連歌
☐☐☐ 11	宗祇が編集し勅撰に準じられた連歌集を何というか。	11 『新撰菟玖波集』
☐☐☐ 12	後鳥羽上皇をまつる水無瀬宮で、宗祇と弟子の肖柏・宗長の3人が詠んだ連歌百句を何というか。	12 『水無瀬三吟百韻』
☐☐☐ 13	規則にこだわらない自由で庶民的な連歌をつくり、一派をなしたのは誰か。	13 宗鑑(山崎宗鑑)
☐☐☐ 14	宗鑑を祖とする自由で庶民的な連歌を何というか。 解説▶俳諧は、滑稽・戯れ・おどけなどを意味する語である。	14 俳諧連歌
☐☐☐ 15	宗鑑が編集した、卑俗ではあるが庶民の自由な明るさを示す連歌集は何か。	15 『犬筑波集』
☐☐☐ 16	室町時代に祭礼などで盛行した、民衆が華やかな姿や仮装でおこなった踊りを何というか。	16 風流(風流踊り)
☐☐☐ 17	風流に念仏踊りが結びついて生まれた、盂蘭盆のころにおこなわれる踊りは何か。	17 盆踊り

文化の地方普及

☐☐☐ 1	明から帰国後、西国で儒学を講じ、薩摩の桂樹院に住んで講説をおこない、薩摩で朱熹の『大学章句』を刊行したのは誰か。	1 桂庵玄樹
☐☐☐ 2	桂庵玄樹が薩摩におこした朱子学の一派を何というか。	2 薩南学派
☐☐☐ 3	下野国足利に建てられ、戦国時代に来日したザビエルから「坂東の大学」と称された、禅僧や武士が学んだ教育機関を何というか。	3 足利学校
☐☐☐ 4	足利学校を、1439年に再興した関東管領は誰か。	4 上杉憲実

□□□
5 武士の子弟は寺院に預けられて教育を受けるようになっていたが、南北朝から室町時代初期に成立した、日常生活に必要な知識や文字を学べるようにした、**書簡形式の教科書**を何というか。

5 『庭訓往来』

□□□
6 室町時代中期に編纂された**日常生活用語辞典**は何か。

6 『節用集』

解説 著者は不明だが、奈良の商人饅頭屋宗二が出版した。いろは順に類別し、さらに各音を部門に細分。後世の分類法に影響を与えた。

新仏教の発展

□□□
1 権力者の保護を受けた**五山派**に対し、より自由な活動を求めて民間布教につとめた禅宗諸派を何というか。

1 林下

□□□
2 林下の代表的寺院の１つである**大徳寺**(臨済宗)の僧で、貴族や五山派僧侶の腐敗を批判し、在家的・民衆的な禅を説いた人物は誰か。

2 一休宗純

□□□
3 京都を中心に中国・九州地方に宗勢を拡大、将軍足利義教に諫言し、拷問を受けた**法華宗**の僧侶は誰か。

3 日親

解説 『立正治国論』で将軍義教に諫言して、焼き鍋の拷問を受け、俗に「鍋冠り上人」とよばれた。

□□□
4 1532年、京都町衆の**法華宗徒**が、**一向一揆**と対決して山科本願寺を焼打ちし、**5年間の自治**をおこなった一揆を何というか。

4 法華一揆

□□□
5 1536年、法華一揆が**延暦寺**と衝突して日蓮宗寺院が焼打ちを受け、京都を追われた出来事を何というか。

5 天文法華の乱

□□□
6 本願寺の８世で、越前に道場を建て、教えを平易な文章で説き、信仰者の団体を組織して布教したのは誰か。

6 蓮如

□□□
7 蓮如が庶民への布教のために書いた**平易な文章**を何というか。

7 御文

解説 一向宗で、寺院と称するに至らない念仏の集まりをおこなう場を道場、信者が法話を聞き酒食をともにした集団を講とよんだ。一向宗は移動して生活を営む商人や交通業者・手工業者らにも受け入れられた。蓮如の布教により、本願寺の勢力は近畿・東海・北陸地方に広がり、大名権力と衝突し各地で一向一揆が起こった。

4　戦国大名の登場

戦国大名

□□□ 1	下剋上の風潮に乗じて、守護・守護代・国人らが支配者に成長して、各地に割拠した大名を何というか。 解説▶室町時代、守護は在京を義務付けられており、任国管理のため守護の家臣が派遣された。それが守護代。	1	戦国大名
□□□ 2	戦国大名の支配領域は、将軍の権威によって定められたものではなく、大名の実力によって支配された。戦国大名の支配領域を何というか。	2	領国(分国)
□□□ 3	享徳の乱を機に、鎌倉公方は2つに分裂した。下総を拠点とした鎌倉公方と伊豆を拠点とした鎌倉公方をそれぞれ何というか。 解説▶古河公方は足利持氏の子成氏から、堀越公方は足利義政の兄弟政知からはじまる。	3	下総：古河公方、伊豆：堀越公方
□□□ 4	駿河の守護今川氏に寄食し、堀越公方を滅ぼし、ついで相模に進出、小田原を拠点とした戦国大名は誰か。	4	北条早雲(伊勢宗瑞)
□□□ 5	甲斐国の守護で、信濃・駿河・遠江を併合したが、上洛を果たせず死去したのは誰か。	5	武田信玄(晴信)
□□□ 6	越後・越中・上野を領有し、主家上杉の家督と関東管領職を譲り受けた越後守護代は誰か。 解説▶越後は守護が山内上杉氏であったが、1546年、北条氏康との戦いに敗れ越後に落ちのび、のちに守護代の長尾景虎に関東管領職と上杉の姓を譲った。なお、謙信が武田氏と川中島で戦ったことも有名。	6	上杉謙信(長尾景虎)
□□□ 7	有力守護大名であった大内氏の領国は重臣陶晴賢に奪われ、さらに安芸の国人から起こった大名がこれを征服した。その大名は誰か。	7	毛利元就
□□□ 8	戦国大名は、家臣の収入額を銭で表示した貫高という基準で把握し、その貫高にみあった一定の軍役を負担させたが、この制度を何というか。	8	貫高制

□□□			
9	親子関係に擬制した家臣団組織の方法を何というか。	9	寄親・寄子制

□□□			
10	応仁の乱のころから活躍し、集団戦争に変化するにつれて重要性を増した雑兵を何というか。 **解説** 長篠の戦いでの、織田信長の足軽鉄砲隊は著名。	10	足軽

戦国大名の分国支配

□□□			
1	戦国大名が領国統治のために制定した施政方針・法令を何というか。	1	分国法（家法）

□□□			
2	人材登用・家臣団の城下町である一乗谷への集住を規定した越前朝倉氏の家法を何というか。	2	『朝倉孝景条々』 （『朝倉敏景十七箇条』）

□□□			
3	私婚の禁止などを規定した今川氏の分国法は何か。	3	『今川仮名目録』

□□□			
4	1536年に制定された伊達氏の分国法を何というか。 **解説** 『塵芥集』は現存の分国法のうち、171カ条という最多の条数をもつものである。	4	『塵芥集』

□□□			
5	信玄が定めた法令を中心に、2巻に編集された武田氏の家法を何というか。	5	『甲州法度之次第』 （『信玄家法』）

□□□			
6	理由のいかんにかかわらず私闘（喧嘩）の当事者双方を処罰することを何というか。 **解説** 家臣団の統制強化が目的。『今川仮名目録』『甲州法度之次第』『長宗我部氏掟書』など多くの分国法に規定されている。	6	喧嘩両成敗

□□□			
7	戦国大名が支配下の領主に、支配地の面積・収入額などを自己申告させることでおこなった土地調査を何というか。	7	指出検地

□□□			
8	戦国大名が城郭を中心に、家臣団・商工業者を集住させ、計画的に建設した都市を何というか。	8	城下町

□□□			
9	大内氏の城下町をあげよ。	9	山口

□□□			
10	大友氏の城下町をあげよ。 **解説** 府内は、現在の大分市である。	10	府内

□□□			
11	島津氏の城下町をあげよ。	11	鹿児島

第7章

□□□
12 市座の独占を廃し、商業取引の拡大・円滑化をはかり、領国の経済発展をめざした政策を何というか。

12 楽市令（楽市・楽座）
らくいちれい らくざ

□□□

考えてみよう

戦国大名がおこなった、検地、分国法の制定、家臣団編成、治水事業、城下町の振興策、関所の撤廃などには共通する目的がある。それは何だろうか。

→領国の（　　）を振興し、強力な（　　）を維持し、領国を他の勢力から守り発展させる目的があった。

経済／軍事力

都市の発展と町衆

□□□
1 寺社の門前に立った市から発達した町を何というか。

1 門前町
もんぜんまち

□□□
2 一向宗の寺院・道場を中心に形成され、他宗派からの攻撃に備え濠や土塁をめぐらした町を何というか。

2 寺内町
じないちょう

□□□
3 海陸交通の要地に貿易や商業の発達に従って成立した港湾都市を何というか。

3 港町
みなとまち

□□□
4 15世紀後半から、勘合貿易・南蛮貿易で繁栄した和泉国の港町はどこか。

4 堺
さかい

□□□
5 堺の自治的町政を指導した36人の豪商たちを何というか。

5 会合衆
かいごうしゅう

□□□
6 南北朝期に九州探題が置かれ、勘合貿易の拠点として、また自治都市として繁栄した筑前国の港町はどこか。

6 博多
はかた

□□□
7 博多で月ごとに交代して自治的運営にあたった12人の豪商を何というか。

7 年行司
ねんぎょうじ

□□□
8 京都で自治・自衛的共同体をつくった土倉・酒屋などを中心とした商工業者を何というか。

8 町衆
ちょうしゅう

□□□
9 京都の町衆の手によって復活された、京都八坂神社の祭を何というか。

9 祇園祭（祇園会）
ぎおんまつり ぎおんえ

解説▶ 京都でも町衆を中心に都市民の自治的団体として町が生まれ、惣村と同じように独自の町法を定め、月行事を中心に住民の生活や営業活動を守った。京都ではさらに上京・下京という巨大な都市組織として惣町が形成されていた。

第8章 | 近世の幕開け

1 織豊政権

近世への転換／銀の交易と鉄砲伝来

□□□			
1	石見国邇摩郡大森(現、島根県大田市)にあり、戦国大名によって争奪が繰り広げられた銀山は何か。 解説▶1530年代以降、朝鮮から伝わった灰吹法という製錬技術が導入され、銀が大増産された。	1	石見銀山
□□□ 2	16世紀、明は税の銀納を進めていたので、日本の銀が大量に明に流入した。その対価として日本にもたらされたものは何か。	2	生糸
□□□ 3	明は民間貿易を認めない海禁政策をとっていたので、中国人を中心とする武装した密貿易商人が活躍した。密貿易商人は海賊行為もはたらいたが、そのような海賊を14世紀のものと区別して何というか。	3	後期倭寇
□□□ 4	15世紀末以降、アフリカ大陸南端をまわり、インドのゴアや中国のマカオを拠点に香辛料を求めてアジアに進出したヨーロッパの国をあげよ。	4	ポルトガル
□□□ 5	15世紀末以降、アメリカ大陸に植民地を広げ、マニラを拠点にアジアに進出したヨーロッパの国をあげよ。	5	スペイン(イスパニア)
□□□ 6	1543年(1542年説もある)、中国人密貿易商人の有力者王直の船に乗って日本に初めて漂着したヨーロッパ人はどこの国の人か。	6	ポルトガル
□□□ 7	1543年にポルトガル人が漂着した場所はどこか。	7	種子島
□□□ 8	ポルトガル人がもたらしたもので、戦国時代の日本に大きな影響を与えたものは何か。 解説▶種子島時堯が購入した鉄砲をもとに、近江の国友、和泉の	8	鉄砲

堺、紀伊の根来などで鉄砲の国産化が進んだ。足軽隊の編成などの戦術や城の構造に変化をもたらした。

キリスト教と南蛮貿易

□□□ 1	1549年、鹿児島に来日し、**キリスト教**を初めて伝えた人物は誰か。	1 フランシスコ゠ザビエル
□□□ 2	**フランシスコ゠ザビエル**が所属した**カトリック教団**を何というか。	2 イエズス会(耶蘇会)
□□□ 3	九州の大名の中には貿易の利益を得る目的もあって、洗礼を受けてキリスト教に入信する大名が現れた。そのような大名を何というか。	3 キリシタン大名
□□□ 4	16世紀半ばの日本では、**ポルトガル人やスペイン人**を何とよんだか。	4 南蛮人
□□□ 5	ポルトガル人やスペイン人との貿易を何というか。	5 南蛮貿易
□□□ 6	**南蛮貿易**での主要な輸出品を1つあげよ。	6 銀
□□□ 7	**南蛮貿易**での主要な輸入品を2つあげよ。 **解説** 明は海禁政策を続け、明商人の日本渡航を禁じていたので、ポルトガルやスペインは日明間の中継貿易をおこなった。日本の輸出品には、ほかに海産物・刀剣・漆器などがある。輸入品には、ほかに皮革・絹織物・火薬などの戦国大名の求めるものが多かった。なお、生糸は中国産である。	7 生糸、鉄砲など

織田政権

□□□ 1	尾張の守護代の重臣の家の出身で、清洲を拠点とし、16世紀後半に全国統一を推し進めた人物は誰か。 **解説** 信長が全国統一の事業を進める中で用いた印判には「天下布武」の文字が刻まれた。	1 織田信長
□□□ 2	織田信長の勢力伸張の出発点となった、1560年の戦いは何か。	2 桶狭間の戦い
□□□ 3	桶狭間の戦いで敗死した駿河の戦国大名は誰か。	3 今川義元
□□□ 4	1568年に、上洛を果たした織田信長が奉じて室町幕府15代将軍とした人物は誰か。	4 足利義昭

解説 信長は、浅井長政・朝倉義景の連合軍を1570年に姉川の戦い
で打ち破り、1571年、浅井・朝倉と結んだ延暦寺を焼打ちにし
た。さらに、1573年には義昭を追放して室町幕府を実質的に滅
ぼした。

☐☐☐
5 一向一揆の中心である石山本願寺が、信長との10年間の
戦いののち1580年に屈服した戦いは何か。

5 石山戦争（石山合戦）

☐☐☐
6 足軽鉄砲隊による一斉射撃の戦術が効果をあげ、信長・
徳川家康連合軍が強力な騎馬隊をほこる武田勝頼の軍を
三河国で大敗させた1575年の戦いを何というか。

6 長篠の戦い

☐☐☐
7 1576年に信長が琵琶湖畔に築城し、根拠地とした城郭を
何というか。

7 安土城

☐☐☐
8 明智光秀が1582年に謀反を起こして、信長を敗死させた
事件を何というか。

8 本能寺の変

☐☐☐
9 関所の廃止や撰銭令などとともに、商工業者に自由な営
業活動を認めるために信長が命じた市場に関する政策は
何か。

9 楽市令（楽市・楽座）

解説 信長が楽市の政策を命じたのが美濃の加納と近江の安土山下
町。

豊臣秀吉の全国統一

☐☐☐
1 尾張の中村（名古屋市）に生まれ、のち織田信長に仕え、
信長の死後、その事業を引き継ぎ全国を平定した人物は
誰か。

1 豊臣（羽柴）秀吉

解説 この人物は1586年、太政大臣就任に際し、後陽成天皇から
豊臣の姓を賜った。

☐☐☐
2 毛利攻めをおこなっていた豊臣秀吉が、本能寺の変後、
兵を返して明智光秀を打ち破った戦いを何というか。

2 山崎の戦い

☐☐☐
3 豊臣秀吉が信長の後継者の地位を確立させた戦いで、北
陸に本拠を置く柴田勝家を打ち破った近江の琵琶湖北岸
での戦いを何というか。

3 賤ヶ岳の戦い

☐☐☐
4 信長の後継者の地位を確立した豊臣秀吉が、旧石山本願
寺跡に1583年から築城した城郭は何か。

4 大坂城

□□□ 5	1584年、**豊臣秀吉**は徳川家康・織田信雄と尾張で戦ったが、この戦いを何というか。	5	小牧・長久手の戦い

□□□ 6	**豊臣秀吉**は天皇の権威を巧みに利用し、摂家間の争いに介入し、摂家以外の者としては前代未聞である、朝廷の官職を与えられた。その官職とは何か。	6	関白

解説 この後、秀吉は九州の島津氏を天皇の停戦命令違反として、関東の北条氏を秀吉の裁定に違反したとして討伐した。なお、北条氏を討伐した小田原攻めの際、伊達政宗ら東北地方の諸大名が秀吉に服属したことにより、1590年に全国統一が完成した。

□□□ 7	秀吉は1588年、京都の大内裏跡に新築した邸宅に後陽成天皇を迎えて諸大名に忠誠を誓わせた。その城郭風邸宅名をあげよ。	7	聚楽第

□□□ 8	小田原の北条氏滅亡後、関東に転封させられた大名をあげよ。	8	徳川家康

豊臣政権の土地・身分政策

□□□ 1	1582年の山崎の戦い以来、豊臣秀吉が征服した大名の領地に対しつぎつぎに実施した土地・人民の調査を何というか。	1	太閤検地

解説 当初は征服地ごとに検地を実施したが、全国統一後の1594年に度量衡を統一し、検地条目を定めて改めて全国で実施した。このとき6尺3寸(約191cm)四方を1歩とし、300歩を1段とした。また京枡1杯が1升の公定枡と定められた。

□□□ 2	**太閤検地**の結果を村ごとに記載した帳簿を何というか。	2	検地帳

□□□ 3	**太閤検地**で、等級に分けられた田畑などの標準収穫高(石盛)に面積を乗じて得られるものを何というか。	3	石高

解説 田畑・屋敷を上・中・下・下々などの等級に分け、その等級ごとに、段あたりの標準玄米収穫高を定めた。標準収穫高は中世の本年貢より高めに設定された。従来は土地からの年貢収納を銭に換算した貫高で表示していたが、これにより全国の土地を玄米収穫量で一律に表示できるようになった。

□□□ 4	**太閤検地**によって、荘園制のもとでの土地に対する複雑な所有関係と年貢収取関係が清算され、土地の所持・耕作者と租税・労役の負担者とが確定された。この原則を何というか。	4	一地一作人

解説 年貢率は領主に石高の3分の2を納入する二公一民が一般的
だった。納入は村の自治を利用し、村請制も導入されていった。

☐☐☐
5 豊臣政権の直轄領を何というか。

5 蔵入地

解説 戦国から江戸時代初期にかけて領主の直轄地を蔵入地とよん
だが、豊臣氏の場合は畿内を中心に220万石ほどを領有してい
た。そのほかの財源として、但馬生野銀山などを直轄にし、各
地の金銀山の産出の一部が上納させられた。

☐☐☐
6 1588年、豊臣秀吉が方広寺の大仏造営を口実に、一揆を
未然に防止するため、諸国の農民から武器を没収させた
命令を何というか。

6 刀狩令

☐☐☐
7 秀吉が1588年に初めて鋳造させた貨幣を何というか。

7 天正大判

☐☐☐
8 1591年、秀吉は大陸侵攻に向けて、武士の百姓・町人化、
農民の移転・転業を禁じる法令を出したが、これを何と
いうか。

8 人掃令(身分統制令)

解説 検地・刀狩・人掃などの政策によって、いわゆる兵農分離
が完成した。なお、1592年には関白豊臣秀次(秀吉の甥)も全国の
戸口調査を命じ、村ごとに他国他郷者の在住を禁じた人掃令を出
した。これは、朝鮮出兵の準備と考えられる。

対外政策と侵略戦争

☐☐☐
1 1587年、豊臣秀吉は九州平定の帰路、博多でキリスト教
を邪法とする禁教政策を打ち出した。この法令を何とい
うか。

1 バテレン(宣教師)追
放令

解説 大村純忠が長崎を耶蘇会に寄進したことを、九州平定中に
知ったことも背景として考えられる。ただ、宣教師については20
日以内の国外退去を命じたものの、一般人の信仰は禁止せず、
京都・堺・長崎・博多などの豪商らには従来通り貿易を保護・
奨励したのでこの法令の実効性は少なかった。

☐☐☐

考えてみよう
豊臣秀吉の発令したバテレン追放令はあまり効果がなかっ
た。それはなぜだろうか。

➡バテレン追放令を出したあとも秀吉は南蛮貿易には(　　)
であり、一方で、キリスト教の布教は南蛮貿易を(　　)し
ていたので、宣教師の追放は徹底しなかった。

積極的／斡旋

☐☐☐ **2** 秀吉が刀狩令と同日に発布した海賊鎮圧（かいぞくちんあつ）の命令を何というか。	**2**	海賊取締令
☐☐☐ **3** 入貢（みん）と明への出兵の先導を朝鮮に拒否された秀吉が、1592年からおこなった**朝鮮出兵**を何というか。	**3**	文禄の役
☐☐☐ **4** 文禄の役の和平交渉に失敗したため、1597年からおこなった2度目の朝鮮出兵を何というか。	**4**	慶長の役
解説▶秀吉は肥前名護屋城で指揮し、加藤清正・小西行長らを将軍として朝鮮半島に送り込んだ。文禄の役では李舜臣の率いる亀甲船の攻撃や朝鮮の義兵に苦しめられた。なお、この2つの戦役を朝鮮では、それぞれ壬辰倭乱・丁酉再乱という。両乱とも朝鮮の人々に大きな犠牲を強い、援軍を送った明にも戦費負担で財政の窮乏を深刻化させ、豊臣政権にも動揺を引き起こした。		
☐☐☐ **5** 秀吉が晩年に後事を託すために任命して、**重要政務を合議**させようとした5人の有力大名を何というか。	**5**	五大老
解説▶徳川家康を筆頭に北陸最大の大名前田利家、「中国の雄」毛利輝元、安芸の小早川隆景、岡山の宇喜多秀家、「北陸の雄」として仕えた上杉景勝らである。隆景の死後五大老とよばれた。		
☐☐☐ **6** 秀吉の独裁政権のもとで、**行政・司法・財務など**を分掌した腹心で、「五人の者」ともよばれた家臣を何というか。	**6**	五奉行
解説▶浅野長政、増田長盛、前田玄以、長束正家、石田三成の5人。		

2 桃山文化

桃山文化／美術と風俗

☐☐☐ **1** 織田信長・豊臣秀吉に代表される新興武将と豪商の財力を土台とした文化を何というか。	**1**	桃山文化
解説▶特色としては、仏教色が薄い文化であること（現世的文化・人間的文化）、豪華・壮大な文化であること、西洋文化を積極的に受容した文化であることなどがあげられる。		
☐☐☐ **2** 桃山文化を象徴する天守閣や櫓・郭などをもつ建築物は何か。	**2**	城郭

□□□
3 池田輝政の居城として慶長年間に竣工した平山城で、五層七重の大天守に3個の小天守をつなぐ連立式天守閣をもち、白鷺城の異名をもつ城をあげよ。

解説▶中世の城は戦時の防塞としての役割を果たす山城が多かったが、桃山文化に象徴される城は、軍事的拠点としての機能や城主の居館・政庁としての機能をもっており、小高い丘の上に築く平山城から平地につくる平城となった。

3 姫路城

□□□
4 秀吉が晩年に築城して居城とし、江戸時代に廃城とされ、解体された京都の城郭を何というか。

解説▶その遺構とされるのが西本願寺書院、都久夫須麻神社本殿と唐門である。なお、秀吉が後陽成天皇を招いた聚楽第の遺構と伝えられるのが大徳寺唐門である。

4 伏見城

□□□
5 桃山文化を代表する絵画には城郭内の襖や屏風に描かれたものがあるが、このような絵画を何というか。

5 障壁画

□□□
6 安土城・大坂城などの障壁画を描き、桃山時代に狩野派の発展の基盤を築いた人物で、『唐獅子図屏風』の作者でもある人物は誰か。

解説▶ほかにこの人物の代表作には信長が上杉謙信に贈った『洛中洛外図屏風』などがある。狩野山楽は門弟。

6 狩野永徳

□□□
7 障壁画に用いられた手法で、金碧画とともに、水墨画にも優れた作品を残した桃山時代の代表的画家を2人あげよ。

解説▶長谷川等伯の代表作には『松林図屏風』や弟子たちとの共作とされる濃絵の『智積院襖絵』、海北友松の代表作には水墨画の『山水図屏風』がある。

7 長谷川等伯、海北友松

□□□
8 安土・桃山時代に男女の間に一般化した、袖が筒状の衣服を何というか。

8 小袖

□□□

考えてみよう

安土・桃山時代、高層の天守閣をもち、内部には豪華絢爛な金碧画などで装飾された御殿を備えた、巨大な城郭がつぎつぎに築かれた。それは、当時の支配者である天下人や大名にとって、どのような意味があったのだろうか。

➡城郭は城主の居館であると同時に（　　　）でもあった。そこでは、城主が多くの臣下と対面して（　　　）や身分の差を示す必要があり、城主の（　　　）を示す意味でも、豪壮絢爛な建築となった。

政庁／主従関係／権威

芸能の新展開

☐☐☐
1 堺の豪商出身で草庵茶室を完成し、茶道を大成した人物をあげよ。

1 千利休(宗易)

☐☐☐
2 千利休が完成した茶道を何というか。

解説▶ 侘茶は15世紀後半、一休宗純に参禅した村田珠光が創始し、堺の住人武野紹鷗に引き継がれ千利休に伝えられた。利休が造作したとされる妙喜庵待庵に、簡素な小座敷・道具立てで精神的深さを味わう侘茶の精神が凝縮されている。

2 侘茶

☐☐☐
3 桃山時代、出雲大社の巫女であった出雲阿国が念仏踊りに能や狂言をくわえて創始したかぶき踊りは何か。

解説▶「かぶき」とは「傾く」という語から生まれた言葉で、目を驚かす異様な姿で、かわったことをする者を当時「かぶき者」といった。阿国のはじめた女歌舞伎は寛永期ごろに禁止され、若衆歌舞伎を経て17世紀半ばに現在の野郎歌舞伎に発展した。

3 阿国歌舞伎

☐☐☐
4 桃山時代、琉球から伝来した楽器は、猫皮を利用し日本特有の三弦の楽器になった。これは何か。

4 三味線

☐☐☐
5 三味線を伴奏楽器として、桃山期以降にはじまった操り人形を動かす民衆演劇を何というか。

5 人形浄瑠璃

国際的な文化の交流

☐☐☐
1 桃山時代に、南蛮人との交易や風俗を主題とする屏風が描かれたが、これらを何というか。

1 南蛮屏風

☐☐☐
2 大友義鎮・有馬晴信・大村純忠がローマ教皇グレゴリウス13世のもとに派遣した少年使節を何というか。

解説▶ 使節は4人で、正使となったのは伊東マンショ。ほかに千々石ミゲル・中浦ジュリアン・原マルチノが派遣された。

2 天正遣欧使節

☐☐☐
3 天正遣欧使節の派遣をすすめた宣教師は誰か。

解説▶ ヴァリニャーノは1579年にイエズス会の巡察師として来日し、司祭や修道士の育成をはかり、安土と肥前有馬にセミナリオ(初等教育学校)、豊後府内にコレジオ(高等教育学校)を設立した。

3 ヴァリニャーノ

☐☐☐
4 桃山時代にヨーロッパの活字印刷機によって宗教書の翻訳や辞典・日本古典などが印刷・刊行された。これらの書物を何というか。

4 キリシタン版(天草版)

解説 ▶ イエズス会の宣教師ヴァリニャーノが、1590年に西欧の金属製活字を使う活字印刷機を伝えた。天草などで『天草版平家物語』などが刊行されたが、1614年に江戸幕府のキリシタン弾圧の中で捨て去られた。

□□□
5 慶長の役で日本に連行された儒者姜沆と交流し儒学の理解を深めた京都相国寺の僧は誰か。

5 藤原惺窩

第9章 | 幕藩体制の成立と展開

1 幕藩体制の成立

江戸幕府の成立

1 三河の小大名出身で、小田原の北条氏の滅亡を機に豊臣秀吉により関東に移され、のちに五大老の筆頭となり、1603年には征夷大将軍に任じられて江戸幕府を創設した人物は誰か。

1 徳川家康

2 徳川氏による覇権確立の過程で、1600年におこなわれた天下分け目の戦いともいわれる戦いは何か。

2 関ヶ原の戦い

3 関ヶ原の戦いで西軍の中心になったのは、豊臣政権の五奉行の1人であった。それは誰か。

解説▶石田三成は豊臣政権下では文吏派の1人。そのほか、毛利輝元を盟主とする西軍側の人物としては、朝鮮出兵での活躍やキリシタン大名としても有名な小西行長がいる。秀吉子飼いの武将で小西とともに朝鮮出兵で活躍した築城の名手加藤清正や、秀吉政権では武断派であった福島正則は東軍に参加した。

3 石田三成

4 征夷大将軍の職は、1605年、家康の三男に譲られ、その子孫が継承することを世に示した。この三男とは誰か。

解説▶征夷大将軍の職を辞した徳川家康は、駿府に隠退したものの、大御所として実権を握り続けた。

4 徳川秀忠

5 豊臣氏は、1614年・1615年の2度の戦いで滅びたが、この戦いを何というか。

5 大坂の陣(大坂冬の陣・夏の陣)

6 大坂の陣のとき、秀吉のあとを継いでいた豊臣氏の当主は誰か。

解説▶この戦いの発端は、秀吉が創建し、地震で被害を受けたのち秀頼が再建した方広寺の「国家安康、君臣豊楽」の鐘銘であったという。この事件を、方広寺鐘銘問題(事件)という。

6 豊臣秀頼

幕藩体制

1 将軍直属の武家で、**石高1万石以上の支配地を与えられた者**を何というか。

解説 大名の数は、江戸中期以降、ほぼ260〜270家であった。

1 大名（だいみょう）

2 大名のうち、徳川氏の一門を何というか。

2 親藩（しんぱん）

3 親藩（しんぱん）のうち、家康の子を祖とする尾張（おわり）徳川家・紀伊（きい）徳川家・水戸（みと）徳川家は大名の中でも最高の格式を与えられ、将軍を出すこともできる家柄とされた。これらを総称して何というか。

3 （御）三家（ごさんけ）

4 大名は徳川氏との親疎（しんそ）により3つに分けられた。徳川氏一門の親藩のほか、三河以来の家臣や武田・北条氏の遺臣で家康に臣従し大名に取り立てられた者と、関ヶ原の戦いの前後に臣従した大名をそれぞれ何というか。

4 譜代（ふだい）、外様（とざま）

考えてみよう

江戸幕府がおこなった大名の配置にはどのような特色があったのだろうか。

➡親藩・（　）を江戸・（　）・名古屋・京都・大坂などの要地に、有力な（　）はなるべく（　）に配置した。

譜代／駿府（すんぷ）／外様／遠隔地（えんかくち）

5 江戸幕府は大坂の陣直後の1615年、諸大名に対し**居城以外の城は破却**するように命じた。これを何というか。

5 一国一城令（いっこくいちじょうれい）

6 1615年、徳川家康は諸大名を伏見（ふしみ）城に集め、将軍秀忠（ひでただ）の名で大名の心得るべき基本法を公表した。これを何というか。

解説 この根本法典は将軍の代がわりごとに発令された。秀忠（ひでただ）が発したこの法令はこのときの年号で元和令（げんなれい）とよばれているが、これは家康に仕えた「黒衣の宰相」とも称される南禅寺金地院の僧崇伝（以心崇伝）が起草した。

6 武家諸法度（ぶけしょはっと）

7 武家諸法度は、3代将軍のときの1635年に、より整備されたものとなったが、このときに**大名統制のために明文化された制度**がある。それは何か。またその将軍は誰か。

解説 徳川家光の寛永令（かんえいれい）で制度化されたこの制度は幕末まで続いたが、諸大名は在府（江戸）と在国（国許（くにもと））の1年交代を原則とした。

7 参勤交代（さんきんこうたい）、徳川家光（いえみつ）

大名の妻子は江戸住みを強制されたが、江戸と国許との往来や江戸藩邸の経営は、諸大名の財政窮乏の原因ともなった。

□□□
8 武家諸法度違反は重い罪だった。江戸幕府による大名に対する処分として、**領地を没収し、その家を断絶させる処分**のことを何というか。

8 改易

□□□
9 大名に対する処分のうち、**領地を変更する**ことを何というか。
解説 ほかに、大名の領地を削減する処分を減封という。

9 転封（国替）

□□□
10 江戸幕府は諸大名や旗本に、**石高に応じて人馬や武器類の保有を義務付け**、戦時にはこれらの兵馬を率いて参加させた。これを何というか。

10 軍役

□□□
11 江戸幕府の支配体制は、軍事力を独占し、強力な領主権をもった将軍と諸大名が土地と人民を統治するものであった。こうした支配体制を何というか。
解説 社会的にはきびしい身分制度を維持し、経済的には本百姓の年貢生産に基礎を置く、封建的支配体制であった。

11 幕藩体制

幕府と藩の機構

□□□
1 江戸幕府の直轄地を何というか。
解説 天領ともいわれる幕領は全国におよび、当初は200万石、元禄のころには400万石におよんだ。これに旗本知行地約300万石をあわせると、幕府は全国の総石高のおよそ4分の1を占めたと考えられる。幕府の財政収入は、幕領からの年貢と佐渡・伊豆・但馬生野・石見など主要鉱山からの収入であった。

1 幕領

□□□
2 将軍直属の家臣で1万石未満の者を直参といったが、このうち、将軍に謁見（お目見え）を許され、多くは知行地の支配を許された上級の家臣団を何というか。
解説 旗本は譜代大名と並んで幕府の要職についた。

2 旗本

□□□
3 旗本に対し、お目見えを許されず、ほとんどが蔵米取であった下級家臣団を何というか。

3 御家人

□□□
4 江戸幕府の職制の中で、譜代大名から選任され、通常、政務を統轄していた最高職は何か。

4 老中

□□□
5 幕府の非常時には、10万石以上の譜代大名から専決権を与えられた臨時の最高職が置かれたが、この職は何か。

5 大老

□□□			
6	譜代大名から選任されて、**老中を補佐**し、旗本・御家人の監督をおこなう職は何か。	6	若年寄

□□□			
7	老中の支配下にあり、旗本より選任され、とくに**大名の監察**にあたる職は何か。	7	大目付

□□□			
8	若年寄の支配下にあり、**旗本・御家人の監察**にあたる職は何か。	8	目付

解説▶江戸幕府の職制の特色は、各役職が複数の人物で構成され、月ごとに勤務を交代(月番交代)した点にある。

□□□			
9	江戸幕府の三奉行の中で、譜代大名より選任され、寺社・寺社領の行政・司法、関八州以外の私領の訴訟などを扱い、**三奉行中最高の格式**をもつものは何か。	9	寺社奉行

□□□			
10	江戸幕府の三奉行の中で、旗本から選任され、**幕領の財政・民政**に従事し、関八州の公私領・関八州以外の幕領の訴訟を取り扱った職は何か。	10	勘定奉行

□□□			
11	江戸幕府の三奉行の中で、旗本から選任され、**江戸府内の行政・司法・警察**を担当し、南北両奉行からなっていたのは何か。	11	町奉行

□□□			
12	江戸幕府の三奉行が専決できない重大事項や管轄のまたがる訴訟などは、三奉行に老中などをくわえた**最高司法機関**を構成して処理したが、この機関を何というか。	12	評定所

□□□			
13	**朝廷・公家の監察**や**西国大名の監視**などにあたる、京都に常設された要職は何か。	13	京都所司代

□□□			
14	**伏見・長崎・佐渡・日光**などの重要直轄地に置かれた奉行を総称して何というか。	14	遠国奉行

解説▶京都・大坂・駿府といった直轄都市には町奉行が置かれ、これらも遠国奉行に含めることもある。また、二条(京都)・大坂・駿府・伏見には城代が置かれ、将軍にかわり城を守衛し政務を司った。

□□□			
15	勘定奉行のもとで幕領の民政をおこなう地方官のうち、旗本から選任され、美濃・飛驒など10万石以上の広域を担当する職を何というか。	15	郡代

□□□			
16	勘定奉行のもとに置かれ、10万石に達しない幕領の農村支配を担当した、旗本が選任される地方官を何というか。	16	代官

□□□ **17**	大名の領地とその統治機構などを総称して、何というか。 **解説** 藩主である大名のもと、補佐役である家老以下、町奉行・郡奉行・勘定所などの諸機関が置かれ藩政が運営された。	**17** 藩
□□□ **18**	藩主が藩士に禄高にあたる一定の領地を与え、領民支配を認める制度を何というか。	**18** 地方知行制
□□□ **19**	藩主が藩士に給与である蔵米を支給する制度を何というか。	**19** 俸禄制度

天皇と朝廷

□□□ **1**	江戸幕府は、朝廷や公家を統制するため「天子諸芸能の事、第一御学問也」ではじまる法度を1615年に定めた。これを何というか。 **解説** 武家諸法度元和令と同様に、臨済僧である南禅寺金地院の崇伝が起草した。また幕府は京都所司代に朝廷を監視させたほか、摂家に朝廷統制の主導権をもたせ、武家伝奏と連絡をとりながら朝廷に指示を伝えた。なお、朝廷は経済的にも制限され、天皇家領である禁裏御料は5代将軍綱吉の時代でわずかに3万石であった。	**1** 禁中並公家諸法度
□□□ **2**	江戸幕府による朝廷や寺社への干渉によって、後水尾天皇が譲位したり、大徳寺の沢庵が処罰される事件が起こった。この事件を何というか。 **解説** 後水尾天皇は、2代将軍秀忠の娘和子(東福門院)を中宮としていた。禁中並公家諸法度に許可規定が定められていたが、天皇が幕府にはからずに紫衣着用を勅許し続けため、1627年幕府が紫衣勅許の取消しを命じたのが事件のはじまり。幕府に抗議した沢庵は1629年出羽に配流され、天皇は和子との間に生まれた皇女(明正天皇)ににわかに譲位した。これを機に、幕府は摂家と武家伝奏に厳重な朝廷統制を命じ、幕末まで維持された。	**2** 紫衣事件

禁教と寺社

□□□ **1**	幕府がキリスト教対策のため、1612年に直轄領へ、翌年には全国へ発した法令を何というか。	**1** 禁教令(キリスト教禁止令)
□□□ **2**	1637年、九州の島原・天草地方で、領主のきびしい年貢徴収に抵抗する大規模な一揆が起きた。一揆勢には多数のキリスト教徒も含まれていたが、この出来事を何というか。	**2** 島原の乱(島原・天草一揆)

□□□		
3 島原の乱の一揆勢の首領に擁立された少年は誰か。	**3**	益田（天草四郎）時貞

解説 天草領主寺沢氏、島原領主松倉氏の圧政に対し、天草・島原の農民約3万8000人が島原の原城跡にこもって一揆を起こした。幕府は12万の兵を動員し、老中松平信綱の出馬によって、1638年ようやくこれを鎮圧した。

□□□		
4 幕府はキリシタンに転宗を強制し、またその摘発のためにキリストやマリアの聖画像（踏絵）を踏ませた。これを何というか。	**4**	絵踏

□□□		
5 幕府は一般民衆を必ずいずれかの寺院に檀家として所属させ、キリシタンでないことを証明させた。この制度を何というか。	**5**	寺請制度

解説 この制度によって、寺が結婚・奉公・旅行などの際に発行する身分証明書を寺請証文（宗旨手形）という。

□□□		
6 幕府が禁教の目的でおこなった民衆の宗教調査は何か。	**6**	宗門改め

□□□		
7 宗門改めによって作成された帳簿は何か。	**7**	宗門改帳（宗旨人別帳、宗門人別改帳）

解説 この帳簿は人別改めと宗門改めを複合した帳簿で、領主は毎年、村ごとの住民の宗旨を調査し、寺は住民が檀家である証明印を押した。庶民は婚姻・奉公などのときにも寺請証文が必要であった。

□□□		
8 幕府は、各宗に対し本山とよばれる中心寺院を頂点とした寺院間の秩序をつくらせ、宗教行政の基礎とした。この制度を何というか。	**8**	本末制度（本山・末寺の制）

□□□		
9 17世紀半ばに来日し黄檗宗を開いた明の僧侶は誰か。	**9**	隠元隆琦

解説 この僧侶は1654年に長崎に渡来し、その後、日本で黄檗宗を開いた。公武の信頼が厚く、後水尾上皇に宇治の地を与えられ、万福寺を開いて本山とした。

□□□		
10 幕府が、各宗の寺院や僧侶を統制するために発した法令を総称して何というか。	**10**	寺院法度

解説 この法令は1601年から1616年にかけて、主として旧仏教各宗の大寺院に対して頻繁に出された。1665年には宗派をこえた仏教寺院の僧侶全体を統制するため、諸宗寺院法度を出した。なお、同じ年に神社・神職に対し諸社禰宜神主法度を制定した。

第9章

江戸時代初期の外交

□□□ 1	1600年、豊後臼杵湾に漂着したヨーロッパの船名をあげよ。	1 リーフデ号
□□□ 2	リーフデ号はどこの国のものか。	2 オランダ
□□□ 3	リーフデ号の乗組員の中で、家康の外交・貿易顧問となったイギリス人は誰か。また日本名もあげよ。	3 ウィリアム=アダムズ、三浦按針
□□□ 4	リーフデ号の航海士で家康の信任を受け、江戸に屋敷を与えられ、朱印船貿易に従事したオランダ人は誰か。 解説▶オランダは1609年、イギリスは1613年に平戸に商館を開設し貿易を開始した。両国はそれぞれ東洋経営のため、17世紀初めに設立した貿易や統治のための特許会社東インド会社を有していた。なお、両国人を紅毛人とよんで、南蛮人とよばれたポルトガル・スペイン人と区別した。また、宗教もポルトガルやスペインが旧教（カトリック）であるのに対して新教（プロテスタント）だった。	4 ヤン=ヨーステン（耶揚子）
□□□ 5	1610年、徳川家康によってスペイン領のメキシコ（ノビスパン）へ通商を求めるために派遣された京都の商人は誰か。	5 田中勝介
□□□ 6	1613年、フランシスコ会宣教師のすすめで、ヨーロッパへ使節を派遣した仙台藩主と、その使節となった人物をあげよ。 解説▶この使節団を慶長遣欧使節という。この使節団は、メキシコを経てイタリアに行き、ローマ法王に謁見したが、通商を開くことはできなかった。	6 大名：伊達政宗、使節：支倉常長
□□□ 7	1604年、ポルトガル商人らの生糸貿易での利益独占を排除するため、幕府が定めた特定商人に一括購入させる制度を何というか。	7 糸割符制度
□□□ 8	幕府から、生糸輸入の特権を与えられた特定商人の組合を何というか。 解説▶江戸時代初期、対日貿易で巨利を得ていたポルトガル商人の日本への最大の輸出品は中国産の生糸（白糸）であった。生糸輸入の特権は堺・長崎・京都にくわえ、江戸・大坂の五カ所商人に与えられた。	8 糸割符仲間
□□□ 9	江戸時代初期、海外貿易をさかんにするために幕府から発行された渡航許可証を何というか。	9 朱印状

10 朱印状を受け、海外に渡航した公認の貿易船を何というか。

10 朱印船

解説▶朱印状は、戦国時代から江戸時代の支配者が朱印を押し発行した公文書。朱印船で貿易を営んだ貿易商としては、京都の豪商角倉了以・呉服商茶屋四郎次郎、大坂の豪商末吉孫左衛門、長崎の貿易商末次平蔵らが有名。大名では、島津家久・有馬晴信らも朱印船を出した。おもな渡航地としては、マニラ・トンキン・ホイアン・プノンペン・アユタヤなど。

□□□

11 日本人の海外貿易の活発化に伴い、東南アジア各地に日本移民の集団居住地が形成されたが、これを何というか。

11 日本町

解説▶渡航した日本人の中には、アユタヤ朝(タイ)の首都アユタヤの日本町の長で、アユタヤ朝に重く用いられ、リゴール(六昆)太守にもなった山田長政のような者もいた。

□□□

考えてみよう

徳川家康は近隣の国々との関係改善についても積極的な姿勢をみせたが、明との修好はかなわなかった。江戸初期、日本が欲した中国産の生糸はどのようにしてもたらされたのだろうか。

➡マカオを本拠とする(　　)商人が長崎に運んでくる場合と、日本人貿易商人が(　　)で明の商人から入手する方法があった。

ポルトガル／海外

鎖国政策

□□□

1 日本人の海外渡航は朱印状のほかに老中奉書をもつ船以外は禁止になった。これをもつ船のことを何というか。

1 奉書船

解説▶鎖国政策のねらいにはキリスト教禁教と、西国大名の富裕化を防ぐための貿易統制があった。

□□□

2 日本人の海外渡航と帰国を全面的に禁止した法令は何年に出されたか。また、このときの将軍は誰か。

2 1635(寛永12)年、徳川家光

□□□

3 江戸幕府がポルトガル船の来航を禁止したのは何年か。

3 1639(寛永16)年

解説▶この布告でポルトガル船は「かれうた」といわれた。この前年に終わった島原の乱が、幕府にキリスト教に対する恐れを強めさせたと考えられる。

□□□

4 1641年、オランダ商館が、平戸から長崎港内につくられた扇形の埋立地に移された。この埋立地を何というか。

4 出島

長崎貿易

□□□
1 鎖国の状態の中で、幕府がオランダ船入港のたびにオランダ商館長（カピタン）に長崎奉行経由で提出させた**海外事情の報告書**を何というか。

解説 オランダ風説書は**オランダ通詞**によって翻訳され、非公開であった。

1 オランダ風説書

□□□
2 鎖国の状態の中で、江戸幕府が長崎郊外に設置した**清国人の居住地**を何というか。

2 唐人屋敷

朝鮮と琉球・蝦夷地

□□□
1 豊臣秀吉の出兵で絶えていた朝鮮との国交は、1607年に再開され、以後、将軍の代がわりごとに朝鮮の使節が来日した。この使節を何というか。

1 朝鮮通信使（通信使）

□□□
2 朝鮮との貿易は、1609年、対馬の**宗氏**との間に条約が結ばれてはじまった。この条約を何というか。

2 己酉約条

□□□
3 1609年、薩摩の**島津家久**によって征服された琉球は、将軍の代がわりごとにそれを奉祝する使節を江戸幕府に派遣したが、その使節を何というか。

3 慶賀使

□□□
4 琉球国王の代がわりごとに、その就任を感謝するため、琉球から江戸幕府のもとへ派遣された使節を何というか。

解説 幕府は琉球からの使節に中国風の衣冠を身につけさせ、「異民族」としての琉球人が将軍に入貢するようにみせた。また、薩摩藩は琉球征服後も中国との朝貢貿易を続けさせ、その利益を吸い上げて藩の財政補塡にあてた。

4 謝恩使

□□□
5 蝦夷地の和人居住地に勢力をもっていた**蠣崎氏**は、近世になって改姓し、徳川家康から**アイヌとの交易独占権**を認められ、藩制をしいた。この藩を何というか。

5 松前藩

□□□
6 松前藩は耕地に乏しいため、アイヌとの交易権を家臣に知行として与えたが、この制度を何というか。

6 商場知行制

□□□			
7	商場知行制はやがて、アイヌとの交易を和人商人に請け負わせ、運上金を上納させるものにかわっていった。これを何というか。	7	場所請負制

□□□			
8	1669年、アイヌの首長が松前藩と戦闘におよんだが鎮圧された。この戦いを何というか。	8	シャクシャインの戦い

寛永期の文化

□□□			
1	南宋の朱熹が大成し、鎌倉時代に日本に伝来して五山僧が学んでいた、君臣・父子の別をわきまえ上下の秩序を重んじる儒学の一派を何というか。	1	朱子学

□□□			
2	五山相国寺の僧から儒者となり、家康に儒学を進講したが、仕官を断りかわりに弟子を推薦したのは誰か。	2	藤原惺窩

□□□			
3	藤原惺窩の弟子で家康に仕え、さらに4代将軍家綱の代まで将軍の侍講として、幕政にも参与した儒者は誰か。	3	林羅山(道春)

解説▶ 藤原惺窩は還俗して京都で儒学を講じ、五山からこの学問を解放したとされ、京学の祖といわれる。林羅山が幕府に登用されたことにより、幕藩体制維持のための御用学問となった。

□□□			
4	3代将軍家光が幕府の財力を投じて建立した、祖父家康を東照大権現としてまつる華麗な霊廟は何か。	4	日光東照宮

□□□			
5	日光東照宮の霊廟は、本殿と拝殿とを相の間で結ぶという建築様式をとった代表的なものである。この様式を何というか。	5	権現造

□□□			
6	江戸時代初期、後陽成天皇の弟八条宮智仁親王が京都桂川のほとりに造営した、書院建築群と庭園で有名な別邸を何というか。	6	桂離宮

□□□			
7	桂離宮には書院造に草案風の茶室がとり入れられているが、この建築様式を何というか。	7	数寄屋造

□□□			
8	江戸時代初期の幕府の御用絵師で、永徳の孫にあたり、狩野派繁栄のもとを築いた人物は誰か。	8	狩野探幽

解説▶ この門人で、のちに破門された人物に『夕顔棚納涼図屛風』などの庶民的な画題で有名な久隅守景がいる。

□□□			
9	江戸時代初期の京都の絵師で、土佐派の画法をもとに『風神雷神図屏風』のような架空のテーマを洒脱に表現する新しい装飾画を創始し、元禄の琳派の先駆となった人物は誰か。	9	俵屋宗達

□□□			
10	古典につうじた京都の上層町衆で、洛北鷹ヶ峰に芸術村をつくり、蒔絵・陶芸(楽焼)・書道の諸分野で活躍した江戸時代初期の有名な芸術家は誰か。 **解説▶** 彼の大胆な手法を用いた蒔絵の代表作品が「舟橋蒔絵硯箱」である。	10	本阿弥光悦

□□□			
11	肥前鍋島藩ではじまり、釉薬をかけて高温で焼き、その上に模様や絵を描いて低温で焼く**上絵付**の技法が完成してその名を高めた磁器は何か。	11	有田焼

□□□			
12	上絵付の技法で**赤絵**を完成させた人物をあげよ。 **解説▶** 朝鮮侵略の際、諸大名が連れ帰った朝鮮人陶工の手により、九州や中国各地で朝鮮系の製陶がおこされた。背景には茶の湯の流行があった。鍋島藩では、李参平によって白磁の生産がはじまり、のちに色絵がさかんになって、酒井田柿右衛門が赤絵の技法を完成させた。なお、代表的なものとしては、島津氏の薩摩焼、毛利氏の萩焼などがある。	12	酒井田柿右衛門

□□□			
13	江戸時代初期に、通俗的な絵入りの平易なかな文で、教訓や道徳が主に書かれた短編小説を何というか。	13	仮名草子

□□□			
14	江戸時代初期に連歌から独立した俳諧の規則を整え、貞門派を開いた人物は誰か。	14	松永貞徳

2 幕藩社会の構造

身分と社会

□□□			
1	支配者としての武士は、ほかの身分にない特権を与えられた。それを2つあげよ。	1	苗字、帯刀(切捨御免)

□□□			
2	社会の大半を占める被支配身分のうち、農業を中心に林業・漁業など小規模な経営に従事する者たちを何というか。	2	百姓

□□□			
3	多様な種類の手工業に従事する者たちを何というか。	3	職人

□□□

4 商業や金融、さらには流通・運輸を担う商人を中心とする都市の居住者を何というか。

4 町人

□□□

5 近世の村や都市社会の周縁部分には宗教者や芸能者、肉体労働者など小さな身分集団が無数に存在した。そうした中で下位に置かれ、賤視された身分の人々を何というか。

5 かわた（長吏、えた）、非人

□□□

6 身分関係と同様に、家族制度も封建的上下関係がきびしく、武士や一部の有力な百姓・町人の家では、家を第一に考えた。家の構成員を統率支配した一家の主を何というか。

6 家長

解説▶この時代は家が重視され、長子単独相続で家が維持され、女性は家督から排除された。家長権の強大なことは、勘当などの制度や三行半といわれる離縁状にみられる。

村と百姓

□□□

1 近世社会を構成した最大要素は年貢生産の核である村と百姓であった。領主は、村を行政単位として、村の役人をつうじて支配した。この村役人を総称して何というか。

1 村方三役（地方三役）

解説▶豊臣政権の兵農分離策と検地によって、広い領域と自治的組織をもつ村は初めて全国的な規模で把握された。惣村や郷村の分割（村切）、中世以来の新田開発などにより17世紀末には村は全国で6万3000余りを数えた。なお、村は農村が大半だが、漁村や山村、または城下町周辺や街道筋の定期市を中心に都市化した在郷町などもあった。

□□□

2 村方三役は、村の長、その補佐役、村民代表からなっていたが、それぞれのよび名を答えよ。

2 長：名主（庄屋、肝煎）、補佐：組頭、代表：百姓代

□□□

3 年貢は村高に一定の税率をかけて計算され、村役人が責任者となって納めたが、このように村が責任をもって年貢・諸役を納めることを何というか。

3 村請制

解説▶名主は関東地方、庄屋は関西、肝煎は東北でおもに使われた。年貢割当などの責任を負い、村の自治一般にあたった。村は村役人を中心に本百姓によって村法（村掟）にもとづいて運営された。村民の負担する村入用という経費で入会地や用水の管理、治安維持が自主的におこなわれた。

□□□

4 幕府は年貢納入や犯罪防止などの目的で、村や町で5戸1組を基準とする隣保組織を強制的に制度化した。それは何か。

4 五人組

□□□ 5	農村では、田植えや屋根葺など一時に多くの人手を必要とするときは、共同作業を集中的におこなうのがふつうであった。これを何というか。	5	結、もやい
□□□ 6	自治の規律をもつ村は、種々の約束事(村法)を決め、これに反する者に制裁をくわえたが、交際を断つことを何というか。	6	村八分
□□□ 7	江戸時代の百姓の中で基本的な階層は、検地帳に登録され、田畑屋敷をもち、耕作に必要な用水権・入会権などを有する年貢負担者であった。この百姓を何というか。	7	本百姓(高持百姓)
□□□ 8	百姓の中で検地帳に記載されず、田畑も所有せず、貢租も直接負担しない百姓を何というか。	8	水呑百姓(無高百姓)
□□□ 9	水呑百姓のほかに、有力な本百姓と隷属関係をもつ人々がいたが、これを何というか。その呼称を2つ示せ。	9	名子、被官
□□□ 10	田畑・屋敷地に対する税で、本百姓が当初四公六民の割合で負担した税は何か。	10	年貢(本途物成、本年貢)
□□□ 11	税率は、米の収穫前に役人が派遣されて作柄を調査して定めた。この年貢率決定の方法を何というか。	11	検見法
□□□ 12	検見法は、不正も多く、領主の収入も年ごとに異なるため、享保ごろから豊凶に関係なく一定期間、同じ率の年貢を納入させるようになった。この方法を何というか。	12	定免法
□□□ 13	山林などからの収益や農業以外の副業などを対象とした雑税は何か。	13	小物成
	解説 これらの税のほかに、村高に応じて課せられた高掛物という付加税もあった。		
□□□ 14	一国単位で河川の土木工事などに人夫として徴発された負担を何というか。	14	国役(国役普請)
□□□ 15	幕府は本百姓の没落を防ぎ、年貢徴収高を維持するために、1643年、田畑の売買を永久に禁止する法令を出した。それは何か。	15	田畑永代売買の禁止令

□□□

16	1673年に幕府は田畑の細分化による零細農民の増加を防ぎ、年貢を確保するために土地の分割相続についての制限令を出した。それは何か。	16 分地制限令

解説 1673年のものは名主は20石より内、一般百姓は10石より内の分地を制限するものだった。1713年には分地高も残高も10石・1町歩以下になることを禁じた。こののち、1722年、1759年にもこの法令が発令されている。

□□□

考えてみよう

江戸幕府が農民統制のために出した諸法令には、共通するねらいがあったと考えられる。どのようなねらいがあったのだろうか。

➡農民が(　　)に巻き込まれて田畑を(　　)したり、分割相続などで耕地が(　　)することで、経営規模が零細化し、(　　)や諸役を確実に負担できなくなるなどの事態を防ぐねらいがあった。

貨幣経済／売却／細分化／年貢

町と町人

□□□

1	大名の城を核に政治・経済・文化の中心地として栄えた町を何というか。	1 城下町

解説 江戸時代の城下町では、居住地は武家地・寺社地・町人地などに分けられた。町人地は鍛冶町・呉服町のような町という小社会(共同体)で構成されており、各々に村と類似の自治組織があり、町法(町掟)にもとづいて運営された。

□□□

2	町内に土地や屋敷をもつ住民を何というか。	2 町人(家持)

解説 町に住む人々のうち、家持のほか町内に家屋敷をもち居住する地主が町政に参加できた。町人は百姓のような重い年貢負担はなかったが、上下水道の整備や防火・防災・治安など都市機能を支える町人足役を労役で負担したり貨幣で支払った。

□□□

3	町人の代表は、町の運営のために町奉行を助け、お触れの伝達や人別改めなどをおこなった。このような町役人を2つ答えよ。	3 名主(年寄)、月行事

解説 江戸では、町奉行の下に町年寄(樽屋・奈良屋・喜多村の三家)があり、その下にいる町名主を統括した。月行事は町内から1名ずつ月交代で選ばれる町名主の補佐役。大坂では、江戸の町年寄にあたるのが惣年寄、町名主にあたるのが町年寄。

第9章

□□□ 4	長屋などを借りて暮らす、家主（大家）の監督を受けた人々を何というか。	4 店借（借家）
□□□ 5	地主の町人から土地（屋敷地）を借りていた人々を何というか。 解説▶店借・地借は地主の町人に地代や店賃を支払うほかに負担はないが、町の運営には参加できなかった。	5 地借

農業

□□□ 1	年貢増徴をめざして、検地済みの本田畑のほかに、新たに田畑などを造成することを何というか。	1 新田開発
□□□ 2	新田開発に際して、都市商人の資力をして開発がおこなわれたものを何というか。 解説▶干潟の干拓では備前児島湾や有明海、湖沼干拓では下総の椿海などがある。このような取り組みによって、江戸時代初めの164万町歩から18世紀初めの297万町歩へと、全国の耕地面積は2倍近くになり、年貢米の増収をもたらした。	2 町人請負新田
□□□ 3	厩肥のほかに中世以来使われていた肥料がある。おもに、入会地から得られる草を使ったその肥料は何か。	3 刈敷

□□□		
考えてみよう 17世紀に耕地面積が増加した背景にはどのような要因があったのだろうか。		
➡技術面では（　）技術が灌漑などにも利用されたことや農具の改良があった。また、幕府や藩の（　）をめざした（　）開発推進があり、さらに、戦乱が落ち着いたことで農民の耕作意欲も高まっていた。		鉱山／年貢増産／新田

林業・漁業

□□□ 1	城下町には建築や土木工事のために大量の木材が供給された。尾張藩・秋田藩の直轄山林から切り出され商品化し有名となった材木をあげよ。	1 木曽檜・秋田杉
□□□ 2	摂津・和泉・紀伊などの上方の漁民によって各種の網を使用する漁業が各地に広まった。このような漁法を何というか。	2 網漁（上方漁法）

3 漁船を保有し零細漁民を網子として使用した網漁業経営
者を何というか。

3 網元

□□□
4 干し鮑・いりこ・ふかひれは長崎貿易で中国に向けて俵
詰めで輸出された。これらを何と総称するか。

4 俵物

手工業・鉱山業

□□□
1 近世初めに、幕府や藩に把握され、城郭や武家屋敷の建
築に携わった職人をあげよ。

解説▶職人は国役として幕府や藩に無償で技術労働を奉仕し、百姓
や町人の役を免除された。

1 大工・木挽など

□□□
2 戦国時代末期に朝鮮から日本に伝えられ、庶民の衣料と
して普及し、農村女性の農間渡世として伝統的な地機を
使って生産されたものは何か。

2 木綿

□□□
3 江戸時代初期の銀の産出は世界でも有数で、東アジア貿
易の主要産物だった。大内氏や尼子氏・毛利氏によって
争奪された銀山で、灰吹法で飛躍的に生産を伸ばした山
陰の銀山は何か。

3 石見銀山

□□□
4 17世紀後半には金銀の生産は急減し、かわって銅の生産
が増加する。下野(現、栃木県)にあり、幕府の御用山と
して17世紀後半に最盛期を迎えた銅山は何か。

4 足尾銅山

□□□
5 鉄の生産は砂鉄を原料に、足踏み式の送風機を使った日
本式製鉄法が有名である。その製鉄法は何か。

5 たたら製鉄

第9章

商業

□□□
1 江戸時代初期には豪商が活躍した。京都の糸割符仲間
で、大堰川(保津川)や高瀬川などの水路開発でも有名な
朱印船貿易商は誰か。

解説▶朱印船貿易で著名な豪商として、京都の呉服商で幕府の御用
商人としても活躍した茶屋四郎次郎、大坂の豪商で銀座の創設に
も尽くした末吉孫左衛門、長崎の貿易家で長崎の代官をつとめた
末次平蔵らが有名。

1 角倉了以

□□□
2 生産地の仲買から商品を受託し、これを都市の仲買商人
に手数料(口銭)をとって卸売りした商人は何か。

2 問屋

□□□

| 3 | 同業の商人・職人が結成し、営業上の取決めや相互扶助をおこない、独自の法(仲間掟)をつくって営業権を独占しようとした団体を何というか。 | 3 仲間(組合) |

3 幕政の安定

平和と秩序の確立

□□□

| 1 | 1651年、11歳で就任した4代将軍は誰か。 | 1 徳川家綱 |

□□□

| 2 | 幼少の4代将軍を補佐して幕政に重きをなし、朱子学を奨励した会津藩主は誰か。 | 2 保科正之 |

□□□

| 3 | 大名の改易によって発生した牢人問題を背景として、4代将軍就任の年に起きた事件を何というか。 | 3 慶安の変(由井〈比〉正雪の乱) |

解説▶ 平和が続き社会秩序が安定する中で、社会に不満をもち、秩序におさまらない人々もいた。このような人々をかぶき(傾奇)者とよぶが、ときとしてその行動は牢人とともに反体制的性格をもつこともあった。

□□□

| 4 | 4代将軍家綱のとき、牢人発生の原因となる大名の改易を減らすためにとられた政策は何か。 | 4 末期養子の禁止の緩和 |

解説▶ 末期養子は、跡継ぎのいない大名が死に臨んで急に養子を願い出ること。それまではほとんど認められていなかったものを、50歳未満の大名については認めることとした。

□□□

| 5 | 文治政治のもと、戦国時代の遺風をなくし、主君が亡くなったあとは跡継ぎの新しい主君に奉公することを義務付けるためにとられた政策は何か。 | 5 殉死の禁止 |

解説▶ 殉死の禁止は武家諸法度(寛文令)発令のときに口頭で命じられた。条文化されるのは綱吉の武家諸法度(天和令)。このほかに、大名家が幕府に背かない証として、家臣の子弟を人質(証人)として江戸城内の証人屋敷に預けることが廃止された。殉死の禁止とあわせて寛文の二大美事といわれる。

□□□

考えてみよう

殉死の禁止によって下剋上はなくなったとされる。そこにはどのような意味があるだろうか。

➡大名と家臣の関係で、主人の( )は代々主人であり続け、従者は主人( )ではなく主人の( )に( )するという主従の関係を明示した。	家/個人/家/奉公

□□□ 6	1657年、大火が発生し、死者10万人、江戸城天守閣も焼失し、多額の復興経費は幕府財政窮迫の一因になったといわれる。この大火は何か。	6	明暦の大火(振袖火事)
□□□ 7	陽明学者熊沢蕃山を登用し、郷校閑谷学校を設けた岡山藩主は誰か。	7	池田光政
□□□ 8	江戸に彰考館を設けて紀伝体で記した『大日本史』の編纂を開始するとともに、朱舜水を招き水戸学のもとをつくった水戸藩主は誰か。 **解説** 歴史の編纂では、幕府の命により林羅山・鵞峰父子が編纂した、神武天皇から後陽成天皇までを編年体で記した『本朝通鑑』もあり、1670年に成立している。	8	徳川光圀
□□□ 9	木下順庵らの学者を招き、図書の収集につとめ、『東寺百合文書』の保存に尽力した加賀藩主は誰か。	9	前田綱紀

元禄時代

□□□ 1	徳川家光の子で、館林藩主から幕府5代将軍に就任したのは誰か。 **解説** この将軍の治世後半期は元禄の年号が用いられた。経済発展と上方町人文化の発展に特徴づけられる時代で、一般に元禄時代といわれる。	1	徳川綱吉
□□□ 2	徳川綱吉が館林藩主であったときからの側近で、側用人になり、さらに大老格となって甲府15万石を領した人物は誰か。 **解説** 側用人は将軍の側に仕えて将軍の命令・意志を老中に伝え、老中の上申を将軍へ伝えることを職務とした。側用人の中には、将軍の側近として老中をこえる権勢を振るう者も現れた。	2	柳沢吉保
□□□ 3	徳川綱吉は上野忍ケ岡の林家の家塾内に建てられていた孔子廟を、林家の塾とともに湯島に移して大成殿を設けたが、これを何というか。	3	湯島聖堂
□□□ 4	徳川綱吉に仕えた林家の人で、湯島聖堂の学問所の主宰を命じられ大学頭に任ぜられたのは誰か。	4	林鳳岡(信篤)

解説▶綱吉は積極的に学問を奨励した。儒学を仏教から分離させた林鳳岡のほかに、北村季吟は歌学方に、渋川春海（安井算哲）は天文方に任ぜられた。

☐☐☐
5 儒学などの学問を奨励して人民を教化し、法律や制度・儀礼を整えることによって幕府の権威を高め、秩序の安定をはかろうとした政治形態（主義）を何というか。

5 文治政治（文治主義）

解説▶4代将軍家綱から7代将軍家継までの治世を文治政治ということが多い。これに対し、初代家康から3代家光までの治世は、武力を背景とした武断政治といわれる。

☐☐☐
6 徳川綱吉が1685年以降に出し、「犬公方」と称される原因になった極端な動物愛護令を何というか。

6 生類憐みの令

解説▶この法令は、捨て子の保護を命じたり、犬をはじめ生類すべての殺生を禁じる極端なものであった。生類保護のためのきびしい取り締まりもあったため、庶民は大いに迷惑した。しかし、同時期に出された、喪に服すことや忌引について定めた服忌令とともに、殺生や死を忌み嫌う風潮をつくり出し、戦国の遺風を断つことにもなった。

☐☐☐
7 明暦の大火後の再建費用や多くの寺社造営による財政悪化に対し、貨幣改鋳を進めたのは誰か。

7 荻原重秀

☐☐☐
8 荻原重秀が上申して発行された、金の含有率を落とした小判を何というか。

8 元禄小判

解説▶勘定吟味役であった荻原重秀は、貨幣の品質を下げてその差額（出目）を幕府の収益にしようとし、功績が認められて勘定奉行になったが、元禄金銀による貨幣価値の下落が物価の高騰を招いた。一方、重秀の政策については、発展する貨幣経済に対応するため通貨発行量を増やしたものとする見方もある。

☐☐☐
9 1707年に大噴火し、駿河や相模などの国々に降灰による大被害をもたらした火山は何か。

9 富士山

正徳の政治

☐☐☐
1 幕府の6代将軍・7代将軍の名をそれぞれあげよ。

1 徳川家宣、徳川家継

☐☐☐
2 6代将軍・7代将軍のとき、侍講として文治政治を展開した儒学者は誰か。

2 新井白石

解説▶この人物は木下順庵を師とする朱子学者で、その政治を正徳の政治とよぶ。

☐☐☐
3 6代将軍・7代将軍のときの側用人は誰か。

3 間部詮房

□□□
4 新井白石は東山天皇の皇子を独立させるため、新しい宮家を創設したが、この宮家は何か。

4 閑院宮家 (かんいんのみやけ)

> **解説** 当時の宮家は3家しかなく、皇室の財政はきびしかったため、皇子・皇女の多くは出家して門跡寺院に入っていた。幕府は費用を献じ、新たに宮家を1つ創設した。これが閑院宮家。

□□□
5 白石はある国の使節に対する待遇を簡素化したが、その使節とは何か。

5 朝鮮通信使（通信使）

> **解説** 白石は、朝鮮からの国書に、それまで将軍を指す言葉として「日本国大君殿下 (にほんこくたいくんでんか)」と記されていたのを、朝鮮では「大君」が王子を指す語であることから「日本国王」に改めさせた。なお、8代将軍吉宗以降は旧に復した。

□□□
6 白石が発行した、金の含有率を以前の慶長 (けいちょう) 小判と同率に戻した小判を何というか。

6 正徳 (しょうとく) 小判

□□□
7 長崎貿易での金銀流出を防止するため、白石が1715年に出した、貿易制限の法令は何か。

7 海舶互市新例 (かいはくごししんれい)（長崎新令〈例〉、正徳新令〈例〉）

> **解説** この法令は、金銀の海外流出を防ぐためのものであった。内容は、清船は年間30隻・銀で6000貫目まで、オランダ船は年間2隻・銀で3000貫目までとするもの。

4　経済の発展

農業生産の進展

□□□
1 江戸時代に発明・改良された農具で、田の荒起こしや深耕のため考案された鍬を何というか。

1 備中鍬 (びっちゅうぐわ)

□□□
2 江戸時代に発明・改良された農具で、扱箸 (こきばし) にかわって登場した、非常に能率的であった脱穀具 (だっこくぐ) を何というか。

2 千歯扱 (せんばこき)

□□□
3 中国から伝来し、江戸中期に改良されて普及した農具で、手回しの翼で起こす風によって、籾 (もみ) がらや塵芥 (じんかい) を箱外に飛ばす選別用の農具を何というか。

3 唐箕 (とうみ)

□□□
4 江戸時代に発明・改良された農具で、穀類を金網の上に流して、穀粒の大きさによって振るい分ける選別用の農具を何というか。

4 千石簁 (せんごくどおし)

第9章

	解説▶揚水機としては竜骨車が使われていたが、故障が多く、18世紀半ばから足踏みの小型水車の踏車にかわっていった。		
☐☐☐ 5	江戸時代、商品作物生産が発達した地域では新たな肥料がさかんに利用されたが、**金銭で購入する肥料**を総称して何というか。	5	金肥
☐☐☐ 6	金肥のうち鰯を日光にさらして干し固めた**速効性肥料**は何か。 解説▶ほかに金肥として、油菜の種子である菜種から油をしぼった粕の油粕、魚や豆から油をしぼった粕の〆粕が有名である。	6	干鰯
☐☐☐ 7	江戸時代前期の農学者で、中国の農書を学び、日本で初めて本格的な農書を著したのは誰か。	7	宮崎安貞
☐☐☐ 8	宮崎安貞が見聞と体験にもとづいて著し、1697年に刊行された農書の名をあげよ。	8	『農業全書』
☐☐☐ 9	漆・桑・楮・茶、麻・藍・紅花などの四木三草や綿花やたばこなども含め、販売することを目的に栽培された作物を何というか。 解説▶藍や紅花は染料として有名。藍は阿波、紅花は出羽村山が特産地。綿花は戦国時代に栽培がはじまり、河内や三河が代表的産地。	9	商品作物

諸産業の発達

☐☐☐ 1	上総九十九里浜では地曳網を用いた漁がさかんにおこなわれたが、この漁でおもに捕られ、綿作などの商品作物生産の肥料としても用いられた魚は何か。 解説▶このほか漁業では、紀伊・土佐・肥前などの捕鯨、土佐の鰹漁、松前の鰊漁、蝦夷地の俵物生産などが有名。	1	鰯
☐☐☐ 2	江戸時代には塩田もそれまでの方式のほかに、潮の干満を利用して塩田に灌水する方式が発達した。こうした塩田を何というか。	2	入浜塩田
☐☐☐ 3	河内、近江、奈良の名産とされる織物をそれぞれあげよ。	3	河内：木綿、近江：麻、奈良：晒
☐☐☐ 4	京都において、高度な技術を用いる高機で生産されていた高級絹織物は何か。	4	西陣織

□□□			
5	醸造業について、酒の名産地、醤油の名産地をそれぞれあげよ。	5	酒：伏見・灘など、 醤油：野田・銚子

交通の整備と発達

□□□

1 幕府は交通路の整備に力を入れ、とくに**江戸**を起点とする主要幹線道路は幕府の直轄としたが、この主要幹線路を総称して何というか。

解説 この幹線路の起点はすべて江戸日本橋。

1 五街道

□□□

2 五街道を管理した奉行を何というか。

2 道中奉行

□□□

3 五街道をすべて答えよ。

3 東海道、中山道、甲州道中、日光道中、奥州道中

□□□

4 主要幹線路に対して、それ以外の街道を何というか。

4 脇街道(脇往還)

□□□

5 治安維持のため街道に設置され、「**入鉄砲に出女**」などをきびしく取り締まった施設は何か。

解説 おもなものとして、東海道の箱根関・新居関(今切関)、中山道の碓氷関・木曽福島関などがある。

5 関所

□□□

6 街道に荷物の輸送や宿泊のために、2～3里ごとに設けられた宿を何というか。

6 宿駅(宿場)

□□□

7 宿駅に置かれ、荷物の輸送・書状の継送などの業務を扱ったところを何というか。

7 問屋場

□□□

8 街道筋の農村に課せられた公用通行の**運送補助**の負担は何か。

解説 宿に常備される公用馬を伝馬といい、人足とともに宿駅の百姓や町人、近隣の村々の百姓によって担われた。これを伝馬役という。宿駅の負担を補うため御用通行の人馬を徴発された村を助郷といい、その役を助郷役という。農村疲弊の重要な原因ともなった。

8 伝馬役、助郷役

□□□

9 宿場における**大名・公家・幕府役人**らの宿泊所を何というか。2つあげよ。

9 本陣、脇本陣

□□□

10 一般旅行者用の食事つき宿泊施設を何というか。

10 旅籠屋

第9章

□□□ 11	飛脚の中で**江戸幕府公用**のものを何というか。 **解説▶**大名が江戸と国許との間に置いた飛脚は**大名飛脚**、町人がはじめたものを**町飛脚**という。町飛脚の発達に伴い、書状・金銀・小荷物を扱う飛脚問屋もできた。	11 継飛脚
□□□ 12	内陸部の河川舟運もさかんとなったが、京都の豪商角倉了以が開いた京都と伏見を結ぶ輸送水路は何か。	12 高瀬川
□□□ 13	大坂と江戸を結ぶ航路を**南海路**というが、17世紀初めからこの航路に就航した廻船は何か。	13 菱垣廻船
□□□ 14	18世紀前半に南海路で運航をはじめた、酒や酢の運送を専門とした廻船で、**菱垣廻船**を荷役の速さで圧倒した廻船を何というか。	14 樽廻船
□□□ 15	東北の日本海沿岸より津軽海峡経由で**太平洋**を南下し、江戸に至る航路は何か。	15 東廻り海運(航路)
□□□ 16	出羽酒田を起点に、北陸方面より下関経由で**瀬戸内海**を経て**大坂**に至る航路は何か。	16 西廻り海運(航路)
□□□ 17	**明暦**の大火で材木を売って富を得、のち17世紀後半に東廻り海運・西廻り海運の2つの航路を開いた江戸の商人は誰か。	17 河村瑞賢(瑞軒)
□□□ 18	遠隔地を結ぶ廻船のうち、おもに日本海で活動した廻船を何というか。	18 北前船

□□□

考えてみよう

江戸時代には交通網の整備も進んだが、陸上交通と水上交通を比較したとき、どのような違いがあっただろうか。

➡ (　　)交通では近距離を輸送する牛車や大八車があったが、街道には(　　)や不架橋河川もあって遠距離輸送には不適だった。大量の物資を(　　)に運ぶためには(　　)交通が適していた。

陸上／関所／安価／水上

貨幣と金融

□□□ 1	江戸時代に流通した**金貨・銀貨・銭貨**の3種類の貨幣を何と総称するか。	1 三貨

解説 1609年に、金貨・銀貨・銭貨の公定交換比率は金1両=銀50匁=銭4貫であったが、1700年には金1両=銀60匁とされた。実際には時期によってかなり変動した。金貨はそれぞれが定型に鋳造され一定の価値が表示されている計数貨幣であったのに対して、銀貨は量目が不定で使用ごとに重さを量る秤量貨幣である。東日本では金貨が(金遣い)、西日本では銀貨が(銀遣い)取引に用いられることが一般的であった。

□□□
2 後藤庄三郎光次が代々管轄し、**金貨の鋳造および鑑定や封印などをおこなった幕府の鋳造所**を何というか。　2 金座

□□□
3 大黒家が代々頭取として**銀貨の鋳造**にあたったが、この鋳造所を何というか。　3 銀座

□□□
4 銭貨は民間請負のかたちで江戸、近江坂本、大坂、長崎などで鋳造されたが、この鋳造所を何というか。　4 銭座

□□□
5 徳川家光のときの1636年に鋳造され、以後、江戸時代を通じて幕府によって鋳造された銭貨を何というか。　5 寛永通宝

□□□
6 江戸時代、諸藩や旗本が領内で発行・通用させた**紙幣**を総称して何というか。　6 藩札

□□□
7 江戸時代に三貨の交換や預金・貸付・為替・手形などを扱った商人を総称して何というか。　7 両替商

解説 両替商のうち、おもに金銀の交換をおこない、為替・貸付業務をする者を本両替といい、大坂には鴻池屋・平野屋、江戸には越後屋・鹿島屋などがあった。これらの業者は公金の出納なども扱い、幕府や藩の財政を支えた。

三都の発展

□□□
1 江戸時代、全国の物資の大集散地は、**江戸・大坂・京都**であった。この3大都市を何と総称するか。　1 三都

□□□
2 全国の経済の中心になったのは**大坂**であった。このため、大坂はどのようによばれるか。　2 天下の台所

解説 政治の中心地である江戸は、「将軍のお膝元」とよばれ、大名屋敷(藩邸)や旗本・御家人の屋敷が集中し、最大の消費都市であった。

□□□
3 諸藩や旗本などが、年貢米や特産物を販売するために、**大坂**や**江戸**に置いた施設を何というか。　3 蔵屋敷

□□□ 4	蔵屋敷に集められた年貢米や国産物を総称して何というか。	4	蔵物 くらもの
□□□ 5	諸藩や旗本などの貢租や専売品ではなく、**民間商人の手を経て市場に出まわる商品**を何というか。	5	納屋物 なやもの
□□□ 6	蔵屋敷で蔵物の出納や売却を司った商人を何というか。	6	蔵元 くらもと
□□□ 7	蔵物の売却代金の保管や藩への送金にあたった商人を何というか。	7	掛屋 かけや

> **解説▶** 蔵元・掛屋を、同じ商人が兼務する場合もあった。これらの商人は諸藩の国産物を担保に大名に対する金融(**大名貸**)も営むようになり、諸藩の財政を左右するような場合すらあった。なお、旗本・御家人の禄米の換金を担ったのが札差(蔵宿)。

商業の展開

□□□ 1	江戸の荷受問屋が商品別に組織した組合は何か。	1	十組問屋 とくみ
□□□ 2	大坂の荷積問屋が商品別に組織した組合は何か。	2	二十四組問屋 にじゅうし
□□□ 3	18世紀には問屋の中に豪農と連携して農村の商品生産や流通を主導し、原料や器具を家内生産者に前貸ししてその生産物を買い上げる生産形態もみられた。それを何というか。	3	問屋制家内工業
□□□ 4	大坂では全国の米相場を左右する大規模な取引をおこなう**米市場**(米会所)が成立した。1730年に公認されたその米市場は何か。	4	堂島米市場 どうじま
□□□ 5	大坂の**天満**と並び称される**江戸の野菜・果実の市**をあげよ。	5	神田青物市場 かんだあおもの
□□□ 6	大坂の**雑喉場**と並び称される江戸の魚市をあげよ。	6	日本橋魚市場

元禄文化／元禄期の文学

☐☐☐
1 5代将軍徳川綱吉の治世を中心に、武士や豪商、一般の町人や地方商人、有力百姓など、多彩な担い手による日本独自の人間的で華麗な文化が展開されたが、この文化を何というか。

解説 この文化が開花した背景は、めざましい経済発展のもとで社会が成熟したことと、幕政が安定したことがあげられる。

1 元禄文化

☐☐☐
2 元禄文化の中で、和歌以外の文学は京都や大坂の町人文芸が中心だった。京都・大坂地方を江戸に対比して何というか。

2 上方

☐☐☐
3 元禄時代に上方を中心に**町人社会の生活・風俗・世相**などを写実的に描写した小説を何とよぶか。

3 浮世草子

☐☐☐
4 **浮世草子**の代表作家で大坂の談林派の俳人は誰か。

4 井原西鶴

☐☐☐
5 浮世草子は内容から3つに大別されるが、そのうち男女の好色生活を描写したのは何か。また**井原西鶴**の代表作をあげよ。

5 好色物、『好色一代男』

☐☐☐
6 浮世草子のうち、町人の経済活動を写実的に描いたものは何か。また井原西鶴の代表作をあげよ。

6 町人物、『日本永代蔵』

☐☐☐
7 浮世草子のうち、武士の仇討や義理などを描いたものは何か。また井原西鶴の代表作をあげよ。

解説 好色物には、ほかに『好色五人女』、町人物には「大晦日は一日千金」と副題され、大晦日の町人の悲喜劇をあらゆる角度から描いた『世間胸算用』などがある。

7 武家物、『武道伝来記』

☐☐☐
8 談林派の俳諧を学び、元禄のころ、さび・かるみなどを理念とする**幽玄閑寂**の俳諧を確立した伊賀出身の人物は誰か。

8 松尾芭蕉

☐☐☐
9 松尾芭蕉の俳風を何というか。

9 蕉風（正風）

□□□ 10	松尾芭蕉が東北・北陸地方へ門人を伴い旅行したときの俳諧紀行文は何か。	10 『奥の細道』
	解説▶関西地方から阿波におよぶ俳諧紀行文が『笈の小文』。	

□□□ 11	室町時代中期にはじまった節付きの語りに、伴奏楽器としての三味線と、操り人形がくわわった芸能は何か。	11 人形浄瑠璃

□□□ 12	人形浄瑠璃が元禄時代に最盛期を迎えたのは、諸流を集大成して新しい節付けの語りをおこなった摂津の語り手が出たことによる。この語り手は誰か。	12 竹本義太夫
	解説▶この新しい節付けの語りを義太夫節という。	

□□□ 13	竹本義太夫のために、優れた脚本(戯曲)を書いた京都の浄瑠璃作者は誰か。	13 近松門左衛門
	解説▶人形遣いの名手で、竹本義太夫の竹本座で活躍し、のち江戸に下って辰松座で人形芝居を興行した辰松八郎兵衛も有名。	

□□□ 14	近松門左衛門の脚本(戯曲)のうち、歴史上の出来事を題材にして脚本化した時代物の代表作で、日本人女性を妻とした明の遺臣とその子鄭成功(和名和藤内)の明王室再興の物語は何か。	14 『国性(姓)爺合戦』

□□□ 15	人形浄瑠璃などの脚本(戯曲)のうち、当時の世相に取材し、心中・殺人などをテーマとしたものを何というか。	15 世話物

□□□ 16	近松門左衛門最初の世話物で、大坂で起きた醤油屋手代徳兵衛と遊女お初の心中事件を脚色した作品は何か。	16 『曽根崎心中』
	解説▶世話物としてはほかに『心中天網島』『冥途の飛脚』がある。	

□□□ 17	出雲阿国にはじまる舞踏が、民衆演劇として発展したが、これは何か。	17 歌舞伎

□□□ 18	江戸で活躍した歌舞伎の俳優で、立廻りを主とする荒事を得意芸とした人物は誰か。	18 市川団十郎

□□□ 19	上方で活躍した歌舞伎の俳優で、恋愛を主とする和事の名人といわれたのは誰か。	19 坂田藤十郎
	解説▶歌舞伎は成年男子の演劇となり、女性役の俳優として女形も登場した。三都随一の名女形といわれたのが芳沢あやめ。	

儒学の興隆

☐☐☐
1 上下の身分秩序を重んじる儒学の中で、**大義名分論を基礎に封建社会を維持する教学**として、**林羅山**以来、幕府や藩に重視された学問は何か。

1 朱子学(しゅしがく)

☐☐☐
2 **朱子学**の一派である南学派の儒者で、のちに吉川惟足(よしかわこれたり)の影響を受け、独自の神道を創始した人物は誰か。

2 山崎闇斎(やまざきあんさい)

☐☐☐

考えてみよう

朱子学は幕府の官学となったが、どのような点で封建社会を維持するための学問として重視されたのだろうか。

➡朱子学では、君と臣との関係には守るべき分限があるという(　)があり、上下の(　)を重視し、(　)や礼儀を尊ぶという点で、封建社会を維持する重要な教学だった。

大義名分論／身分秩序／忠孝

☐☐☐
3 **山崎闇斎**が創始した神道は何か。

　解説▶山崎闇斎の学派を、木下順庵(きのしたじゅんあん)の木門(もくもん)に対して、崎門学派(きもんがくは)という。なお、この神道は伊勢神道、唯一神道、吉川惟足にはじまる吉川神道などを土台としたもので、道徳性がきわめて強い。

3 垂加神道(すいかしんとう)

☐☐☐
4 南宋の陸象山(りくしょうざん)にはじまり、**明の王陽明(おうようめい)**により大成された儒学の一派は何か。

4 陽明学

☐☐☐
5 日本で**陽明学**を説き、「**近江聖人(おうみせいじん)**」とよばれたのは誰か。

5 中江藤樹(なかえとうじゅ)

☐☐☐
6 **中江藤樹**の高弟で、岡山藩主池田光政(みつまさ)に仕え治績をあげた人物は誰か。

　解説▶陽明学は、知行合一(ちこうごういつ)の立場で現実を批判し、矛盾を改めようとする革新性をもっていたので、幕府に危険視されることもあった。熊沢蕃山は、著書『大学或問(だいがくわくもん)』で幕政批判をおこなったことを幕府にとがめられ、下総古河(しもうさこが)に幽閉され、そこで病死した。

6 熊沢蕃山(くまざわばんざん)

☐☐☐
7 朱子学も陽明学も後世の学説であって、儒学の真髄を伝えるものではないとして、孔子・孟子の**古典に直接立ち返ることを主張した儒学の一派**を何というか。

7 古学派(こがく)

☐☐☐
8 **古学派**の学者で、朱子学を批判して江戸幕府にとがめられ赤穂に配流されたのは誰か。またこの人物の、**古代の聖賢に返ることを主張し**処罰の理由となった著書は何か。

8 山鹿素行(やまがそこう)、『聖教要録(せいきょうようろく)』

第9章

	解説 この人物が赤穂配流中に著した、中国崇拝を廃し日本を「中朝」と見なす日本主義を主張する内容の著書が『中朝事実』。	
☐☐☐ **9**	京都の儒学者で『論語』『孟子』などの原典にあたり、その批判をつうじて直接聖人の道を正しく理解すべきであるとして、古義学を提唱したのは誰か。 **解説** 伊藤仁斎・東涯父子は京都堀川に私塾古義堂を開いた。また、彼らの学派を堀川学派という。	**9** 伊藤仁斎
☐☐☐ **10**	堀川学派に対して、江戸で、古典や聖賢の文辞に直接触れて治国・礼楽の制を整えることを主張した古文辞学派(蘐園学派)の創始者は誰か。 **解説** この人物は、5代将軍綱吉にも進講した。また、8代将軍吉宗の諮問に答えて、武士の土着のすすめや参勤交代制の弊害を説く『政談』を著し、統治の具体策を説く経世論に道を開いた。また、江戸に私塾蘐園塾を開いた。	**10** 荻生徂徠
☐☐☐ **11**	荻生徂徠の門弟で、とくに経済学の分野を発展させ、藩営専売の必要を説いたのは誰か。また、その著書名もあげよ。	**11** 太宰春台、『経済録』

諸学問の発達

☐☐☐ **1**	新井白石が著した、朝廷や武家政権の推移を段階的に時代区分し、徳川政権の正統性を述べ、独特の歴史観を展開している歴史書は何か。 **解説** 6代将軍家宣・7代将軍家継時代の幕政を知る上で、重要な史料となる新井白石の自叙伝が『折たく柴の記』である。	**1** 『読史余論』
☐☐☐ **2**	江戸時代にさかんになった、動物・植物・鉱物の薬効について研究する学問は何か。	**2** 本草学
☐☐☐ **3**	本草学の江戸時代初期の学者で、朱子学者としても独自の哲学をもち、教育面でも業績を残した人物は誰か。 **解説** この人物の教育に関する書物は、『和俗童子訓』が有名。本草学では、『大和本草』を著し、本草の歴史や1362種類の動・鉱・植物の解説をおこなった。このほかに、加賀藩の医者稲生若水は前田綱紀の保護を受け、『庶物類纂』の編纂をおこなった。	**3** 貝原益軒
☐☐☐ **4**	中国伝来の数学の影響を受け、江戸時代に測量や商売取引などの必要から発達した、日本独自の数学を何というか。	**4** 和算

5	円周率や円の面積などに優れた研究を残した和算の大成者で、1674年に刊行された『発微算法』の著者は誰か。 **解説▶**和算は、17世紀前半に吉田光由が和算書『塵劫記』を著し、民間に広まった。	5	関孝和

□□□

6	天文・暦学につうじ、5代将軍綱吉のとき、日本独自の暦をつくった功績で江戸幕府の天文方に任じられたのは誰か。	6	渋川春海（安井算哲）

□□□

7	渋川春海は、平安時代以来使われていた宣明暦を修正し、元の授時暦をもとに新しい暦を作成した。それは何か。	7	貞享暦

□□□

8	5代将軍綱吉により幕府の歌学方に任じられ、『源氏物語』や『枕草子』の平明な注釈書を著し、作者の意図をありのまま知ろうとしたのは誰か。 **解説▶**北村季吟の『源氏物語』の注釈書が『源氏物語湖月抄』。	8	北村季吟

□□□

9	『万葉集』の研究に専念し、徳川光圀の依頼で『万葉集』の注釈書を著した僧侶は誰か。 **解説▶**その注釈書が『万葉代匠記』。1688年ごろ初稿完成。文献考証学に優れている。なお、北村季吟や契沖らの古典研究は、やがて日本古来の精神・思想研究へと進み、のちに国学として成長した。	9	契沖

元禄美術

□□□

1	大和絵の一派である土佐派の人物で、1654年に朝廷絵所預となり土佐派を再興したのは誰か。 **解説▶**土佐派は室町時代ごろから発展し、17世紀には朝廷の絵所預として狩野派と対抗した。この人物は、漢画の手法をとり入れたことで有名。	1	土佐光起

□□□

2	父住吉如慶とともに土佐派に学び、江戸幕府の御用絵師になった人物は誰か。 **解説▶**住吉具慶の代表作には『洛中洛外図巻』がある。御用絵師の職は以後代々引き継がれた。	2	住吉具慶

□□□

3	元禄期の京都で、俵屋宗達の画法をとり入れて、独自の構図と色彩をもつ作品を描いた絵師・工芸家をあげよ。 **解説▶**尾形光琳の代表作が『紅白梅図屛風』『燕子花図屛風』である。光琳をはじめとする装飾的画法の一派を、光琳派（琳派）とい	3	尾形光琳

う。なお、この人物は京蒔絵を発展させた蒔絵作者でもあり、「八橋蒔絵螺鈿硯箱」が有名。

☐☐☐
4 元禄期のころから、遊女や役者を題材とする風俗画が、庶民の間に愛好されはじめたが、この種の絵画を何というか。

4 浮世絵

☐☐☐
5 浮世絵の祖といわれている絵師は誰か。

5 菱川師宣

☐☐☐
6 菱川師宣の代表作である肉筆美人画は何か。

6 「見返り美人図」

☐☐☐
7 楽焼を除く京都でおこった陶磁器の総称を京焼というが、上絵付の技法をもとに色絵を完成し、その祖といわれたのは誰か。

7 野々村仁清

☐☐☐
8 尾形光琳の弟で、野々村仁清に学び、装飾画的な美しい作品を残した陶工は誰か。

8 尾形乾山

☐☐☐
9 元禄ごろには着物の模様も華やかになり、京都の絵師が創始した花鳥山水模様の染物が大流行した。この染物を何というか。また創始者名もあげよ。

9 友禅染、宮崎友禅

第10章 | 幕藩体制の動揺

1 幕政の改革

享保の改革

☐☐☐
1 1716年、7代将軍徳川家継が8歳で死去し家康以来の宗家が途絶えたあと、紀伊徳川家から迎えられた8代将軍は誰か。

1 徳川吉宗

☐☐☐
2 家康の曽孫である8代将軍は、家康時代への復古を掲げ、側近政治をやめて改革をおこなった。**財政再建・商業資本統制・法制の整備**を柱とするこの改革政治を何というか。

2 享保の改革

☐☐☐
3 吉宗は**旗本**に対して、役職の標準石高を定め、それ以下の者が就任するとき、**在職中のみ不足分を支給する制度**をはじめ、**人材の登用と支出の抑制**をはかった。この制度は何か。

3 足高の制

> **解説**▶吉宗は綱吉以来の側近政治をやめ、町奉行から寺社奉行に昇進した旗本の**大岡忠相**や、『民間省要』という民政書を著した川崎宿の名主**田中丘隅**などを登用して政策を遂行するとともに、儒学者**荻生徂徠**や**室鳩巣**らを用いて改革を断行した。

☐☐☐
4 領主財政の緊縮、身分に応じた節約奨励・奢侈の禁止などで、衣食住の全般をきびしく規制した法令を何というか。

4 倹約令

☐☐☐
5 吉宗は増収策として「御恥辱をも顧みられず」と諸大名に**八木(米)**の上納を命じた。この政策は何か。

5 上げ米

> **解説**▶大名に対し石高1万石につき100石の米を上納させる上げ米が実施された1722〜30年の間、幕府は年18万7000石の収入をあげた。上げ米実施の間、参勤交代での諸大名の江戸在府期間が半減された。

考えてみよう

上げ米の令は、財政再建に有効だった反面、どのような問題が生じたのだろうか。

➡上げ米の実施により（　　）が緩和されたことは、知行地給付と（　　）負担にもとづく封建的主従関係の確認を曖昧にするもので、幕府の大名に対する統制力を弱める恐れがあった。

| | 参勤交代／軍役 |

6 吉宗は、旗本・御家人と札差の間に激増する貸借訴訟に対し、評定所ではいっさい受理せず、すべて当事者間の和談で解決させる法令を出した。これは何か。

| 6 | 相対済し令 |

7 吉宗は幕領に対し、従来の検見法による年貢納入を改めて、豊凶にかかわりなく税率を一定にする方式を広く採用し、年貢増徴をめざした。この方式を何というか。

| 7 | 定免法 |

8 新しい知識を海外に求めるために、吉宗がキリスト教関係以外について輸入制限をゆるめたものがある。それは何か。

| 8 | 漢訳洋書 |

9 商品経済の発達に伴い、吉宗が栽培をすすめた作物・薬草などを2つあげよ。

解説▶吉宗は産業開発に役立つ実学を奨励した。吉宗の命でオランダ語を学習した青木昆陽は、備荒作物としての甘藷（サツマイモ）栽培にもつうじ『蕃薯考』を著した。なお、甘蔗はさとうきびのこと。

| 9 | 甘藷、朝鮮人参（ほかに櫨、甘蔗など） |

10 吉宗が庶民の意見を求めるため、評定所前に置いた投書箱を何というか。

| 10 | 目安箱 |

11 目安箱の投書により、吉宗は貧民を対象とする医療施設を設けた。それは何か。

| 11 | 小石川養生所 |

12 目安箱の投書により、吉宗は江戸の消防組織づくりを町奉行大岡忠相に命じた。このときに結成された消防組織を何というか。

| 12 | 町火消 |

13 吉宗は法制を整えるため、老中を主任に命じ、三奉行らに上下2巻の刑事・行政関係の法令や刑法・訴訟法に関する規定を編纂させた。それは何か。

| 13 | 公事方御定書 |

□□□ 14	吉宗が立てた田安(初代宗武)・一橋(初代宗尹)と9代将軍家重が立てた清水(初代重好)の3家をあわせて何というか。	14 三卿

社会の変容

□□□ 1	零細農民を年季奉公人などとして使役しておこなう地主経営を何というか。	1 地主手作
□□□ 2	江戸時代後期から明治維新期にかけて存在した、大規模な土地を所有して小作人に貸したり、商品作物の生産などをおこなった上層農民を何というか。	2 豪農
□□□ 3	豪農の上層農民は村役人をつとめることも多かった。彼らに対し小百姓や小作人が村政への参加や村役人の交代を要求して騒動を起こすことを何というか。	3 村方騒動
□□□ 4	18世紀後半の都市では、家持町人が減少して地借や店借が多くなった。そのような人々や出稼ぎで農村から江戸に流入した人々が多く住んだ、1つの棟を数軒の住戸に仕切ってある長屋を何というか。	4 棟割長屋

一揆と打ちこわし

□□□ 1	江戸時代には、過重な年貢賦課や諸役などで生活が大きく損なわれたときに、百姓は領主に対し、村単位で要求を掲げ直接行動を起こした。これを何というか。	1 百姓一揆
□□□ 2	百姓一揆の行動は17世紀末になると、広い地域にわたる百姓が村々をこえて団結し、大規模で、政治的要求を掲げたものとなった。これを何というか。	2 惣百姓一揆
	解説▶17世紀後半から村々の代表者が領主に直訴する代表越訴型一揆が増えた。一揆において私財・生命を賭けて行動した農民を義民といい、下総佐倉藩主堀田氏の苛政を将軍家綱に直接訴え、年貢の減免は勝ち得たが死刑になったといわれる佐倉惣五郎(木内宗吾)らがあげられる。百姓一揆は、江戸時代から明治初期にかけて3700件ほど確認されている。	
□□□ 3	1732年、長雨といなごやうんかの大発生により、西日本一帯に起こった飢饉を何というか。	3 享保の飢饉

□□□		
4	享保の飢饉により、翌年江戸で窮民たちが米の安売りを求め、米屋をはじめ質屋・酒屋などを襲い、家屋などを破壊する行動を起こした。これを何というか。	4 打ちこわし
□□□		
5	1782年の冷害からはじまった飢饉は、翌年の浅間山の大噴火を経て数年におよぶ大飢饉となり、東北地方を中心に多数の餓死者を出した。この飢饉を何というか。	5 天明の飢饉

田沼時代

□□□		
1	9代将軍徳川家重の小姓から大名に取り立てられ、1767年に10代将軍の側用人を経て老中となり、幕政を掌握したのは誰か。また10代将軍名も答えよ。	1 田沼意次、徳川家治

解説▶田沼意次の子意知も若年寄に任じられた。この時代を田沼時代といい、商業資本を積極的に活用する政策が実施されたが、賄賂や縁故の政治が横行した時代でもあった。商業資本を活用した新田開発では印旛沼・手賀沼の干拓事業などが有名である。なお、田沼意次は1786年に家治が亡くなると、失脚した。

□□□		
2	幕府や藩から営業の独占権を与えられた都市や農村の商人・職人の同業組織を何というか。	2 株仲間

解説▶同業者や利害を同じくする異種の商人・職人が結成した団体を仲間といい、これが幕府や藩によって営業の独占権すなわち株が認められると、株仲間と称される。享保年間に公認され、田沼時代には運上や冥加など営業税の増収をめざして大幅に増えたが、天保の改革で一時解散させられた。

□□□		
3	田沼意次は増収策として専売制度を強化して、幕府直営の座を増設した。その代表的なものを2つあげよ。	3 銅座、鉄座（ほかに朝鮮人参座、真鍮座など）

解説▶商取引を円滑にするため、1772年に初めて計数銀貨として南鐐二朱銀が鋳造された。

□□□

考えてみよう

田沼時代の殖産興業政策は専売制と結びつけて考えることができる。専売制の目的は何だろうか。

➡重要産物の集荷や販売を統制することで、供給や価格の（　　）をめざしたこと、専売をおこなう座などから（　　）や冥加を上納させることで幕府財政の増加をはかることなどがあげられる。

安定／運上

4	田沼意次は、蝦夷地の開発やロシアとの貿易を計画したが、このことを進言した仙台藩医は誰か。 **解説▶**田沼意次の政治では、この蝦夷地開発計画が革新的な政策の典型とされる。なお、工藤平助の著書は『赤蝦夷風説考』である。	4	工藤平助

□□□

5	田沼意次は1785年、北方探査隊を派遣したが、**本多利明**に天文・測量などを学んだ出羽出身者が同行した。それは誰か。	5	最上徳内

□□□

6	田沼意次は新井白石の定めた**海舶互市新例（長崎新令）**を緩和して、貿易の促進をはかったが、17世紀末以降、銅と並び蝦夷地などの海産物が中国への主要な輸出品となった。この海産物の総称を何というか。 **解説▶**俵詰めで発送されるいりこ・干し鮑・ふかひれなどである。	6	俵物

□□□

7	**垂加神道**を学び尊王思想を説いた神道家**竹内式部**が、復古派の公家衆に神書・儒書を講じ、関白・武家伝奏らを軽んじたという理由で、1758年に摂家により処罰された事件を何というか。	7	宝暦事件

---

2 宝暦・天明期の文化

宝暦・天明期の文化／洋学の始まり

□□□

1	西洋の学術の総称を江戸時代初期には蛮学（南蛮学）とよび、江戸時代中期には**蘭学**とよんだ。幕末には何とよばれたか。	1	洋学

□□□

2	18世紀初めに、キリスト教布教のため屋久島に潜入して捕えられたイタリア人宣教師**シドッチ**を尋問し、世界地理書として『采覧異言』を著したのは誰か。	2	新井白石

□□□

3	**新井白石**はシドッチの尋問により、もう１つの書物を著した。西洋の地理・風俗を記録した西洋研究書で、秘本とされたのは何か。 **解説▶**同じころ、長崎出身の天文暦算や地理・経済にもつうじていた西川如見は、1695年、長崎で見聞した海外事情や通商について記述した『華夷通商考』を刊行した。如見は1719年8代将軍吉宗に招かれて江戸で諮問に答えた。	3	『西洋紀聞』

□□□
4 伊勢の人で儒学・医学を修め、稲生若水について本草学を学び、8代将軍吉宗の命で青木昆陽とともにオランダ語を学び、『阿蘭陀本草和解』を著したのは誰か。

4 野呂元丈

□□□
5 1774年、ドイツ人クルムスの解剖書『解剖図譜』の蘭訳書『ターヘル゠アナトミア』が、翻訳・出版されたが、その名称をあげよ。
解説 古医方を学んだ医者山脇東洋は、1754年に死刑囚の人体解剖を見聞し、日本で初めて解剖図録『蔵志』を著した。

5 『解体新書』

□□□
6 『解体新書』の翻訳は4人の医師によっておこなわれたが、そのうち2人をあげよ。
解説 『解体新書』翻訳の苦心談は、杉田玄白の『蘭学事始』という回想録に詳しい。

6 前野良沢、杉田玄白（ほかに桂川甫周、中川淳庵）

□□□
7 前野良沢や杉田玄白に蘭学を学び、長崎にも遊学し、江戸で蘭学塾を開き、太陽暦の新年会であるオランダ正月を開催したのは誰か。
解説 この人物の蘭学塾が芝蘭堂。蘭学入門書として『蘭学階梯』も著した。そのほかの蘭学者の業績としては、幕府の奥医師であった桂川甫周に蘭医学を学んだ宇田川玄随が、オランダの内科医の翻訳『西説内科撰要』を著したことなどがあげられる。

7 大槻玄沢

□□□
8 大槻玄沢に学び、オランダ人ハルマの『蘭仏辞典』を翻訳して、日本最初の蘭日辞書を作成したのは誰か。

8 稲村三伯

□□□
9 稲村三伯が作成した蘭日辞書を何というか。

9 『ハルマ和解』

□□□
10 長崎で本草学を研究し、江戸でエレキテル(摩擦起電器)や寒暖計などを製作、西洋画にも優れて『西洋婦人図』を描き、戯曲や滑稽本も書いた博学多才な人物は誰か。

10 平賀源内

□□□
考えてみよう
宝暦・天明期の文化には、どのような背景があるだろうか。
➡18世紀半ばの（　）の発展により裕福な百姓や都市の町人・武家など文化の担い手が数多く現れたことや、（　）が各地に設立されたことによる識字層の大幅な増加による出版の発達、ものや人々の移動や情報や文化の流通などがあげられる。さらに、幕府政治のあり方を批判する思想や近代的（　）も生まれてきていた。

商品経済／寺子屋／合理主義

国学の発達と尊王論

□□□
1 江戸時代中期に起こった学問で、日本古来の道（古道^{こどう}）を、古典の中で究明しようとした学問は何か。 | **1** 国学

□□□
2 国学は、元禄時代の契沖^{けいちゅう}の古典研究からはじまった。契沖の『万葉代匠記^{まんようだいしょうき}』を学び、『古事記』『日本書紀』を研究して日本固有の道を明らかにしようとした京都伏見^{ふしみ}神社の神職は誰か。 | **2** 荷田春満^{かだのあずままろ}

□□□
3 浜松の神職の出で、『万葉集』を中心とした古典研究から、外来思想である儒仏の影響を受けない日本の古代思想を追究し、古道^{こどう}の復活をはかり、復古主義を唱えた江戸時代後期の人物は誰か。 | **3** 賀茂真淵^{かものまぶち}

□□□
4 江戸時代後期の伊勢松坂^{いせまつさか}の商人の家に生まれ、自宅鈴屋^{すずのや}で国学を講じて「漢意^{からごころ}」を攻撃し、精緻な実証的古典研究法や復古思想を大成した人物は誰か。 | **4** 本居宣長^{もとおりのりなが}

□□□
5 本居宣長の精緻で実証的な古典研究を知ることができる古典の注釈書をあげよ。 | **5** 『古事記伝』

□□□
6 7歳で失明するも、賀茂真淵の門で学び、古代から江戸時代初期に至る国書を分類・集録し、その後の国史学・国文学の研究に多大な影響を与えた国学者は誰か。 | **6** 塙保己一^{はなわほきいち}

□□□
7 塙保己一が編纂した国書の分類叢書^{そうしょ}は何か。 | **7** 『群書類従^{ぐんしょるいじゅう}』
解説 塙保己一が幕府の許可を得て江戸に設立した学問所が和学講談所^{わがくこうだんしょ}。

□□□
8 水戸藩で『大日本史』の編纂事業を中心にして形成された学派を何というか。 | **8** 水戸学

□□□
9 宝暦^{ほうれき}事件で公家に尊王論を説いて、京都から追放された国学者で神道家は誰か。 | **9** 竹内式部^{たけのうちしきぶ}

□□□
10 江戸で兵学塾を開き、幕政の腐敗を攻撃し、尊王斥覇^{そんのうせきは}を説いたため、謀反を企てたとして弟子とともに死刑に処せられた、『柳子新論^{りゅうししんろん}』の著者は誰か。 | **10** 山県大弐^{やまがただいに}

□□□
11 山県大弐が1767年に死刑に処せられた事件を何というか。 | **11** 明和事件^{めいわじけん}

洋学とともに国学が発展した社会的背景には、どのようなことが考えられるだろうか。

➡洋学が（　　）的で科学的な研究や学問の発達をうながしたことにより、18世紀になると『（　　）』や『日本書紀』などの日本の古典の実証的研究が進み、日本古来の道である（　　）を探究する国学が発達した。

実証／古事記／古道

生活から生まれた思想

□□□
1 18世紀の初め、神・仏・儒の諸説を平易に説明し、庶民の生活倫理をやさしく説いた京都の町人は誰か。

1 石田梅岩

□□□
2 石田梅岩の教えを何というか。
解説▶この教えは、弟子の手島堵庵と、江戸で心学を説き人足寄場で講師をつとめ全盛期を現出した中沢道二によって普及した。

2 心学

□□□
3 18世紀半ばの思想家で、『自然真営道』やその要約書『統道真伝』で万人が自ら耕作して生活する自然の世を理想とし、身分制社会を鋭く批判した八戸出身の医者は誰か。

3 安藤昌益

儒学教育と学校

□□□
1 江戸中期におこった儒学の一派で、朱子学・陽明学・古学など特定の学派にとらわれず、諸説を調和して真意を得ようとつとめた学派を何というか。

1 折衷学派

□□□
2 江戸後期の儒学の一派で、古典の解釈を確実な典拠にもとづいて理解しようとする実証的学風の学派を何というか。

2 考証学派

□□□
3 江戸時代に、諸藩が藩士の教育のために設立した学校を何というか。

3 藩校（藩学）

□□□
4 藩の援助を受けて、藩士子弟や庶民の教育をおこなう機関をまとめて何というか。

4 郷校（郷学）

□□□
5 庶民教育のための学校としては、岡山藩の郷校が著名である。その名をあげよ。

5 閑谷学校

□□□
6 享保期に大坂町人たちが出資して設立し、のちに幕府も

6 懐徳堂

準官学として援助を与え、大いに発展した学塾は何か。

□□□
7 懐徳堂で学んだ町人学者で、『出定後語』などで儒教・仏教など既成の教学に疑問の目を向けたのは誰か。

7 富永仲基

□□□
8 懐徳堂で学んだ町人学者で、『夢の代』を著して儒教・仏教・国学を批判するとともに、経済政策をも説いたのは誰か。

8 山片蟠桃

□□□
9 一般庶民のために牢人・神職・医師・町人らが、読み・書き・そろばんを教授することが広くおこなわれた。この庶民の教育施設は何か。

9 寺子屋(手習塾)

□□□
10 寺子屋で女子教育の教科書として用いられた、貝原益軒の著作をもとにした、女性の心得を説く書物を何というか。

10 女大学

文学と芸能

□□□
1 18世紀半ばごろから流行した短編小説で、遊里を舞台に、日常会話を主体として町人の遊興や「通」の姿を軽妙に描いたものは何か。

1 洒落本

□□□
2 洒落本の代表的作家で、風俗を乱すものとして寛政の改革で手鎖50日の処罰を受けたのは誰か。
　解説 山東京伝の代表作が、題材を曽我兄弟にとった深川遊女の物語『仕懸文庫』である。

2 山東京伝

□□□
3 勧善懲悪・因果応報などが盛り込まれた、歴史や伝説を題材とした文章を主とする小説を何というか。
　解説 初期の読本作家で『雨月物語』を著し、国学にもつうじたのが上田秋成。

3 読本

□□□
4 草双紙の流れをくむ風刺・滑稽の大人向け絵入り小説は、田沼時代には表紙の色も改まり、風俗・芝居・見世物など江戸市中の話題をじかに取り上げる時事性をもったものになった。これを何というか。

4 黄表紙

□□□
5 18世紀半ばの俳人・文人画家で、蕉風への復帰を唱え、絵画的な俳諧で天明調と称せられたのは誰か。

5 与謝蕪村

□□□
6 江戸時代の遊戯文芸のうち、前句付の付句が独立したもので、世相や風俗を風刺したものを何というか。

6 川柳

☐☐☐ 7	川柳の句集『誹風柳多留』を出版した浅草の名主で前句付の点者として有名なのは誰か。	7 柄井川柳
☐☐☐ 8	江戸時代の遊戯文芸のうち、和歌に言葉のもじりなどの滑稽味や風刺などをとり入れた短歌を何というか。	8 狂歌
☐☐☐ 9	狂歌の代表的作家で、四方赤良・寝惚先生などの戯号をもった幕臣は誰か。	9 大田南畝(蜀山人)
☐☐☐ 10	近松門左衛門の指導を受け、18世紀前半に活躍した浄瑠璃作家で、竹本座の座元でもあった人は誰か。	10 竹田出雲(2世)

絵画

☐☐☐ 1	18世紀半ばごろ、多色刷の技法による浮世絵版画が創始された。これを何というか。	1 錦絵
☐☐☐ 2	錦絵の技法を創始したのは誰か。 解説▶錦絵には美人を描いた美人画、相撲を描いた相撲絵、歌舞伎役者を描いた役者絵がある。	2 鈴木春信
☐☐☐ 3	美人画の大家で、大首絵の手法を駆使した「扇屋内蓬莱仙」『婦女人相十品』などの代表作を残した人物は誰か。	3 喜多川歌麿
☐☐☐ 4	18世紀末の浮世絵師で、1年足らずの間に140枚もの個性的な役者絵や相撲絵を残し、人物の上半身を画面いっぱいに描く大首絵の手法でも名声を博した浮世絵師は誰か。	4 東洲斎写楽
☐☐☐ 5	西洋画の遠近法をとり入れ、『雪松図屏風』を描き、写生画を大成した円山派の創始者は誰か。	5 円山応挙
☐☐☐ 6	享保のころ、明・清の影響を受けて、学者や文人たちが余技として描くようになった画風がある。これを何というか。	6 文人画(南画)
☐☐☐ 7	京都の人で、明・清の絵に学びながら、日本的な文人画を大成した人物は誰か。また、彼が中国清代の文人の詩にもとづいて与謝蕪村と合作した作品をあげよ。	7 池大雅、『十便十宜図』
☐☐☐ 8	蘭学の興隆とともに西洋画がさかんになったが、絵画を銅板に刻んで印刷したものを何というか。	8 銅版画

□□□ 9	長崎におもむき西洋画を研究し、桃山時代に輸入されたが途絶えていた銅版画の技法を再びはじめ、『不忍池図』を残したのは誰か。	9	司馬江漢

解説▶ 西洋画では、このほかに白河藩主松平定信に仕え『浅間山図屏風』を残した亜欧堂田善らが有名。

3　幕府の衰退と近代への道

寛政の改革

□□□ 1	田沼意次が失脚した翌年、天明の飢饉を背景に江戸や大坂などの主要都市で打ちこわしがあいついで起こった。これを何というか。	1	天明の打ちこわし
□□□ 2	10代将軍家治のあと、11代将軍として三卿の１つ一橋家から迎えられたのは誰か。	2	徳川家斉
□□□ 3	11代将軍の初期に、老中首座として幕政を担当した白河藩主で８代将軍吉宗の孫は誰か。	3	松平定信

解説▶ この人物は天明の飢饉で領内に１人の餓死者も出さなかった名君といわれ、文人としても名高い。著書に、自叙伝『宇下人言』がある。

□□□ 4	享保の改革を模範とした老中松平定信による政治改革を何というか。	4	寛政の改革
□□□ 5	天明の飢饉の教訓をいかし、諸藩に対し石高に応じて米の貯蔵が命じられたが、これを何というか。	5	囲米

解説▶ １万石につき50石を籾で５年間貯蔵するというものであった。

□□□ 6	凶作に備えて富裕者の義捐や課税により拠出し、各地に設けられた穀物倉を何というか。	6	義倉
□□□ 7	凶作に備えて住民が分相応の米穀などを拠出して蓄えた穀物倉を何というか。	7	社倉
□□□ 8	1790年に発令された、江戸に流入した没落百姓に資金を与えて帰村や帰農を奨励する法は何か。	8	旧里帰農令

第10章

<table>
<tr><td>☐☐☐
9</td><td>江戸の窮民対策として、浮浪人や再犯の恐れがある罪人などを収容して職業技術を習得させる施設が石川島に設けられた。それは何か。</td><td>9</td><td>人足寄場</td></tr>
<tr><td>☐☐☐
10</td><td>江戸の町人に対して町入用(町費)を節約させ、節減額の7割を江戸町会所に積み立て、低利融資で増殖をはかり、貧民救済にあてた。これを何というか。</td><td>10</td><td>七分積金(七分金積立)</td></tr>
<tr><td>☐☐☐
11</td><td>1789年、旗本・御家人を救済するために札差に6年以前の貸金を放棄させ、以後のものは低利年賦返済とした法令は何か。
解説▶下級旗本や御家人の禄米は浅草にあった幕府の米蔵から支給されたが、旗本・御家人の代理として、蔵米を受領して売却した商人で、のちに金融業も兼ねたものが、札差(蔵宿)。</td><td>11</td><td>棄捐令</td></tr>
<tr><td>☐☐☐
12</td><td>江戸幕府が援助を与えていた林家の家塾である聖堂学問所では、柴野栗山らの建言で、儒学のうち朱子学以外の講義や研究が禁じられた。この政策を何というか。
解説▶寛政異学の禁では、朱子学を正学とし、古学・折衷学など朱子学以外の儒学の学派を異学とした。なお、このころに活躍し寛政の三博士と称されるのが、柴野栗山・尾藤二洲・岡田寒泉(のち古賀精里)である。</td><td>12</td><td>寛政異学の禁</td></tr>
<tr><td>☐☐☐
13</td><td>湯島聖堂の学問所はのちに正式に幕府の統制下に置かれ、名称も改められた。その名称をあげよ。</td><td>13</td><td>昌平坂学問所(昌平黌)</td></tr>
<tr><td>☐☐☐
14</td><td>松平定信は、1792年にロシアの南下をみて『三国通覧図説』や『海国兵談』を著し海防の必要を説いた人物に対し、幕政への批判とみてその著書の絶版・発売禁止と禁錮刑を科した。この人物は誰か。</td><td>14</td><td>林子平</td></tr>
<tr><td>☐☐☐
15</td><td>風俗取締りのため、山東京伝や恋川春町の小説が出版統制の対象となった。それぞれの小説のジャンルをあげよ。</td><td>15</td><td>山東:洒落本、恋川:黄表紙</td></tr>
<tr><td>☐☐☐
16</td><td>光格天皇が皇位についていない父閑院宮典仁親王に、太上天皇の尊号宣下を希望したが、松平定信はこれを拒否し、こののち、朝幕間の協調関係が崩れるきっかけになった。この事件を何というか。</td><td>16</td><td>尊号一件</td></tr>
<tr><td>☐☐☐
17</td><td>江戸時代中期以降、諸藩は財政再建を軸とする藩政改革のために、商業利潤を目的に自領の産物の生産や販売を独占した。その制度を何というか。</td><td>17</td><td>専売制</td></tr>
</table>

18	熊本藩主で銀台と号し、商品作物の専売を強化するなどの殖産興業や治水につとめ、租税の軽減をもおこない、また時習館をおこして文武を奨励したのは誰か。	18	細川重賢

□□□

19	米沢藩主で鷹山と号し、徹底した倹約令を出して財政を再建し、殖産興業につとめたり、藩校興譲館を再興して学問を奨励し、名君とよばれたのは誰か。	19	上杉治憲

□□□

20	秋田藩主で、天明の飢饉ののち、農・鉱・林業を奨励、織物・製紙・醸造業などを育成し、藩校明徳館を設立して、藩政を立て直したのは誰か。	20	佐竹義和

□□□

考えてみよう

「世の中に蚊ほどうるさきものはなし　ぶんぶといふて夜もねられず」。寛政の改革において、太田南畝がうるさくて夜も眠れないと風刺するほどに文武が奨励されたのはなぜだろうか。

➡田沼時代に（　　）や縁故による人事の横行などで（　　）の気風が衰えたため、退廃した士風を引き締めようとした。

賄賂／武士

鎖国の動揺

□□□

1	エカチェリーナ2世の命を受け、日本人漂流民大黒屋光太夫の引渡しと通商を求めて1792年に根室に来航し、江戸湾入航を求めたロシア使節は誰か。	1	ラクスマン

解説 このときの幕政担当者が松平定信で、海防の不備を指摘した『海国兵談』を著した林子平を処罰した直後のことであった。また、桂川甫周が大黒屋光太夫の見聞をもとにまとめた漂流記が『北槎聞略』。

□□□

2	アレクサンドル1世の命により、ラクスマンに与えられた入港許可証をもって、通商を求めるため1804年に長崎に来航したロシアの使節は誰か。	2	レザノフ

解説 このような状況に対して、幕府は道南熊石から知床岬を結ぶ線から南の、千島列島を含む地域を東蝦夷地とし、1799年に直轄にした。このときここに住むアイヌに同化策を進めた。なお、その北側が西蝦夷地で、1807年には直轄となり、東西蝦夷地とも松前奉行に支配させた。この後、ロシア軍艦長ゴローウニンが国後島で捕えられ、箱館・松前に監禁される事件も起きた。この解決に尽力したのが、淡路の商人で択捉航路を開き、国後島でロシア人に捕えられたのちに帰還した高田屋嘉兵衛であった。

☐☐☐ 3	江戸幕府の松前蝦夷地御用として、1798年以降、数回にわたり国後島・択捉島など千島方面の探査をおこない、択捉島に「大日本恵登呂府」の標柱を立てたのは誰か。	3 近藤重蔵
☐☐☐ 4	1808年、幕命により樺太を探査し、島であることを確認したのは誰か。 解説▶この人物の名にちなんで樺太と沿海州の間にある海峡を間宮海峡という。シーボルトにより命名・紹介された。	4 間宮林蔵

☐☐☐

考えてみよう

19世紀初頭に幕府が蝦夷地の探検に力を入れ、やがて直轄地として居住のアイヌを和人としたのはなぜだろうか。

➡幕府は南下する（　　）に警戒心を抱くとともに、（　　）と（　　）の連携の可能性を危惧したため。

ロシア／アイヌ／ロシア

☐☐☐ 5	1808年、ナポレオン戦争の余波で、オランダ船を捕獲するためにイギリス軍艦が長崎に侵入し、薪水・食料を強要して退去した。この事件を何というか。 解説▶この事件で長崎奉行の松平康英は責任をとって自刃し、長崎警護の義務をもつ佐賀藩主も処罰された。	5 フェートン号事件
☐☐☐ 6	幕府は1806年、外国船に薪水を与えて退去させるように命じていたが、1825年に方針を転換し、二念なく（ためらうことなく）撃退するように命じた。この法令は何か。 解説▶清・朝鮮・琉球の船は対象外で、オランダ船は長崎以外の場所では打ち払うことにした。	6 異国船打払令（無二念打払令）

文化・文政時代／大塩の乱

☐☐☐ 1	1805年に創設された江戸幕府の役職で、関東の治安維持強化を目的としたものは何か。 解説▶関東の治安維持については、1827年に幕領・私領を問わず40～50カ村単位で結成された寄場組合がある。有力な村の名主を寄場役人として相互に監視させた。	1 関東取締出役（で）
☐☐☐ 2	11代将軍徳川家斉が実権を握り続けた大御所時代の末期、洪水・冷害などにより収穫が例年の半分以下の凶作となり、全国的な飢饉が起こった。この飢饉を何というか。 解説▶この飢饉の中、甲斐の郡内地方や三河の加茂郡の百姓が世直しを求めて起こした大規模な一揆が郡内騒動と加茂一揆。	2 天保の飢饉

□□□		
3	天保の飢饉に際し、窮民の救済を大坂町奉行に訴えたが いれられず、1837年に門弟や同志とともに蜂起し、鎮圧 されて自刃した**大坂町奉行の元与力**は誰か。	3 大塩平八郎

解説 この人物は**陽明学者**としても有名で、町奉行与力を引退後、 家塾洗心洞を開き門人を養成していた。この蜂起に応じ、越後 柏崎で蜂起した国学者が生田万。

□□□		
4	日本人漂流民を引き渡すため来航した**アメリカ商船**が、 1837年に相模の浦賀で、**異国船打払令**にもとづき砲撃さ れた。この事件は何か。	4 モリソン号事件

□□□		
5	モリソン号事件を知り、江戸の知識人の勉強会である尚 歯会に参加していた**蘭学者グループ蛮学社中(蛮社)** の 人々が、幕府を批判したことで、逮捕・処罰される事件 が起きた。それは何か。	5 蛮社の獄

□□□		
6	モリソン号事件に際し『慎機論』を著して幕政批判をおこ ない処罰された三河田原藩家老で、「鷹見泉石像」を描き **文人画家**としても著名な人物は誰か。	6 渡辺崋山

□□□		
7	モリソン号事件に際し『戊戌夢物語』を著して幕政批判を おこない処罰された、陸奥水沢出身の人物で、医学を **シーボルト**に学んだのは誰か。	7 高野長英

天保の改革

□□□		
1	大御所時代の享楽的傾向を引き締め、商品経済の統制を はかり、幕府権力強化をめざした幕政改革を何というか。	1 天保の改革

□□□		
2	天保の改革を1841年から実施した老中は誰か。	2 水野忠邦

□□□		
3	天保の改革は、享保・寛政の両改革にならったもので、 農村の荒廃防止のため百姓に出稼ぎを禁じ、江戸に住む 窮民を強制的に農村に返すこととした。この政策は何か。	3 人返しの法

□□□		
4	天保の改革ではきびしい風俗取締りもあわせておこなわ れた。処罰を受けた人情本作家をあげよ。	4 為永春水

□□□		
5	水野忠邦が、高騰した江戸の物価を抑制するため、1841 年に商工業者に対して出した法令で、「素人直売買勝手」 として**自由競争の原理**をとり入れたものは何か。	5 株仲間解散令

第
10
章

□□□ 6	江戸時代中期以降、農村内の在方町を拠点に都市の株仲間や問屋に対抗して成長してきた商人を何というか。	6	在郷商人
□□□ 7	1840年、幕府は相模の海岸防備を担っていた川越藩の財政支援のため、川越・庄内・長岡の3藩の領知の入れ替えを命じたが、庄内藩やその領民らの反対もあって翌年に撤回された。この政策を何というか。	7	三方領知(地)替え
□□□ 8	老中水野忠邦が幕府権力を強化するため、江戸・大坂周辺の大名・旗本領を直轄地にしようとしたが、実施できずに忠邦失脚の原因となった政策を何というか。	8	上知令(あげち)

経済の変化

□□□ 1	19世紀には社会や経済構造も変化し、農村の荒廃も進んだ。相模の農民出身で、勤労・倹約を中心とする報徳仕法で、諸藩に招かれ農村の復興をはかったのは誰か。 解説▶尾張藩士を辞し、道徳と経済の調和にもとづく性学を説き、相互扶助で農村復興を指導したが、幕府の嫌疑によって自害に追い込まれたのが大原幽学。	1	二宮尊徳(金次郎)
□□□ 2	19世紀に発達した、問屋(商人)が農家に原料や道具を貸し、製品と引き換えに加工賃を支払う生産様式を何というか。	2	問屋制家内工業
□□□ 3	天保期ごろに、大坂周辺や尾張の綿織物業、北関東の桐生・足利などの絹織物業ではじまった、工場を設立し賃労働者を集め、分業と協業による手工業生産をおこなう生産様式を何というか。 解説▶この生産様式は、江戸時代前期には醸造業などでみられた。京都西陣では織屋が高機を使い女性労働者の分業で高級絹織物を生産したが、江戸時代後期には、尾張などの綿織物業でも高機が使われはじめた。	3	工場制手工業(マニュファクチュア)

朝廷と雄藩の浮上

□□□ 1	天保の改革が実施されたころ、藩政改革などをおこない財政を好転させ、軍事力を強化して幕政に大きな影響を与えた諸藩があった。これらを何というか。	1	雄藩
□□□ 2	「内憂外患」により幕府権力が弱体化するなかで上位の権	2	会沢安(正志斎)

威として天皇・朝廷が求められはじめた。『新論』で天皇
を頂点に位置づける国体論を提示した水戸の学者は誰か。

□□□
3 幕末に鹿児島(薩摩)藩では莫大な借財を解消し、藩財政
再建に成功した。この改革を担当したのは誰か。

　解説 鹿児島(薩摩)藩の改革の要点は、三都の商人に対する藩債を
　250年賦とし、一方で奄美三島(大島・徳之島・喜界島)特産の黒
　砂糖の専売制を強化し、琉球との貿易を拡大したことにあった。

3 調所広郷

□□□
4 幕末の将軍継嗣問題で徳川慶喜を推すなど中央政界で活
躍しながら、鹿児島に反射炉・造船所・ガラス製造所な
どの洋式工場群(集成館)を設けた薩摩藩主は誰か。

4 島津斉彬

□□□
5 天保年間、萩(長州)藩で負債の整理や専売制の改正な
ど、藩政改革を担当したのは誰か。

　解説 萩(長州)藩では下関に入港する北前船などの廻船を相手に、
　積荷の委託販売をおこなう越荷方を置いて収益を上げ、財政再
　建に成功した。

5 村田清風

□□□
6 佐賀(肥前)藩では1850年、日本で初めて大砲鋳造に成
功した。鋳造のためにオランダから学んでつくった溶鉱
炉の一種で、炉内で熱反射によって鉱石や金属を溶かし
た炉を何というか。

　解説 佐賀(肥前)藩の改革の中心は藩主鍋島直正で、有田焼の専
　売制や本百姓体制を再建するための均田制などをおこなった。

6 反射炉

□□□
7 幕末に改革派の「おこぜ組」を登用して、財政緊縮をはか
り、藩権力の強化をはかった藩はどこか。

　解説 このような改革は徳川斉昭のもとで水戸藩でもおこなわれた
　が、藩内保守派の反対で成功をみなかった。

7 高知(土佐)藩

□□□
8 幕末、幕府は伊豆韮山の代官に命じて反射炉を築き、軍
備の強化をめざした。その代官とは誰か。

8 江川太郎左衛門(坦
庵)

---

4 化政文化

化政文化／学問・思想の動き

□□□
1 文化・文政期に江戸を中心に発達した町人文化を何とい
うか。

1 化政文化

2 江戸時代中期の丹後宮津出身の儒学者・経済学者で、『稽古談』を著し商品経済・貨幣経済の蔑視は誤りであると指摘し、専売制度による富国強兵、封建制の再建を主張したのは誰か。

2 海保青陵

3 江戸時代中期の越後出身の経世家で、『経世秘策』で西洋との交易や蝦夷地開発による富国策を説いたのは誰か。

3 本多利明

4 江戸時代中期の出羽出身の思想家・経済学者で、『経済要録』で産業の国営化と貿易による重商主義を唱えたのは誰か。

4 佐藤信淵

5 水戸学は、前期には朱子学の大義名分論を説いたが、幕末の藩主徳川斉昭のころに、内外情勢が緊迫化した結果、どのような考え方を主張する学風にかわったか。

解説 藩校弘道館を設立した徳川斉昭の側近として、藤田幽谷とその子の東湖や、『大日本史』の編纂事業推進の機関である彰考館の総裁で、『新論』を著した会沢安(正志斎)があげられる。

5 尊王攘夷論

6 本居宣長死後の門人で、古道説を継承し、儒仏を鋭く批判して排外的国粋主義の傾向を強め、それを神道として大成したのは誰か。

6 平田篤胤

7 平田篤胤によって大成された神道を何というか。

7 復古神道

8 19世紀初めから幕末期にかけて、いくつもの民衆宗教が生まれ、その中には女性の教祖もいた。中山みきが1838年に大和で創始した民衆宗教は何か。

解説 そのほかの民衆宗教としては、男女の平等を説く教えがみられる不二道、備前の黒住教、備中の金光教などがある。

8 天理教

9 50歳にして江戸で高橋至時に測地・暦法を学び、1800〜16年に全国の沿岸を測量して『大日本沿海輿地全図』の作成にあたったのは誰か。

解説 18世紀末、幕府天文方高橋至時は、幕命により西洋暦法をとり入れて寛政暦を完成させた。景保は至時の子。

9 伊能忠敬

10 1811年、幕府天文方高橋景保の建議により、天文方に置かれた洋書の翻訳機関を何というか。

10 蛮書和解御用

11 蘭学者・オランダ通詞で、『暦象新書』を著しニュートンの万有引力説やコペルニクスの地動説を紹介したのは誰か。

11 志筑忠雄

教育

☐☐☐
1 儒学者である広瀬淡窓が豊後日田に開設し、高野長英や大村益次郎らを輩出した私塾は何か。

1	咸宜園

☐☐☐
2 江戸・長崎で蘭学を学び、大坂で実力主義の自由な学風の適々斎塾(適塾)を開いたのは誰か。

2	緒方洪庵

> **解説** 適々斎塾の門人には安政の大獄で刑死した橋本左内、戊辰戦争で活躍した大村益次郎、明治の啓蒙思想家として活躍した福沢諭吉らがいる。

☐☐☐
3 ドイツ人でオランダ商館の医師として1823年に来日し、長崎郊外に診療所兼学塾を設けた人物は誰か。

3	シーボルト

☐☐☐
4 シーボルトが長崎郊外に設け、高野長英らの俊才を輩出した診療所兼学塾は何か。

4	鳴滝塾

> **解説** ほかに、叔父の開いた松下村塾(長門萩)を吉田松陰が受け継ぎ、久坂玄瑞・高杉晋作らの尊攘倒幕派の人材を育てた。

☐☐☐
5 1828年、シーボルトが帰国のとき、持ち出し禁止の日本地図をもっていたため国外追放となった。この事件を何というか。

5	シーボルト事件

> **解説** シーボルトに日本地図を贈ったことで罪に問われ、牢死した幕府の天文方が高橋景保。

☐☐☐
6 幕末の開国論者で「東洋の道徳、西洋の芸術(技術)」を説いたのは誰か。

6	佐久間象山

文学

☐☐☐
1 寛政の改革で洒落本が禁止されたあと、その滑稽味を受け継ぎ、庶民の生活を会話中心に写実的に描写した小説は何か。

1	滑稽本

☐☐☐
2 滑稽本の代表的作品に、江戸の弥次郎兵衛と喜多八の旅行記『東海道中膝栗毛』がある。この作品の作者は誰か。

2	十返舎一九

☐☐☐
3 滑稽本では、当時の社交場ともいうべき湯屋や髪結床を舞台に、庶民のさまざまな様子を描いた『浮世風呂』『浮世床』も有名である。これらの作者は誰か。

3	式亭三馬

□□□ 4	文政期以後、洒落本にかわって流行した、江戸町人の恋愛や愛欲を主題とした絵入り小説は何か。	4 人情本
□□□ 5	人情本の代表的作家で、『春色梅児誉美』で人気を得たが、天保の改革で処罰されたのは誰か。	5 為永春水
□□□ 6	19世紀初期の江戸の読本作家で、雄大な構想をもち、その底流に勧善懲悪・因果応報を盛り込む作品を残したのは誰か。	6 曲亭馬琴
□□□ 7	曲亭馬琴の代表作で、安房の里見家復興を扱った長編伝奇小説は何か。	7 『南総里見八犬伝』
□□□ 8	化政期に出た信濃出身の俳人で、発句集『おらが春』などに、強者に対する反抗心と弱者への温かい同情心を示す人間味豊かな俳諧を残したのは誰か。	8 小林一茶
□□□ 9	19世紀前半にかけて活躍した越後出身の歌人・禅僧で、万葉調の歌風で童心にあふれた歌をよんだのは誰か。	9 良寛
□□□ 10	江戸時代の越後の縮商人で、山東京伝・曲亭馬琴らとも交遊し、雪国のきびしい自然や農民の生活・風俗を実証的に描き、雪の観察と奇聞珍話で有名な『北越雪譜』を残した文人は誰か。	10 鈴木牧之

美術

□□□ 1	錦絵の風景版画の大成者で、和漢洋の諸派の画法を学び独自の画風を開き、『富嶽三十六景』で富士山を大胆な構図と剛健な筆致で描いたのは誰か。	1 葛飾北斎
□□□ 2	錦絵の風景版画の大成者で、歌川派の画法を学び、1833年に代表作となる東海道宿場の風景と風俗の版画『東海道五十三次』を刊行して名声を得たのは誰か。	2 歌川広重
□□□ 3	円山応挙に学び、与謝蕪村の画法をとり入れ四条派を創始した人物は誰か。	3 呉春(松村月溪)
□□□ 4	蛮社の獄ののち自刃した人物は、文人画の名手としても有名である。肖像画作品として「鷹見泉石像」、庶民の種々相を描いた風俗画「一掃百態」を残したこの人物は誰か。	4 渡辺崋山

解説 そのほかの文人画家としては狩野派・円山派などを学んだ江戸の谷文晁、谷に学んだ豊後竹田の田能村竹田らがいる。

民衆文化の成熟

☐☐☐
1 落語・講談・物まねなどの大衆芸能を上演した興行場所を何というか。

1 寄席

☐☐☐
2 18世紀後半から19世紀前半にかけての歌舞伎作者で、生世話物『東海道四谷怪談』などの怪談物を得意としたのは誰か。

2 鶴屋南北(四世)

☐☐☐
3 江戸時代末期から明治時代にかけての歌舞伎作者で、盗賊を扱った白浪物で大当たりをとったのは誰か。

3 河竹黙阿弥

☐☐☐
4 江戸後期、庶民の生活向上とともにさかんとなった伊勢神宮・善光寺・金毘羅宮への寺社参詣とともに、庶民の間に観音信仰や弘法大師信仰が広まったことで、各地の聖地や霊場への巡拝もさかんにおこなわれた。こうした巡拝を何というか。

4 巡礼

☐☐☐
5 三河の国学者で40年にわたって東北各地を旅し、70冊余の紀行日記を残したのは誰か。

5 菅江真澄

☐☐☐
6 江戸時代、干支で庚申にあたる日の夜に眠ると命が縮み、眠らずに身を慎めば災難が除かれるとして、その夜に集まることがさかんになった。何というか。

6 庚申講

☐☐☐

考えてみよう
化政文化が発達した背景や要因を説明してみよう。

➡化政文化は三都の経済的発展を背景に開花した(　)文化であるが、商人や身分をこえた文人らの全国的交流、(　・　)の普及、交通網の発達などによって、さまざまな(　)とともに全国各地に伝えられた。

町人／出版・教育／情報

第11章 | 近世から近代へ

1 開国と幕末の動乱

ペリー来航と対外方針の模索

□□□ 1	18世紀後半から19世紀の初めにかけて、産業革命を達成したヨーロッパ諸国は、鎖国日本の扉をたたきはじめた。幕府は1842年に異国船打払令を緩和し、1806年の文化の撫恤令に戻すことにした。これを何というか。	1 （天保の）薪水給与令
□□□ 2	幕府が鎖国政策の転換を命じるきっかけになった1840年にはじまった清とイギリスとの戦争は何か。 解説▶1844年には欧米列強の日本近海への進出という状況の中で、オランダ国王は12代将軍家慶に対して開国を勧告したが、幕府は拒絶した。	2 アヘン戦争
□□□ 3	1846年に浦賀に来航し、開国を要求したが幕府により拒否されたアメリカ東インド艦隊司令長官は誰か。	3 ビッドル
□□□ 4	1853年、軍艦4隻を率い、フィルモア大統領の国書を携えて浦賀に来航し、翌年日本を開国させた、アメリカ東インド艦隊司令長官は誰か。	4 ペリー
□□□ 5	ペリーに続いて長崎に来航し、開国を要求したロシアの使節は誰か。	5 プチャーチン
□□□ 6	1854年に7隻の艦隊を率いてペリーが再び浦賀に来航し、条約の締結を強硬に迫ったため、幕府はやむなくそれに応じた。この日米間で締結された条約は何か。 解説▶日米和親条約は、東海道の宿駅である神奈川の近くで締結されたので神奈川条約ともいう。この条約では、伊豆下田・松前地箱館の開港と、アメリカ船に対する薪水・食料の供給が約束された。さらに、領事の下田駐在を認めた。これを「開国」というが、通商を認めなかったことから、薪水給与令と大差ないというとらえ方もあり、当時の人々がみなが、鎖国を放棄したと考えた	6 日米和親条約（神奈川条約）

わけではない。

□□□
7 日米和親条約では、その後アメリカ以外の国と結んだ条約において、日本がアメリカに与えた条件よりも有利な条件を認めた時は、アメリカにも自動的にその条件を認めるというものがある。これを何というか。

7 （片務的）最恵国待遇

□□□
8 日米和親条約が締結されたあと、下田でプチャーチンと幕府との間に条約が締結された。この条約は何か。

8 日露和親条約（日露通好条約）

解説▶ 1854年に結ばれたこの条約では下田・箱館のほかに長崎の開港が約束された。また、国境については、択捉島以南の島々は日本領（現在の北方領土）、得撫島以北の千島列島をロシア領とし、樺太（サハリン）は従来通り境界を定めないことなどが約定された。和親条約は、イギリス・オランダとも結ばれた。

□□□
9 ペリーやプチャーチンの来航に際して、幕府の老中首座として外交を主導し、諸大名・幕臣にも外交方針を諮問して挙国一致策をとった老中首座は誰か。

9 阿部正弘

□□□
10 阿部正弘が推進した改革で、松平慶永・島津斉彬らの人材登用、大船建造の禁の解除、貿易容認に向けて蘭学に通じる堀田正睦の老中首座就任などを実施した一連の改革を何というか。

10 安政の改革

□□□
11 安政の改革は国防強化策と人材の登用が特徴である。江川太郎左衛門の献策で江戸湾防衛のため品川沖に大砲を備え付ける砲台が築造された。それを何というか。

11 台場

開港とその影響

□□□
1 日米和親条約の規定により、1856年に総領事としてアメリカから下田に着任したのは誰か。

1 ハリス

□□□
2 ハリスが着任した当時、老中首座として外交事務にあたっていた人物は誰か。

2 堀田正睦

□□□
3 第2次アヘン戦争（アロー戦争）の結果、天津条約が結ばれたという知らせを利用して、ハリスは通商条約の調印を幕府に迫り、幕府はやむなく1858年、条約に調印した。この条約は何か。

3 日米修好通商条約

□□□ **4**	孝明天皇の勅許を得られないまま、日米修好通商条約の調印を断行した**大老**は誰か。	4 井伊直弼
□□□ **5**	通商条約は、アメリカについでオランダ・ロシア・イギリス・フランスとも締結された。これらを総称して何というか。 **解説▶**日米修好通商条約では下田(横浜開港後に閉鎖)、箱館のほか、神奈川(横浜にかえられる)・長崎・新潟・兵庫の開港と江戸・大坂の開市が決定された。輸出関税は5％、輸入関税は一部を除いて20％であり、輸出超過であった。	5 安政の五カ国条約
□□□ **6**	**安政の五カ国条約**は、日本の国権が侵害されたり、否定されたりしているので**不平等条約**とされるが、その不平等項目を2つあげよ。	6 領事裁判権(治外法権)の承認、関税自主権の欠如(協定関税制)
□□□ **7**	幕末の通商条約により横浜(神奈川)・長崎などに、外国人が居住し、営業を許された地域があったが、これを何というか。	7 居留地
□□□ **8**	幕末の貿易開始に伴い多量の金貨が海外に流出し、日本の経済は混乱した。何が原因であったか。 **解説▶**金と銀の交換比率は、外国では1：15、日本では1：5と差があったため、外国人は外国銀貨(洋銀)を日本に持ち込み、日本の金貨を安く手に入れ海外に持ち出した。幕府は万延小判に改鋳して金貨の重量を減らして流出を防いだ。	8 金銀比価の相違
□□□ **9**	幕末の貿易開始により、物資が生産地から横浜に直送され、市場が混乱したため、幕府は1860年に特定品目を江戸の問屋経由で輸出する統制策を出した。この統制策は何か。 **解説▶**江戸の問屋経由で輸出する統制策の対象になった輸出品は雑穀・水油・蠟・呉服・生糸の5品である。	9 五品江戸廻送令
□□□ **10**	経済の混乱に伴い激しい攘夷運動も起きた。江戸から京都に帰る途中の島津久光の行列を横切ったため、イギリス人が殺傷される事件が起きた。何という事件か。 **解説▶**ほかに攘夷事件として、薩摩藩の浪士によるハリスの通訳ヒュースケンの暗殺、高輪のイギリス仮公使館が水戸浪士の襲撃を受けた東禅寺事件、品川御殿山のイギリス公使館が長州藩の高杉晋作・井上馨・伊藤博文らに襲撃され全焼したイギリス公使館焼打ち事件などがある。	10 生麦事件

考えてみよう

幕末の通商条約の締結は社会にどのような影響をおよぼしたのだろうか。

➡貿易は大幅な（　　　）超過となり、それに刺激されて物価の
（　　　）を招く一方、機械で生産された安価な綿織物の大量
輸入が、農村で発達していた綿織物業を圧迫した。また、
輸出品の（　　　）直送や日本と外国との金銀比価の違いに対
応するための貨幣改鋳などによる、物不足とインフレの進
行が庶民生活を圧迫したことにより、（　　　）や打ちこわし
が頻発した。

輸出／上昇／横浜／
一揆

公武合体と尊攘運動

□□□
1 徳川家慶の四男で、ペリー来航の1853年に13代将軍になったのは誰か。

1 徳川家定

□□□
2 徳川家定は生来病弱で嗣子もいなかったため、将軍継嗣問題が公然化した。賢明な人物を14代将軍に迎え、幕政改革をおこなって難局をのり切ろうと考えた人たちが推した、前水戸藩主徳川斉昭の子は誰か。

2 徳川（一橋）慶喜

□□□
3 徳川慶喜を推す人々に対して、譜代大名らは、幼少だが血筋が将軍に最も近い紀伊藩主を14代将軍として推した。紀伊藩主とは誰か。
解説 前者は薩摩藩主島津斉彬や越前藩主松平慶永らで一橋派といわれた。一方、後者は彦根藩主井伊直弼らが中心で南紀派といわれる。直弼は大老に就任すると、通商条約に無勅許で調印し、将軍継嗣にも独断で徳川慶福をすえた。これが14代将軍家茂である。

3 徳川慶福

□□□
4 井伊直弼は批判勢力に対して、徹底的に弾圧をくわえ、処罰した。これを何というか。

4 安政の大獄

□□□
5 安政の大獄で、蟄居を命ぜられた前水戸藩主は誰か。

5 徳川斉昭

□□□
6 安政の大獄で刑死した長州出身の尊王論者で、萩で松下村塾を継ぎ、幕末の俊才を育成した人物は誰か。

6 吉田松陰

□□□
7 安政の大獄で刑死した越前藩士で、緒方洪庵の適々斎塾に学び、藩主松平慶永を助けて活躍していた人物は誰か。

7 橋本左内

□□□
8 安政の大獄に反発した**水戸脱藩の志士**らが、1860年、大老井伊直弼を登城途中に暗殺した。この事件を何というか。

8 桜田門外の変

□□□
9 18世紀の中ごろから、**天皇（皇室）を尊ぶべき**であるという主張がおこってきたが、これとペリー来航以来の外圧によりおこってきた**外国人排斥思想**とが結合して、反幕政治運動の潮流となった。この思想を何というか。

解説▶藤田東湖や会沢安らによって**水戸学**から生まれたこの思想は、通商条約の違勅調印以後、反幕論へ進み、政治革新運動の柱となった。

9 尊王攘夷論

□□□
10 井伊直弼の独裁政治が桜田門外の変で否定されると、幕府は朝廷の伝統的権威と結びつくことで幕政を維持しようとした。この考え方は何か。

10 公武合体（論）

□□□
11 公武合体の考え方で幕政を維持しようと考えた老中は誰か。

11 安藤信正

□□□
12 安藤信正は公武合体実現のために**孝明天皇**に対して何を申し入れたか。

12 天皇の妹和宮の将軍家茂への降嫁

□□□
13 和宮降嫁の要求を孝明天皇が受け入れると、1862年、憤激した水戸脱藩士たちにより、老中安藤信正が傷つけられる事件が起こった。この事件を何というか。

13 坂下門外の変

□□□
14 坂下門外の変ののち、独自の公武合体論をもって**文久の改革**を要求した薩摩藩の国父（藩主忠義の実父）は誰か。

解説▶文久の改革では、参勤交代が**3年1勤在府100日**に緩和されるとともに、将軍を補佐する**将軍後見職**に徳川（一橋）慶喜が、幕政を統轄する**政事総裁職**に松平慶永が、京都所司代の上に京都の治安を維持するための**京都守護職**を設け**会津藩主松平容保**が任命された。なお、この改革を進めたのち、帰路についた島津久光一行が**生麦事件**を起こした。

14 島津久光

□□□
15 薩摩藩は、生麦事件の報復として、1863年に鹿児島湾に侵入した英国軍艦による砲火を浴びた。それを何というか。

15 薩英戦争

□□□
16 1863年8月、公武合体派の薩摩・会津両藩が長州藩を中心とした急進的な尊攘派を京都から一掃する政変が起こった。これを何というか。

解説▶1862年の後半から長州藩の尊攘派が朝廷を動かすようになっ

16 八月十八日の政変

ていた。14代将軍家茂は勅命を受け、1863年 5 月10日を攘夷決行の日と定めて、その実行を諸藩に命じた。長州藩はその日から下関の海峡を通過する諸外国船に対して砲撃し、攘夷を実行に移した。

□□□
17 八月十八日の政変で、急進派の公家の参内が禁止されたため、7 人の公家が長州にのがれた。その中心人物は誰か。

17 三条実美
（さねとみ）

> 解説▶八月十八日の政変の前後に、土佐藩士吉村虎太郎らが尊攘派の公家中山忠光を擁して蜂起した天誅組の変、元福岡藩士の平野国臣らが公家の沢宣嘉を擁して蜂起した生野の変など、尊攘派の挙兵事件があいついだ。

□□□
18 京都三条の旅籠に集合した勢力挽回をめざす尊攘派の志士たちが、近藤勇を隊長とする京都守護職指揮下の新選組に襲撃され、斬殺・逮捕された事件は何か。

18 池田屋事件
（いけだや）

□□□
19 池田屋事件に憤激した長州藩の急進派は、1864年、勢力回復のため藩兵や各地の志士を率いて入京し、御所を中心に薩摩・会津・桑名の藩兵と激しく戦ったが、敗走した。この戦いは何か。

19 禁門の変（蛤御門の変）
（きんもん）（はまぐりごもん）

□□□
20 禁門の変（蛤御門の変）の罪を問うため、幕府は尾張藩主徳川慶勝を総督にして長州藩を包囲した。折から四国艦隊下関砲撃事件もあり長州は屈服した。この事件は何か。

20 第 1 次長州征討
（ちょうしゅうせいとう）

> 解説▶1864年の四国艦隊下関砲撃事件は、前年1863年 5 月10日の長州藩による下関の海峡を通過する外国船への砲撃に対する報復としておこなわれた。イギリス公使オールコックが主導し、アメリカ・フランス・オランダの各国をさそい、攘夷運動の拠点長州を攻撃した。列国はさらに、翌1865年、通商条約に勅許を出さない朝廷に対し、兵庫沖まで艦隊を送って圧力をかけた。そのため孝明天皇は条約を勅許した。

□□□
21 1866年、幕府とイギリス・フランス・アメリカ・オランダとの間で輸入関税一律に 5 ％に引き下げる協約が結ばれた。この協約を何というか。

21 改税約書
（かいぜいやくしょ）

> 解説▶安政の五カ国条約の一品目の輸入関税20％は、自由貿易をはかる諸外国にとって障害であった。

□□□
22 倒幕の動きが高まる中で、フランスは幕府を、イギリスは薩摩・長州を支援する状況となったが、このころのフランス・イギリスそれぞれの公使名をあげよ。

22 仏：ロッシュ、英：パークス

解説▶ パークスはオールコックの後任のイギリス公使。幕府の無力を認識し、天皇を中心とする雄藩連合政権の実現に期待し、薩長に接近した。

□□□
23 第1次長州征討の結果、長州藩では保守政権が成立したが、1864年12月下関で挙兵して藩の主導権を保守派から奪い、藩論を倒幕に転じさせたのは誰か。

23 高杉晋作

□□□
24 長州藩では、1863年から高杉晋作によって正規の藩兵とは異なる、門閥・身分に関係なく志願による軍隊が編成されたが、これを何というか。

24 奇兵隊

□□□
25 長州藩の倒幕派が政権を掌握したという状況変化に対し、幕府は1866年に武力討伐をおこなうことにしたが、これを何というか。

25 第2次長州征討

□□□
26 幕末期に対立していた薩摩・長州が倒幕で一致点を見出し、1866年、秘かに結んだ軍事同盟を何というか。

26 薩長連合（同盟）

□□□
27 土佐出身で海援隊を組織し、薩長連合（薩長同盟）の仲立ちをつとめたのち、公議政体や大政奉還を唱えて活動し、暗殺されたのは誰か。

27 坂本龍馬

解説▶ 一方、土佐勤王党の志士で、陸援隊を組織して倒幕運動に尽力し、薩長連合（薩長同盟）の仲介をしたのが中岡慎太郎。

□□□
28 薩長連合は京都で結ばれたが、両藩の代表者を1人ずつあげよ。

28 薩摩：西郷隆盛、長州：木戸孝允（桂小五郎）

□□□
29 薩長連合に関係した薩摩藩士で、のちに明治政府の参議兼内務卿として殖産興業に尽力した人物は誰か。

29 大久保利通

□□□

考えてみよう

幕末の薩長両藩と幕府の動きについて、八月十八日の政変・長州征討・薩長同盟の語を用いて説明してみよう。

➡ 長州藩を中心とした尊攘派の動きに対して、薩摩・（　）の両藩は八月十八日の政変で尊攘派を排除した。（　）事件などもあり尊攘派の攘夷路線衰退を機に、幕府が権力強化にのり出すと薩摩藩は警戒し、長州征討で窮地に陥った長州藩と（　）・中岡慎太郎らの仲介で薩長同盟を結び、反幕府の態度を固めた。

会津／四国艦隊下関砲撃／坂本龍馬

幕府の滅亡

□□□
1 14代将軍徳川家茂の死で、15代将軍に就任し、フランスの援助で幕政立て直しをめざしたのは誰か。

1 徳川慶喜

□□□
2 薩長は連合して武力倒幕を決意したが、土佐藩はあくまで公武合体の立場をとり、倒幕派の機先を制して政権返上をすすめた。これをすすめた前土佐藩主は誰か。

解説▶土佐藩士の後藤象二郎と坂本龍馬が、雄藩連合政権実現に向けて公議政体を主張し、この人物に進言した。

2 山内豊信(容堂)

□□□
3 土佐藩の建議に従い、将軍慶喜は1867年10月14日、朝廷に政権返上の上表を提出した。これを何というか。

3 大政奉還

□□□

考えてみよう

徳川慶喜は、なぜ大政奉還の上表を提出したのだろうか。

➡大政奉還することで武力倒幕を決意している(　・　)両藩の機先を制し、新たに　(　)　のもとに徳川家主導の諸藩の連合政権を樹立し、その政治体制のなかで主導権を握る構想があったから。

薩摩・長州／朝廷

□□□
4 大政奉還の申し出と同じ日に、朝廷から武力倒幕の命令が薩長両藩に出された。この命令は何か。

4 討幕の密勅

□□□
5 討幕の密勅を出すよう工作した公家は誰か。

5 岩倉具視

□□□
6 幕府による大政奉還が許可され、一時後退を余儀なくされた倒幕派は、巻き返しをはかって12月9日に摂政・関白や幕府の廃止などを定めた宣言を発した。これは何か。

6 王政復古の大号令

□□□
7 王政復古の大号令によって新しい政府の役職が設けられたが、その総称を記せ。

解説▶政務を総轄する最高職の総裁、皇族・公卿・諸侯約10名からなる議定、雄藩の代表が任命され事務を担当する参与の3つである。

7 三職

<table>
<tr>
<td>□□□
8</td>
<td>王政復古の大号令が発せられた夜に、新しく三職に任ぜられた人たちの最初の会議が京都御所内で開かれた。この会議は何か。</td>
<td>8</td>
<td>小御所会議
（ごしょ）</td>
</tr>
<tr>
<td>□□□
9</td>
<td>小御所会議では徳川家をどうするかで、倒幕派と公武合体派の間で激論が戦わされたが、その結果どのような決定をみたか。
解説▶三職の中に慶喜は任ぜられなかった。さらに慶喜の内大臣辞任と領地の一部返納が命ぜられた。</td>
<td>9</td>
<td>徳川慶喜の辞官納地
（じかんのうち）</td>
</tr>
</table>

戊辰戦争と新政府の発足

<table>
<tr>
<td>□□□
1</td>
<td>徳川慶喜への辞官納地命令は、旧幕府側を刺激した。慶喜を擁する旧幕府側は、1868年1月、大軍を率いて大坂城から京都に進撃、新政府軍と京都郊外で交戦し敗れた。この戦いは何か。
解説▶朝敵となって江戸に逃れた徳川慶喜は新政府に従う態度をとった。1868年4月、慶喜を追討する東征軍参謀西郷隆盛と旧幕臣勝海舟（義邦）の交渉により、江戸城は無血開城された。官軍ともよばれた東征軍には、豪農や豪商が義勇軍を率いて参加するものもあった。相楽総三らの赤報隊はその代表的なもので、幕領での年貢半減を掲げて東山道を東進し、農民の支持を集めたが、偽官軍とされ処刑された。</td>
<td>1</td>
<td>鳥羽・伏見の戦い
（とば・ふしみ）</td>
</tr>
<tr>
<td>□□□
2</td>
<td>新政府軍（東征軍）に対し、仙台・米沢両藩の主唱で、東北25藩と越後6藩とが会津藩を擁護するため同盟を結んだ。この同盟を何というか。</td>
<td>2</td>
<td>奥羽越列藩同盟
（おううえつれっぱんどうめい）</td>
</tr>
<tr>
<td>□□□
3</td>
<td>旧幕府の海軍副総裁榎本武揚が、軍艦を率いて箱館で抗戦し、1869年5月に敗れた戦いを何というか。</td>
<td>3</td>
<td>五稜郭の戦い（箱館戦争）
（ごりょうかく）</td>
</tr>
<tr>
<td>□□□
4</td>
<td>1868年1月の鳥羽・伏見の戦いから五稜郭の戦いまでを総称して何というか。</td>
<td>4</td>
<td>戊辰戦争
（ぼしん）</td>
</tr>
<tr>
<td>□□□
5</td>
<td>明治政府の基本方針は、天皇が神々に誓うという形式で発表されたが、1868年3月に公布されたこの国策の基本方針を何というか。
解説▶福井の由利公正の作成した原案に土佐の福岡孝弟が加筆修正し、長州の木戸孝允が成案に仕上げた。公議世論の尊重・開国和親などを内容とする。</td>
<td>5</td>
<td>五箇条の誓文
（ごかじょう・せいもん）</td>
</tr>
</table>

□□□

| 6 | 1868年閏4月に、新政府の基本的政治組織を定めた法令が制定されたが、これは何か。 | 6 | 政体書 |

解説▶福岡孝弟・副島種臣がアメリカの制度を参考に起草した。三権分立、官吏公選制、太政官への権力集中を骨子とする。

□□□

| 7 | 明治政府は、天皇一代の間は、元号(年号)は1つのみと定めた。この制度を何というか。 | 7 | 一世一元の制 |

解説▶1868年7月、江戸を東京と改め、翌年3月、東京遷都がおこなわれた。

□□□

| 8 | 明治政府が五箇条の誓文を公布した翌日に掲げた、民衆統制のための5種の高札で、旧幕府の方針を継承し、キリスト教の禁止などを含むものを何というか。 | 8 | 五榜の掲示 |

□□□

考えてみよう

戊辰戦争中、新政府が諸外国に王政復古と天皇の外交主権掌握を告げ、五箇条の誓文や五榜の掲示で開国和親・攘夷の禁止などの政策を掲げ、政治の刷新を示したのはなぜだろうか。

➡開国和親・攘夷の禁止の方針を示すことで諸外国の(　　)を得るとともに、いまだ国内で続く攘夷の風潮の沈静化をはかることで、諸外国の(　　)干渉を防ぎたかったから。

支持/内政

幕末社会の動揺と変革

□□□

| 1 | 幕末期、物価の上昇や政局をめぐる抗争による社会不安の増大に対して、困窮した農民たちが社会変革の実行を求めて起こした百姓一揆を何というか。 | 1 | 世直し一揆 |

解説▶米価の急騰のため、1866年、江戸・大坂の民衆は大規模な打ちこわしをおこなった。

□□□

| 2 | 1867年秋から冬にかけて東海道・近畿・四国地方に広がった民衆の狂乱で、伊勢神宮などの御札が降ったとして、民衆の乱舞が起き、倒幕派もこれを利用・助長したという。この民衆の乱舞を何というか。 | 2 | ええじゃないか |

□□□

| 3 | 江戸時代、御札が降った噂などで、特定の年に全国的に熱狂的な伊勢神宮への参詣がみられた。これを何というか。 | 3 | 御蔭参り |

□□□

考えてみよう

熱狂的な御蔭参りの流行にはどのような社会的背景があった
のだろうか。

➡江戸後期には湯治や(　　)、遠隔地の寺院や神社を講中で
参詣することも広くおこなわれるようになっていた。19世
紀前半には(　　)の整備や(　　)時代の好調な経済活動を
背景に寺社参詣が流行し、時代の転換期の行き詰まった世
相から救われたいという民衆の願いにこたえるものとなっ
ていた。

物見遊山／交通網／
大御所

□□□

4 幕府は蛮書和解御用を1855年に洋学所として独立させ、
翌年には洋学の教授と外交文書の翻訳にあたる機関とし
て改称した。何というか。

解説 この機関は1862年に洋書調所と改称され
た。また1860年に幕府に移管された種痘所はのち西洋医学所とな
り、63年には医学所と改称された。洋書調所の教官西周・津田
真道は、オランダに留学した。また、この時期、福沢諭吉は幕
府の使節に従ってアメリカ・ヨーロッパにおもむいた。長州藩か
ら伊藤博文・井上馨らが、薩摩藩から森有礼らがイギリスに留
学した。

4 蕃書調所

□□□

5 日米修好通商条約批准使節新見正興に随行し、太平洋横
断をなしとげた幕府の木造軍艦咸臨丸の艦長で、明治政
府では参議兼海軍卿などを歴任したのは誰か。

5 勝海舟(義邦)

□□□

6 開港場の横浜には外国人宣教師や新聞記者が来日し、欧
米の文化が紹介された。ローマ字を考案し、聖書の和訳
に成功したアメリカ人宣教師で医者は誰か。

6 ヘボン

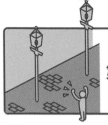

第12章　近代国家の成立

1　明治維新と富国強兵

廃藩置県

□□□ 1	ペリー来航にはじまり、薩長など**西南雄藩の革新的下級武士**の主導で江戸幕府を倒し、近代国家形成の契機となった政治変革を何というか。	1	明治維新
□□□ 2	1869年に**木戸孝允・大久保利通**らの画策で、**薩・長・土・肥4藩主**が連名で領地や領民を天皇に奉還する出願をしたが、これを何というか。	2	版籍奉還
□□□ 3	版籍奉還の出願により、旧藩主は明治新政府から改めて地方長官に任命されたが、その地方長官名は何か。	3	知藩事
□□□ 4	1871年、明治新政府は中央集権体制確立のため、薩長土3藩から募集した兵力を背景にして、**藩制度**を全廃し、全国を政府の直轄地にする改革を断行した。これは何か。	4	廃藩置県
□□□ 5	廃藩置県により知藩事が廃され、新たに中央から官僚が地方行政の長官に任ぜられた。この雄藩の下級武士の中から多く選任された地方官を何というか。	5	府知事、県令
□□□ 6	廃藩置県を断行するため、薩長土3藩から募集した兵を何というか。	6	御親兵

□□□

考えてみよう

明治新政府が廃藩置県を断行したのは、なぜだろうか。

➡版籍奉還の実施によって藩主の（　　）と藩財政とは分離されたが、旧大名は実質的に温存され、（　　）と（　　）の両権はこれまで通り各藩に属していたため、廃藩置県をおこなって政治的統一をはかった。

家禄・徴税・軍事

☐☐☐ **7**	1885年に内閣制度が採用されるまでの明治新政府の中央官制を何というか。	7	**太政官制**
☐☐☐ **8**	政体書にもとづき明治新政府の**太政官**は七官から構成されていたが、版籍奉還時の官制改革で、太政官の外に置かれた神祇祭祀を司る機関を何というか。	8	**神祇官**
☐☐☐ **9**	1869年、版籍奉還後の官制改革で、**二官六省制**となったが、軍事関係の中央官庁で、1872年に陸軍省・海軍省に改組されたのは何か。	9	**兵部省**

解説▶ 1871年の廃藩置県後の官制改革で、太政官は三院制となった。政府の最高機関で内閣にあたる正院は、太政大臣・左大臣・右大臣・参議により構成された。また、左院は立法機関で正院の諮問にこたえ、右院は各省の長官（卿）・次官（大輔）で構成され、法案の起草や行政に関する実務を審議した。政府の構成は、三条実美や岩倉具視ら少数の公家以外は、薩摩・長州を中心に土佐・肥前をくわえた4藩出身の実力者が実権を握ったので、のちに藩閥政府とよばれた。

☐☐☐ **10**	明治新政府は強力な近代的兵制樹立のため、**国民皆兵制**にもとづく太政官布告を出した。この布告は何か。	10	**徴兵告諭**
☐☐☐ **11**	**大村益次郎**のあとを引き継いで国民皆兵制にもとづく近代的兵制の構想を実現させた人物は誰か。	11	**山県有朋**
☐☐☐ **12**	1873年、徴兵告諭にもとづき、**満20歳以上の男性**を兵籍に編入して**3カ年の軍役**に服させる法令が出された。この法令を何というか。	12	**徴兵令**

解説▶ 徴兵令では、戸主や官吏、あるいは代人料270円を納入する者については兵役が免除されたので、実際に兵役についたのは、ほとんどが農家の二男以下であった。徴兵により労働力が失われることや、徴兵告諭の文言（血税）についての誤解もあって、国民皆兵制に反対する血税一揆（徴兵反対一揆）が西日本各地で発生した。なお、明治時代初期に置かれた常備陸軍を鎮台といい、1871年には東京・大阪・鎮西（熊本）・東北（仙台）の4鎮台を設置、徴兵令発布とともに6鎮台制となった。

☐☐☐ **13**	1873年、**大久保利通**が初代長官（卿）に任ぜられ、**殖産興業や地方行政**のほか、**全国の警察組織を統括**するために設置された中央官庁は何か。	13	**内務省**
☐☐☐ **14**	1874年、警察制度の整備・拡充策の一環として、東京の警察行政をおこなうために、新設された官庁は何か。	14	**警視庁**

176 第12章 近代国家の成立

四民平等

□□□
1 1869年、政府は士農工商の封建的身分制度を撤廃した。これを何というか。

1 四民平等（しみんびょうどう）

□□□
2 四民平等により藩主・公家に与えられた呼称は何か。

2 華族（かぞく）

□□□
3 四民平等により藩士・旧幕臣に与えられた呼称は何か。

3 士族（しぞく）

□□□
4 四民平等により農工商に属する庶民に与えられた呼称は何か。

4 平民

解説▶ 1872年には前年に出された戸籍法にもとづいて全国民の最初の近代的戸籍として壬申戸籍がつくられた。1871年のいわゆる**解放令**により、えた・非人の呼称が廃止され、身分・職業ともに平民同様とされたが、壬申戸籍では実態として**身分差別**は残ることになった。

□□□
5 政府が華・士族に対して支給した**家禄**（江戸時代以来の世襲的禄米）と**賞典禄**（維新の功労者への恩賞）をあわせて何というか。

5 秩禄（ちつろく）

□□□
6 1873年、政府が出した家禄・賞典禄の奉還に関する布告を何というか。

6 秩禄奉還の法

□□□
7 政府は秩禄未奉還者に対し、1876年に公債を与え、その支給を打ち切った。このときの公債証書を何というか。

7 金禄公債証書

□□□
8 華・士族に対する俸禄支給の廃止と公債交付の一連の措置を、一般に何というか。

8 秩禄処分

解説▶ 1876年には士族に対して**廃刀令**が出され、折から実施されていた秩禄処分とあいまって士族の不満を募らせた。

□□□
9 秩禄処分後、公債を元手に慣れない商売に手を出し、失敗して没落する士族も多かった。これを言い表した言葉は何か。

9 士族の商法

解説▶ 政府は没落した士族に対して、事業資金の貸付や、北海道開拓事業などの**士族授産**の道を講じた。しかし、成功した例は少なく、士族は明治政府の政策に不満を強めた。

地租改正

□□□
1 政府の財源は、旧幕府時代と同様に貢租収入にあったため、きわめて不安定であった。1873年には条例を公布して土地制度と税制の改革にのり出したが、この改革を何というか。

1 地租改正

□□□
2 地租改正条例公布の前年に、土地所有者に対し所有権を確認する権利証を発行したが、これを何というか。

2 地券

解説▶この準備として、政府は1871年に作付制限を撤廃して田畑勝手作りを許可し、1872年、地価を定めるために田畑永代売買の禁令を解いた。1873年に出された地租改正条例によると、課税対象は収穫高(石高)から地価に、納税者は耕作者から地券所有者に、納入方法は物納から金納になった。

□□□
3 1873年に出された地租改正条例では、地租は地価の何%とされたか。

3 3%

解説▶地租改正は従来の年貢による収入を減らさない方針ですすめられたので、農民は負担軽減を求める地租改正反対の一揆を起こし、1877年には地租の税率が2.5%に引き下げられた。また、地主・小作人の関係は、小作料が物納だったこともあり、経済的にも圧倒的に地主が優位であった。

殖産興業

□□□
1 欧米列強に肩を並べるため、経済発展と軍事力の強化による近代国家の形成の実現をめざした、明治初期の政府の政策は何か。

1 富国強兵

□□□
2 工部省や内務省を中心に、政府は近代産業の育成政策を進めたが、この政策を何というか。

2 殖産興業

□□□
3 明治初期、西洋の学問・技術導入のため、政府機関・学校などに雇われた欧米人を何というか。

3 お雇い外国人

解説▶1876年に来日したドイツ人で、東京大学で内科・産科を講義し、当時を知る好史料である日記を残したのがベルツ。

□□□
4 伊藤博文が初代長官に任じられ、官営事業を統轄し、日本の産業近代化を推進するため、1870年に設置された中央官庁は何か。

4 工部省

解説▶工部省が中心となって、イギリスの資金と技術援助で、1872年、初めて東京(新橋)と横浜に鉄道が敷設された。

□□□		
5	政府は旧幕府や諸藩の洋式工場などを接収して**官営工場**としたが、幕府の江戸関口大砲製作所を受け継いだ東京の兵器製造工場は何か。	5 東京砲兵工廠

□□□		
6	旧幕府の長崎製鉄所を引き継ぎ、オランダの工作機械などを導入し、のちに三菱に払い下げられた造船所は何か。	6 長崎造船所

解説▶そのほかに旧幕府の長崎製鉄所の主要機械類を大坂城の跡に移して設立した**大阪砲兵工廠**や、幕府の横須賀製鉄所を受け継いだ工部省管轄の横須賀造船所などがある。

□□□		
7	飛脚制度にかわる手紙・小荷物などを輸送する明治時代の近代的官営事業制度は何か。	7 郵便制度

□□□		
8	民部省駅逓頭で郵便制度の確立に貢献したのは誰か。	8 前島密

解説▶1869年には東京・横浜間に電信線が架設され、公衆電報の取扱いが開始された。

□□□		
9	土佐藩の名義と船を借り受け海運業を営んだ**政商**で、事業を拡大し、のちに日本最大の海運会社**日本郵船会社**となる郵便汽船三菱会社を設立したのは誰か。	9 岩崎弥太郎

□□□		
10	近代産業育成のため、政府は各地に直営工場を設立し、軍事産業と貿易対策のための軽工業の育成をはかった。このような工場を何というか。	10 官営模範工場

□□□		
11	政府は**重要輸出品**である**生糸**生産のため、フランスの機械・技術を導入して、群馬県に**官営模範工場**を設立した。この工場を何というか。	11 富岡製糸場

□□□		
12	内務卿大久保利通の主唱で殖産興業のため、1877年に東京で初めて開催された機械・美術工芸品の展示・即売の会を何というか。	12 内国勧業博覧会

□□□		
13	1869年に蝦夷地を北海道と改称した政府は、その開発のための官庁を設けた。それは何か。	13 開拓使

□□□		
14	開拓使の次官黒田清隆の建議で、北海道の開拓とロシアに対する警備のために置かれた農兵を何というか。	14 屯田兵

解説▶黒田清隆の建議で、開拓使付属の学校として設立されたのが札幌農学校。北海道の農業改良・生産発展のための教育施設で、1876年に来日しキリスト教にもとづく人道教育をおこなったクラークが有名。なお、1882年に開拓使は廃され函館・札幌・根室の3県が置かれ、1886年に3県を廃して北海道庁が設けられた。

☐☐☐ **15**	明治政府によるアイヌ同化政策も進められたが、1899年にアイヌ保護を名目に制定された法令は何か。 **解説** 固有の生活と文化をもつアイヌの和人への同化政策により、アイヌは生活権を侵害され窮乏化が進んだ。この法律は、1997年にアイヌ文化振興法が制定され廃止された。さらに2019年には、アイヌを先住民族と明記した**アイヌ施策推進法**が施行された。	**15** 北海道旧土人保護法
☐☐☐ **16**	1871年、政府は貨幣制度の混乱を是正し、統一的貨幣制度樹立のために伊藤博文の建議により法令を制定した。それは何か。	**16** 新貨条例
☐☐☐ **17**	新貨条例で制定された新しい通貨の単位をあげよ。 **解説** 新貨条例は金本位制をたてまえとしたが、開港場では、ほかのアジア諸国と同様に銀貨が使用された。貿易用で貿易銀が鋳造されたため、実質は金銀複本位制であった。貨幣制度の混乱の原因としては、戊辰戦争の戦費のため由利公正の建議で発行された太政官札や少額紙幣不足解消のため1869年に発行された民部省札のような不換紙幣の増発が考えられる。	**17** 円・銭・厘
☐☐☐ **18**	政府と結び、多くの特権を与えられ、莫大な利益を得た三井家・岩崎(三菱)・五代友厚などの商人を何というか。	**18** 政商
☐☐☐	**考えてみよう** 政府は殖産興業政策をどのように進めたのだろうか。 ➡関所・株仲間などの封建的諸制度を撤廃し、(　　)・内務省を設立し、(　　)の指導のもとに近代産業を政府自ら経営して、その育成をはかった。工部省は鉄道の敷設や旧幕府の経営していた鉱山・造船所などを接収し、官営事業として経営した。内務省は内国勧業博覧会の開催や(　　)の経営など、民間工業の近代化につとめた。	工部省／お雇い外国人／官営模範工場

文明開化

☐☐☐ **1**	明治時代初期には、旧習を打破し、さかんに西洋の文物の移植がおこなわれた。この新しい風潮を何というか。	**1** 文明開化
☐☐☐ **2**	豊前中津藩士で、欧米を巡歴すること3回、その経験で欧米諸国の実情を紹介し、1868年に慶応義塾を開いた啓蒙思想家は誰か。 **解説** 代表的著書には欧米諸国の実情を紹介した『西洋事情』、実	**2** 福沢諭吉

学をすすめ国家の隆盛は学問によって成り立つと主張した『学問のすゝめ』、古今東西の文明の発達をあげつつ西洋文明の摂取を説いた『文明論之概略』などがある。

□□□
3 1866年にイギリスに留学、維新後イギリス人スマイルズの『自助論』の翻訳書『西国立志編』、ミルの『自由論』の翻訳書『自由之理』を出版した啓蒙思想家は誰か。

3 中村正直

□□□
4 岩倉使節団に随行しフランスに留学したのち、ルソーの『社会契約論』を『民約訳解』として抄訳し、『東洋自由新聞』の主筆としてフランス流天賦人権思想を説き、東洋のルソーともよばれたのは誰か。

4 中江兆民

□□□
5 1872年、国民皆学を目標とした「学事奨励に関する太政官布告」(被仰出書)と同時に、布告の精神にもとづき、全国を大学区・中学区・小学区に分ける近代的学校制度の基本法が公布された。この法は何か。

5 学制

解説 この制度はフランスに範をとったもので、大木喬任文部卿のもとで制定された。これにより創設された、初等教育機関が小学校。予定では全国に5万校を超す小学校を設立しようとするものだったが、あまりにも画一的で現実とかけ離れていたため、1879年の教育令で改められた。

□□□
6 1877年に旧幕府の開成所・医学所を起源とする諸校を統合し、設立された文部省所管の国立大学は何か。

6 東京大学

□□□
7 新島襄は脱藩してアメリカで神学を学び、帰国後キリスト教主義の私学を設立した。その私学は何か。

7 同志社

解説 1872年、教員養成のために師範学校が設立された。また、女子教育では東京に女学校が設立され、1874年には女性教員養成のため女子師範学校が設立された。

□□□
8 王政復古による祭政一致を実現するため、1868年に政府が出した神仏習合を禁止する法令は何か。

8 神仏分離令

□□□
9 神仏分離令が出されたため、全国的に寺院や仏像を破壊する風潮が起こった。これを何というか。

9 廃仏毀釈

□□□
10 1870年、祭政一致のために神代から伝わる日本固有の道を宣揚し、神道国教化推進を表明した詔書は何か。

10 大教宣布の詔

解説 キリスト教について、政府は1868〜73年に長崎浦上のキリシタンを大弾圧した浦上教徒弾圧事件で列国の抗議を受けたため、1873年、五榜の掲示のうちキリスト教禁止の高札を撤廃して布教を黙認した。

□□□ 11	神奈川県令の尽力で、本木昌造の鉛製活字を使い1870年12月に発刊された日本最初の日刊紙は何か。	11 『横浜毎日新聞』
□□□ 12	1873年、アメリカから帰国した人物が中心となって結成された、近代的な啓蒙的思想団体は何か。	12 明六社
□□□ 13	明六社設立を発議し、のちに初代文部大臣となった人物とは誰か。	13 森有礼

解説▶ 明六社が1874年から発行した雑誌が『明六雑誌』。参加者には、福沢諭吉のほか、西洋哲学の紹介者として著名な西周、天賦人権思想から国家主義思想に転じた加藤弘之、西洋法の研究者津田真道ら開成所出身者が多い。

□□□ 14	政府は西洋諸国の例にならって暦法を改め、旧暦による明治5年12月3日を新しい暦法により明治6年1月1日とした。この新しい暦法を何というか。	14 太陽暦

解説▶ 『日本書紀』が伝える神武天皇即位の日を太陽暦に換算して紀元節(2月11日)として祝日とした。現在、2月11日は建国記念の日である。

□□□ 15	幕末から明治にかけて種々の髪形がおこなわれたが、文明開化を象徴する断髪頭を何というか。	15 ざんぎり頭

明治初期の対外関係

□□□ 1	成立したばかりの明治政府が直面した、欧米との外交上の最大懸案事項は何であったか。	1 条約改正

解説▶ 幕府から引き継いだ通商条約で、領事裁判権を承認していることと関税自主権がないことが問題であった。

□□□ 2	政府が、1871年に外交上の問題解決のため欧米に派遣した使節団を何というか。	2 岩倉使節団

解説▶ 特命全権大使が岩倉具視、副使が木戸孝允・大久保利通・伊藤博文・山口尚芳で、アメリカ・ヨーロッパに派遣された。しかし、条約改正の予備交渉はできずに、制度・文物の視察をして1873年に帰国した。留学生が約60人参加しており、中には津田梅子など5人の若い女性も含まれた。なお、『特命全権大使米欧回覧実記』は久米邦武が残した記録。そのときの留守政府が太政大臣三条実美、参議の西郷隆盛・大隈重信・板垣退助らである。

□□□ 3	関税自主権の回復を目的とした交渉の結果、1878年アメリカは新条約に調印したものの、イギリス・ドイツの反	3 寺島宗則

対で回復はならなかった。このときの外務卿は誰か。

□□□		
4	日清間の初めての条約は、1871年日本代表伊達宗城と清代表李鴻章との間で、対等な内容で締結された。この条約を何というか。	4 日清修好条規
□□□		
5	1871年、琉球漂流民が台湾に漂着して現地住民に殺害された事件の責任問題で、日清間の対立が起き、1874年、日本は武力行使をおこなった。これを何というか。	5 台湾出兵
□□□		
6	政府は1872年、日清両属関係にあった琉球王国を琉球藩とし、1879年、琉球藩を廃止て県を設置した、何県か。	6 沖縄県
□□□		
7	政府による琉球王国の日本国への併合に至る一連の施策を何というか。	7 琉球処分

解説▶琉球王国の王であった尚泰は琉球藩設置により藩王となり華族に列せられたが、沖縄県設置に際して、上京が命ぜられた。沖縄県では土地制度・税制などが旧制度が温存（旧慣温存策）され、衆議院議員選挙がおこなわれたのも1912年だった。本土との経済格差も大きく、出稼ぎや海外移住も多かった。

□□□		
8	1873年、朝鮮の鎖国排外政策を武力で打破し、国交を開こうとする主張が政府内を支配した。この主張を何というか。	8 征韓論

解説▶岩倉使節団が外遊中、留守政府首脳の西郷隆盛や板垣退助らは征韓論を唱え、朝鮮への西郷派遣を内定した。これに対し、帰国した大久保利通・木戸孝允は内治の整備優先を主張し対立、天皇の裁可で西郷派遣を中止させた。そのため西郷・板垣ら征韓派参議はいっせいに下野した。これを明治六年の政変という。

□□□		
9	1875年、日本の軍艦雲揚が、朝鮮の漢江河口付近で示威行動中に守備兵から砲撃を受け戦闘に発展した。この事件を何というか。	9 江華島事件
□□□		
10	江華島事件を機に、日本は朝鮮に迫り、条約を締結して朝鮮を開国させた。この条約を何というか。	10 日朝修好条規（江華条約）

解説▶この条約によって釜山・仁川・元山が開港され、日本の領事裁判権と付属の通商章程による関税免除などが認められるなど、朝鮮側にとって不平等条約であった。

□□□		
11	開拓長官黒田清隆の建議により、駐露公使榎本武揚がロシアとの交渉にあたり、1875年、ロシアとの国境を確定する条約を締結したが、この条約は何か。	11 樺太・千島交換条約

□□□ 12	文禄年間、小笠原貞頼が発見したとされ、その後、幕末にはイギリス・アメリカが領有を主張したこともあったが、1876年明治政府が両国に通告し、正式に日本領とした諸島がある。この諸島名をあげよ。 **解説** 尖閣諸島は1895年、竹島は1905年に、それぞれ他国が占領した形跡がないことを確認のうえ、日本の領土に編入した。尖閣諸島をめぐって解決しなければならない領有権問題は存在しない。竹島は、現在、韓国が不法占拠している。	12 小笠原諸島

政府への反抗

□□□ 1	明治六年の政変ののちに政府を指導した初代内務卿は誰か。	1 大久保利通
□□□ 2	征韓論争に敗れて下野した前参議のうち、西郷を除く4人は、由利公正・古沢滋らと愛国公党を組織した。その4人をあげよ。	2 板垣退助、後藤象二郎、副島種臣、江藤新平
□□□ 3	板垣退助・後藤象二郎らは、藩閥官僚の有司専制政治に反対し、議会の開設を要求する意見書を1874年、政府左院に提出したが、この意見書を何というか。 **解説** この意見書はイギリス人ブラックの発行する『日新真事誌』に掲載され反響をよび、自由民権運動の口火となった。	3 民撰議院設立の建白書
□□□ 4	江藤新平は征韓論争に敗れ参議を辞職、郷里の不平士族に迎えられて、1874年、政府に対し反乱を起こした。この反乱は何か。	4 佐賀の乱
□□□ 5	1876年、廃刀令が出され、ついで秩禄処分が断行されると、攘夷主義を掲げる熊本の太田黒伴雄らの不平士族が反乱を起こし熊本鎮台を襲った。この反乱は何か。	5 敬神党(神風連)の乱
□□□ 6	熊本の反乱に呼応して、福岡県の宮崎車之助らの不平士族が起こした反乱は何か。	6 秋月の乱
□□□ 7	山口県で前参議前原一誠らの不平士族が起こした反乱は何か。	7 萩の乱
□□□ 8	1873年、徴兵制度や学制にもとづく小学校の設置による負担の増加をきらい、さらに徴兵告諭の中の文言への誤解もあって、多くの農民が起こした一揆を何というか。	8 血税一揆

9	地租改正で負担の軽減を期待した農民は、それが実現されないことを知り、1876年に各地で反対運動を展開した。これを何というか。 **解説** この運動は茨城県（真壁騒動）、三重県（伊勢暴動）、愛知県、岐阜県、堺県などで激しく展開され、軍隊の出動で鎮圧されたが、1877年、**大久保利通**らの政府は、減租の詔を出して税率を2.5%に引き下げた。	**9** 地租改正反対一揆

□□□

10	征韓論を強硬に主張して敗れ、政府を辞して郷里の鹿児島で私学校を経営したのは誰か。	**10** 西郷隆盛

□□□

11	西郷隆盛は、郷里で私学校の生徒たちに擁立されて、ついに武力蜂起にふみきり、新政府軍に敗れた。これを最後に**不平士族の反乱**は収まったが、この武力蜂起を何というか。また、西暦何年のことか。	**11** 西南戦争、1877年

□□□

考えてみよう

士族の反政府暴動があいついだのはなぜだろうか。

➡国民皆兵を原則とする（　　）により、封建制度下の身分制が解体に向かい、廃刀令や（　　）処分などにより士族の封建的な特権が剥奪されたから。

徴兵制／秩禄

2　立憲国家の成立

自由民権運動

□□□

1	**天賦人権**思想の影響を受けた人々は、政府に対して**藩閥**打破や国会開設などの民主的改革を要求する政治運動を展開した。この運動を何というか。	**1** 自由民権運動

□□□

2	郷土の土佐に帰った**板垣退助**が、民権思想普及のため片岡健吉らと設立した土佐の政社は何か。 **解説** この政社は、西南戦争中に8カ条の政府の失政を掲げ、片岡健吉を総代として民撰議院設立・地租軽減・条約改正などを要求する立志社建白を天皇に提出しようとしたが、政府に却下された。	**2** 立志社

☐☐☐ **3**	1875年、立志社を中心に、**板垣退助**は全国の士族の有志とともに**大阪**で政社を組織した。この政社は何か。	**3** 愛国社
☐☐☐ **4**	高揚してきた民権運動に対処しなければならなくなった政府は、1875年、**大久保利通**を大阪に派遣し、板垣退助や台湾出兵に反対して下野した**木戸孝允**らと会談した。この会談を何というか。	**4** 大阪会議
☐☐☐ **5**	大阪会議の結果、徐々に立憲制に移行する方針が決定され、詔として公表された。板垣退助・木戸孝允はこれを機に政府に復帰したが、この詔は何か。 **解説** 大阪会議を受けて、板垣退助が参議として政府に復帰したため、愛国社は事実上解散した。	**5** 漸次立憲政体樹立の詔
☐☐☐ **6**	漸次立憲政体樹立の詔で新設が明示された立法諮問機関は何か。	**6** 元老院
☐☐☐ **7**	漸次立憲政体樹立の詔で新設が明示された**司法権を行使する最高機関**は何か。	**7** 大審院
☐☐☐ **8**	漸次立憲政体樹立の詔で新設が明示された**府知事・県令**からなる会議は何か。 **解説** この会議では地方三新法と総称される郡区町村編制法・府県会規則・地方税規則など、地方自治に関するものを審議した。	**8** 地方官会議
☐☐☐ **9**	1875年、政府が言論・著作の取締りを強化するため、新たに定めた法令を2つあげよ。	**9** 新聞紙条例、讒謗律
☐☐☐ **10**	1878年に再興された**愛国社**により、民権運動はしだいに地主や都市の商工業者なども参加し、全国的に展開しはじめた。その第4回大会で組織を拡張し、名称を改めたが、何と改めたか。	**10** 国会期成同盟
☐☐☐ **11**	**片岡健吉・河野広中**らが中心となり、2府22県8万7000人が署名した国会開設請願書を政府に提出しようとしたが、政府はこれを拒絶し、政治集会・結社の許可制、集会の警察官監視制など政社の活動を制限する法令を定めた。この法令は何か。	**11** 集会条例
☐☐☐ **12**	国会開設要求の高まりの中で、政府内でも意見が分かれたが、イギリス流の**議院内閣制**と国会の即時開設を主張し、岩倉具視や伊藤博文と激しく対立した参議は誰か。	**12** 大隈重信

□□□		
13	政府の物件が薩摩出身者らに不当に安く払い下げられることが報じられると、民権派は激しく政府を攻撃した。この事件を何というか。	**13** 開拓使官有物払下げ事件
□□□		
14	開拓使官有物払下げ事件で、政府の物件を不当に安く払い下げようとした薩摩出身の開拓長官は誰か。	**14** 黒田清隆
□□□		
15	開拓使官有物払下げ事件に対する世論の動きに関係したとされる大隈重信を罷免し、10年以内の国会開設を公約した一連の政治の動きを何というか。	**15** 明治十四年の政変
□□□		
16	1881年に出された、1890年を期して国会を開設するとした詔勅を何というか。	**16** 国会開設の勅諭
□□□		
17	政府による国会開設の時期が決まると、民権運動は政党の結成へと動き出した。まず1881年10月、板垣退助らは国会期成同盟を核にフランス流の急進的自由主義の立場で主権在民の主張をもつ政党を結成した。農村をおもな地盤としたこの政党は何か。	**17** 自由党
□□□		
18	板垣退助に従い活躍した土佐出身の自由党の理論的指導者で、私擬憲法「東洋大日本国国憲按」を作成した人物は誰か。	**18** 植木枝盛
□□□		
19	明治十四年の政変で下野した大隈重信は1882年、下野した官僚や新聞記者らを中心に政党を結成した。君民同治(主権在君民)のイギリス流の漸進的立憲論を説き、都市の商工業者や知識人を地盤としたその政党は何か。	**19** 立憲改進党
□□□		
20	自由民権派の政党結成をみて、『東京日日新聞』の社長らが政府擁護のために主権は天皇にあるとする保守政党を結成した。この政党は何か。	**20** 立憲帝政党
□□□		
21	立憲帝政党の党首は誰か。	**21** 福地源一郎
□□□		
22	政党を組織した民権派は、その主張や政策を表すため理想とする憲法の私案を作成した。この憲法私案を総称して何というか。	**22** 私擬憲法

> **解説** 立憲改進党系民間団体の交詢社が作成・発表したのが「私擬憲法案」。このころから各派の私擬憲法がさかんに発表された。自由党系の立志社が作成・発表したのが「日本憲法見込案」。自由民権運動左派の植木枝盛が起草した国民主権・一院制議会・抵

抗権・革命権などを規定した最も民主的なものが「東洋大日本国国憲按」。ほかに、民間レベルで作成されたものとして、東京府下の武蔵五日市の千葉卓三郎が起草し、国民の権利の保障に力点を置いたものが「五日市憲法草案(日本帝国憲法)」。

□□□

考えてみよう

自由民権運動は発生期(1874〜75年ころ)にどのように展開し、政府はこれにどのように対応したのだろうか。

➡ ( )の政変で下野した板垣退助・後藤象二郎らは、愛国公党を設立するとともに、( )設立の建白書を左院に提出し、政府官僚の有司専制を批判し、議会の設立を求めた。これを機に自由民権論は急速に高まり、土佐に( )が設立され、民権派の全国組織として( )が大阪に設立された。これに対して政府側も、漸次立憲政体樹立の詔を出し、元老院・( )・地方官会議を設置して民権運動を懐柔する一方、( )・新聞紙条例を制定して民権運動をきびしく取り締まった。

明治六年／民撰議院／立志社／愛国社／大審院／讒謗律

自由民権運動の再編

□□□

1 1881年、きびしい緊縮・デフレ政策により、米・繭の価格が著しく下落し、深刻な不況が全国におよんだときの大蔵卿は誰か。

> **解説** 地租は定額金納であったため、松方財政による農産物価格の下落は、農民の負担を著しく重くした。自作農の中には土地を手放して小作農に転落する者もいた。また、松方財政下での農民の窮迫は、自由民権運動にも大きな影響を与え、運動から手を引く者、政治的に急進化する者も現れた。

1 松方正義

□□□

2 1882年、県令三島通庸提案の土木工事強行案に、県会議長河野広中ら自由党員が中心となって反対運動を展開した。そのため、自由党弾圧の好機とされ、多数の党員・農民が逮捕・処罰された。この事件は何か。

> **解説** この時期、政府の伊藤博文や井上馨らが三井の出資で板垣退助・後藤象二郎らを外遊させ、大隈重信の立憲改進党と反目させたので、民権運動の指導部が一時失われることになったのも激化事件の要因となった。

2 福島事件

□□□

3 1884年、松方財政下の不況にあえぐ埼玉県の農民は、たびたびの請願も受け入れられず、困民党などを組織し、

3 秩父事件

ついに武力蜂起した。政府は軍隊を出動させて鎮圧したが、この事件は何か。

解説 この間、1883年に新潟県で政府高官の暗殺を計画したとして、自由党員が捕えられ処罰された高田事件、1884年に自由党急進派が妙義山麓で蜂起した群馬事件、栃木県令の圧政に対し、茨城・福島・栃木県の自由党員が県令三島通庸の暗殺を計画したが失敗した加波山事件などがあいついだ。

□□□
4 1885年、大井憲太郎や景山英子ら旧自由党左派は、朝鮮に武力で独立党政権を樹立し、日本の国威発揚と日本国内の政治改革をはかろうと計画したが、発覚し逮捕された。この事件を何というか。

4 大阪事件

□□□
5 1884年、激化事件と弾圧の中で、自由党の指導部は加波山事件の直後解党し、民権運動は下火になったが、1886年末、星亨が「小異を捨てて大同につこう」という連合論を提唱すると、復活のきざしをみせた。後藤象二郎らによって推進されたこの運動を何というか。

5 大同団結運動

□□□
6 井上馨外務大臣の条約改正交渉の失敗を契機として、民権派ばかりでなく国粋主義者も参加して、激しく政府に陳情を展開する運動が起こった。この運動を何というか。

解説 この運動は、地租の軽減、言論・集会の自由、外交失策の回復（対等条約の締結）を要求するものであった。

6 三大事件建白運動

□□□
7 政府は三大事件建白運動に対して、1887年12月、突如弾圧法規を公布、即日施行して尾崎行雄・片岡健吉・中江兆民・星亨ら民権派450人余りを皇居外3里の地に追放した。この弾圧法規を何というか。

7 保安条例

□□□
8 1880年代、自由民権運動期の政治評論を中心とした新聞の総称を何というか。

解説 大新聞に対して瓦版の伝統を引き継ぎ、報道・娯楽中心の大衆紙が小新聞である。

8 大新聞

□□□
9 政府の欧化主義に反対し、平民的欧化主義を主張して平民（地方の実業家）からの近代化と民主主義の徹底を主張したのは誰か。

9 徳富蘇峰

□□□
10 徳富蘇峰が1887年に民友社を創立して発行した雑誌名は何か。

10 『国民之友』

□□□
11 近代的民族主義を唱える三宅雪嶺や志賀重昂らは、1888年、文化団体を組織し、雑誌を発行してその思想の普及につとめた。団体名と雑誌名をあげよ。

11 政教社、『日本人』

憲法の制定

□□□
1 長州出身の政治家で、大久保利通の死後、政府の最高指導者となり、大日本帝国憲法の制定などに貢献したのは誰か。

1 伊藤博文

□□□
2 憲法調査のため渡欧した伊藤博文に、ドイツ憲法を講義したベルリン大学の教授は誰か。

2 グナイスト

□□□
3 伊藤博文に、ドイツ憲法を講義したウィーン大学の教授は誰か。

3 シュタイン

□□□
4 1878年、外務省法律顧問として来日し、憲法・商法の制定に尽力したドイツ人は誰か。

解説▶そのほかに伊藤博文にドイツ法を教授し、1886年、内閣および内務省法律顧問として来日し、市制・町村制の原案作成に尽くしたドイツ人モッセも憲法制定の助言にあたった。

4 ロエスレル

□□□
5 伊藤博文のもとで宮中に置かれた制度取調局御用掛として、憲法の起草にあたった人物を3人あげよ。

5 井上毅、伊東巳代治、金子堅太郎

□□□
6 政府は将来、上院議員選出の基盤とする意図で、旧公卿・旧大名・維新の功臣に、家格・功績によって爵位を与える法令を定めた。この法令を何というか。

6 華族令

□□□
7 華族令の五爵のうち、最上位と最下位をあげよ。

7 公爵、男爵

□□□
8 明治時代初期の太政官制にかわって、1885年に最高行政機関の制度が創設された。これを何というか。

8 内閣制度

□□□
9 内閣制度の最高官には伊藤博文が任ぜられた。この最高官を何というか。

解説▶内閣制度の制定により、宮中・府中の別が確立した。このとき、天皇を常時輔弼する任にあたる内大臣が宮中に置かれた。なお、最高行政機関の各省の長官を国務大臣という。

9 内閣総理大臣

□□□
10 郡区町村編制法では、人口稠密の地を区としたが、1888年の新制度で改められて市となった。また町村の合併も

10 市制・町村制

このとき並行しておこなわれた。山県有朋（やまがたありとも）内務大臣とドイツ人モッセが中心となり進めたこの新制度を何というか。

□□□ 11	1890年、ドイツの州制度にならい、府・県・郡について整備がなされて地方行政制度が確立した。これを何というか。	11 府県制・郡制
□□□ 12	1888年に設置され、天皇の重要政務に関する諮問（しもん）機関として憲法の草案が審議された機関は何か。	12 枢密院（すうみついん）
□□□ 13	ドイツ憲法を参考にし、伊藤博文らの起草により1889年2月11日（紀元節）に発布された憲法の正式名を答えよ。	13 大日本帝国憲法

解説▶お雇い外国人のベルツの日記には大日本帝国憲法の発布を2月11日にひかえ東京市はお祝いムード一色であるが、「だが滑稽なことには誰も憲法の内容をご存じないのだ」と記している。

□□□ 14	大日本帝国憲法は、天皇が定め国民に与える形式をとったが、このような形式の憲法を何というか。	14 欽定（きんてい）憲法

解説▶大日本帝国憲法とともに、皇位継承・即位などを定めた皇室典範も制定されたが、「臣民（しんみん）の敢て干渉（あえてかんしょう）する所に非（あ）ざるなり」という理由で公布はされなかった。

□□□

考えてみよう

明治十四年の政変を契機に、天皇と政府に強い権限を与える憲法を制定する方針となったのはなぜだろうか。

➡近代化を急速に推し進めるためには、大隈重信（おおくましげのぶ）の主張する議院内閣制を原則とする（　　　）型より、（　　　）権・行政権の強い（　　　）型憲法がふさわしいと考えていた伊藤博文を中心とする薩長藩閥が、政変で大隈を罷免したから。

イギリス／君主／ドイツ

□□□ 15	大日本帝国憲法下における統治権の総攬者（そうらん）としての天皇が、議会の協賛なしに行使できる権能は何か。	15 天皇大権（てんのうたいけん）
□□□ 16	天皇大権は条約締結、宣戦（せんせん）・講和、戒厳令（かいげん）、緊急勅令（ちょくれい）など広い範囲におよぶが、軍隊の最高指揮統率権を何というか。	16 統帥権（とうすいけん）
□□□ 17	大日本帝国憲法下における最高立法機関は何か。	17 帝国議会
□□□ 18	帝国議会のうち、皇族・華族議員・勅選議員・多額納税者議員などによって構成された機関を何というか。	18 貴族院

第12章

□□□
19 帝国議会のうち、選挙によって選出された議員により構成され、予算の先議権を有した機関を何というか。　**19 衆議院**

□□□
20 衆議院議員の任期・定員・選挙などについて定めた法令が、1889年に公布された。何というか。　**20 衆議院議員選挙法**

解説 この法令では、選挙権は15円以上の直接国税を納入する満25歳以上の男性に対してのみ与えられ、第 1 回の総選挙で有権者は全人口の 1 ％強にすぎなかった。1900年には第 2 次山県有朋内閣のもとで直接国税10円以上に、1919年には原敬内閣のもとで同 3 円以上に緩和されたが、財産制限が撤廃されたのは加藤高明護憲三派内閣の1925年であった。

諸法典の編纂

□□□
1 政府の手により、近代的諸法典の編纂が進められたが、1873年に制定された改定律例にかえて、1880年に公布された大逆罪・不敬罪を厳罰とする規定を設けた法典は何か。　**1 刑法**

解説 この法典に対応してフランスの法に範をとりボアソナードが起草し、1880年に公布されたのが治罪法。1890年にこれが改定され、刑事訴訟法として公布・施行された。なお、この年にはドイツ法に範をとった民事訴訟法が公布された。このように近代法典の整備が進んだ背景には、条約改正を有利に進めるねらいもあった。

□□□
2 ドイツ人ロエスレルが起草し、1890年に公布されたが、修正がくわえられ1899年に施行された法典は何か。　**2 商法**

□□□
3 フランス人法学者ボアソナードが草案を起草し、1890年に公布されたが「民情風俗に適せず」の批判を受け、施行が無期延期となった法典は何か。　**3 民法**

□□□
4 民法をめぐって反対・賛成の意見が戦わされたが、これを何というか。　**4 民法典論争**

解説 この民法について、「民法出デヽ忠孝亡ブ」と施行に反対した法学者が穂積八束。これに対し「家長権は封建の遺物」といい、施行を主張した法学者が梅謙次郎。結局、この民法は強大な戸主権、男女両性の不平等、家督相続制など、家長中心の封建的な家制度を温存したかたちで修正し施行された。

□□□

考えてみよう
諸法典の編纂が急がれたのはなぜだろうか。

➡法典の整備は近代国家の要件とされるとともに、（　　）・協定関税制を定めた不平等条約の改正に不可欠であったから。

領事裁判権

初期議会

□□□
1 大日本帝国憲法発布の翌日、総理大臣は地方長官を鹿鳴館に集めて、政府は政党の外に立ち、公正の道をとることを訓示した。この考え方を何というか。

1 超然主義

□□□
2 超然主義の考え方を示した総理大臣は誰か。

2 黒田清隆

□□□
3 1890年に最初の衆議院議員選挙がおこなわれ、第一議会が召集された。このときの内閣名をあげよ。

3 第1次山県有朋内閣

□□□
4 第一議会では、反政府勢力が衆議院の過半数を占めた。この反政府勢力を何というか。また、政府を支持する政党勢力を何というか。

解説▶第一議会から日清戦争勃発直前の第六議会までは、超然主義・富国強兵策を進める藩閥政府と、立憲自由党（のち自由党）・立憲改進党などの民党が対立し、議会は混乱した。この時期の議会を初期議会という。第一議会の山県有朋首相は施政方針演説の予算案説明の中で「主権線」（国境）・「利益線」（朝鮮半島を指す）防衛のため、陸・海軍経費の増強を強調した。これに対して、立憲自由党などの反政府勢力は、政費節減・民力休養を主張した。

4 反政府勢力：民党、政府支持勢力：吏党

□□□
5 第二議会では、政府が提出した軍艦建造費を含む予算案が民党により大幅に削減され、第1次松方正義内閣は衆議院を解散した。この後の第2回総選挙で内務大臣品川弥二郎による民党への大規模な圧迫がおこなわれたが、これを何というか。

解説▶第四議会は実力者を擁する第2次伊藤博文内閣（元勲内閣）のもとで開催されたが、民党の軍事予算削減に対して、天皇は宮廷費を節減して軍艦建造費にあてるので、議会も政府に協力してほしいという和衷協同の詔書（建艦詔勅）を出した。内閣はこれを利用してかろうじて議会をのり切った。

5 選挙干渉

□□□
6 政府と自由党の接近に反発した立憲改進党などは、第五議会においてかつての吏党である国民協会と連合して、条約改正問題で政府を攻撃した。この連合グループを何というか。

6 対外硬派連合

第13章 | 近代国家の展開

1 日清・日露戦争と国際関係

条約改正

☐☐☐
1 岩倉具視・寺島宗則の交渉失敗を受けて、1882年から1887年にかけて、列国の歓心を得て条約改正を実現すべく、西欧化政策を進めたのは誰か。

1 井上馨

☐☐☐
2 井上馨によって条約改正交渉促進のためにとられた、欧米の制度・生活様式などをとり入れて開化の様子を示し、列国の歓心を買おうとした極端な政策を何というか。

2 欧化政策

☐☐☐
3 欧化政策がすすめられた時期、条約改正を進めるため、イギリス人コンドルの設計した社交場で、音楽会や舞踏会がさかんに催された。この社交場は何か。

3 鹿鳴館

解説▶この外交を鹿鳴館外交とよび、この時期についても鹿鳴館時代とよぶ。

☐☐☐
4 井上馨の改正案は、内容的にも問題があったため、政府内外から反対の声があがった。領事裁判権撤廃の代償としたのは何か、2つあげよ。

4 外国人判事の任用、外国人の内地雑居

解説▶1886年に紀州沖でイギリスの汽船が暴風雨にあって沈没した際に、イギリス人乗組員が日本人を見捨てたノルマントン号事件があり、船長に対する判決を知った国民は、国権回復の必要性を強く認識し、井上の条約改正案に反対した。政府内部でも農商務大臣の谷干城や法律顧問のボアソナードらが反対した。民権派からは、三大事件建白運動が展開された。言論界からの反対もあり、雑誌『日本人』で国粋保存主義を唱えた三宅雪嶺、新聞『日本』で国民主義を唱えた陸羯南らが有名。

☐☐☐
5 1889年に秘密のうちに、各国との個別条約改正交渉を進め、メキシコとの対等条約、米・独・露との改正条約に調印したが、『ロンドンタイムズ』に大審院への外国人判事の任用を認める条約案が掲載され、その内容が憲法違

5 大隈重信

反と攻撃された外務大臣は誰か。

□□□

考えてみよう

井上馨と大隈重信の条約改正交渉では、改正案や改正条約に対して政府内外から批判や反対論が起こった。なぜだろうか。

➡ (　　　)の撤廃を求めているにもかかわらず、井上の改正案では外国人を被告とする裁判には過半数の(　　　)判事を採用するという条件がついていたこと、大隈の調印した条約では、条約正文以外の約束として(　　　)への(　　　)判事任用を認めていたから。

| 領事裁判権／外国人
／大審院／外国人 |

□□□

6 大隈重信外務大臣に爆弾を投げて負傷させ交渉を失敗させた来島恒喜は、対外硬派の団体に属していた。頭山満を中心に組織されたその団体は何か。

6 玄洋社

□□□

7 領事裁判権の撤廃と関税の自主権の一部回復案をもってイギリスと条約改正交渉をはじめた際に起きた、来日中のロシア皇太子(のち皇帝ニコライ2世)が滋賀県で傷つけられた事件を何というか。

7 大津事件(ロシア皇太子傷害事件)

解説 ▶ ロシア皇太子を傷つけた巡査津田三蔵について、政府は大逆罪を適用して死刑にしようとしたが、当時の大審院長児島惟謙は担当裁判官に謀殺未遂罪として無期徒刑の判決を出させた。児島は司法権の独立を守ったとされる。

□□□

8 大津事件の責任をとり辞職した外務大臣は誰か。

8 青木周蔵

□□□

9 政府は、イギリスとの間に交渉を進め、日清戦争直前の1894年に、領事裁判権の撤廃と関税率の引上げ、相互対等の最恵国待遇および内地雑居を内容とする条約を締結した。このときの外務大臣は誰か。

9 陸奥宗光

□□□

10 陸奥宗光外務大臣が締結した条約名をあげよ。

10 日英通商航海条約

□□□

11 条約改正交渉で、1911年に改正日米通商航海条約を調印し、関税自主権が回復されたときの外務大臣は誰か。

11 小村寿太郎

朝鮮問題

□□□

1 1882年、漢城で朝鮮政府の保守派が壬午軍乱を起こした。保守派の中心人物は国王の父だが、誰か。

1 大院君(テ ウォングン)

□□□ 2	壬午軍乱で、親日策をとる改革派の中心人物は国王の王妃であった。誰か。	2	閔妃 (ミンビ)
□□□ 3	壬午軍乱のあと、清国と結んで政権を握った朝鮮の保守派事大党と、親日策をとり朝鮮の近代化を進めようとした開明派独立党の対立が激しくなるが、独立党の中心人物をあげよ。	3	金玉均 (キムオッキュン)
□□□ 4	1884年、清国が清仏戦争に敗れたのを機に、親日派が日本公使と結んでクーデタを起こしたが、清国軍の来援で失敗した。この事件を何というか。	4	甲申事変
□□□ 5	甲申事変の結果、日本と清国の対立が深まった。その解消のために、伊藤博文と李鴻章により日清間の条約が結ばれた。日清両国軍の朝鮮からの撤兵、将来出兵時の相互事前通告などを定めたこの条約は何か。 解説▶福沢諭吉が創刊した『時事新報』は、1885年に発表した論説で、アジアを脱して欧米列強側に立つべきとする脱亜論を説いた。一方、朝鮮側でも1889年、日本に対して経済的打撃を与えるため、大豆や米の対日禁輸策である防穀令を発令した。	5	天津条約

日清戦争と三国干渉

□□□ 1	軍の統帥は大元帥としての天皇が直接あたることを内容とし、天皇への軍人の忠節を強調した、1882年に公布された勅諭は何か。 解説▶軍人勅諭公布より先、1878年、陸軍の動員・作戦計画などをつかさどる最高軍令機関である参謀本部が新設された。1893年に参謀本部から独立し、海軍の作戦・沿岸防御計画などをつかさどった最高軍令機関が海軍軍令部である。	1	軍人勅諭
□□□ 2	1894年、朝鮮半島南部の全羅道で農民反乱が起こり、排外的な民族宗教団体と結びつき、各地に波及して大乱となった。全琫準らが率いたこの大乱を何というか。 (チョンボンジュン)	2	甲午農民戦争(東学の乱)
□□□ 3	甲午農民戦争は出兵した清国軍によって鎮圧された。天津条約を理由に日本軍も出兵したが、朝鮮の内政改革要求を清国に提案したものの拒絶されたため、両国間の戦いとなった。この戦いを何というか。	3	日清戦争
□□□ 4	日清戦争は、軍隊の近代化を進めていた日本の勝利に終わった。両国間で締結された講和条約を何というか。	4	下関条約(日清講和条約)

解説▶ 日本の首席全権が首相の**伊藤博文**、清国側は**李鴻章**が出席。清国は朝鮮が独立国であることを認め、日本に対して2億両の賠償金の支払い、遼東半島・台湾・澎湖諸島の割譲、沙市・重慶・蘇州・杭州の4港の開港などを認めた。

□□□
5 下関条約調印の6日後、**ロシア・フランス・ドイツ**は、「極東ノ永久ノ平和ニ対シ障害ヲ与フル」ものとして、**遼東半島の返還**を勧告してきた。この勧告を何というか。

5 三国干渉

□□□
6 日本はやむなく三国干渉の勧告に応じた。国民はこれを屈辱と感じ、復讐を誓う中国の故事を合言葉として、ロシアへの**敵愾心**を高めた。この合言葉は何か。

6 臥薪嘗胆

□□□
7 日本領となった台湾を支配するため、1895年に設置された統治機関は何か。

7 台湾総督府

□□□
8 海軍軍令部長で初代台湾総督に任命されたのは誰か。

8 樺山資紀

□□□
9 台湾総督児玉源太郎のもとで民政に力を入れ、台湾で土地調査事業に着手し土地制度の近代化を進めたのは誰か。

9 後藤新平

□□□
10 朝鮮では、三国干渉後、**閔妃**を中心とする**親露政権**が誕生した。**日本公使三浦梧楼**により閔妃は殺害されたが、この政権は、日本・清国に対抗する意味で、1897年に国号を改めた。その国号は何か。

10 大韓帝国(韓国)

□□□

考えてみよう

日清戦争後の日本と近隣諸国の世論や政治の変化について、説明してみよう。

➡南下政策をとるロシアは、日本が下関条約で得た(　　)を三国干渉で返還させた。日本では「(　　)」の標語にみられるようにロシアに対する敵意が増大し、それを背景に軍備拡張につとめた。朝鮮では、宗主国清の敗北や(　　)事件を機にロシアの支援で日本に対抗する動きが強まった。

遼東半島／臥薪嘗胆／閔妃殺害

立憲政友会の成立

□□□
1 日清戦争の勝利は、思想界の動向に大きな変化を与えたが、雑誌『**太陽**』で「君民一体、忠君愛国」など国民精神の発揚を説く**日本主義**を展開し、キリスト教を排撃したのがは誰か。

1 高山樗牛

□□□
2 1898年に首相を大隈重信、内務大臣を板垣退助とし陸・海軍両大臣以外はすべて政党員からなる最初の政党内閣が成立した。この内閣を2人の名から何とよぶか。

2 隈板内閣

□□□
3 最初の政党内閣である隈板内閣の政党名をあげよ。

3 憲政党

解説▶この政党は立憲改進党の流れをくむ進歩党(大隈)と自由党(板垣)が合同したものだが、尾崎行雄文部大臣が共和演説事件で辞職すると両派の対立が強まり、結局4カ月にして憲政本党(旧進歩党系)と憲政党(旧自由党系)に分裂し、隈板内閣も瓦解した。

□□□
4 最初の政党内閣が崩壊したあとを受けて成立し、地租増徴や選挙法改正などを実施した内閣名をあげよ。

4 第2次山県有朋内閣

解説▶1898年に地租は2.5%から3.3%へ、また、1900年に選挙人は直接国税10円以上納入する者に改められた。

□□□
5 第2次山県有朋内閣は政党員が官界に進出するのを防ぐため、試験任用を拡大して、自由任用を制限する法改正をおこなった。この法令は何か。

5 文官任用令

□□□
6 第2次山県有朋内閣の手により、陸・海軍大臣は現役の大将・中将に限られることになった。この制度は何か。

6 軍部大臣現役武官制

□□□
7 第2次山県有朋内閣は労働運動の高揚に対し、従来の弾圧法規を集大成した法令を制定した。1900年に出されたこの法令は何か。

7 治安警察法

□□□
8 政府に批判的だった憲政党は、議会を円滑に運営するため政党結成をめざしていた伊藤博文に接近し、解党して伊藤派の官僚とともに、1900年新たな政党を結成した。この政党は何か。

8 立憲政友会

解説▶この政党を基盤として第4次伊藤博文内閣が成立したが、貴族院の反対に苦しめられ退陣し、1901年に第1次桂太郎内閣が成立した。なお、自由党の後身が藩閥と妥協したことへの批判もあり、幸徳秋水は『万朝報』に「自由党を祭る文」を発表した。

□□□
9 明治政府の成立・発展に貢献した政界の長老で、第一線を退いて非公式に天皇を助け重要政策の決定や首相の推薦などにあたり、藩閥勢力を擁護し民主勢力の発展を抑制した人々を何というか。

9 元老

列強の中国進出と日英同盟

□□□
1 先進資本主義国は19世紀末から20世紀初めに帝国主義の段階に入り、日清戦争後、中国分割が進んだ。他国の領土の一部を期限を設定して借用し、統治を行使することを何というか。

解説▶アメリカの国務長官ジョン＝ヘイはモンロー宣言を捨て、1899年、列強の中国分割に対して、門戸開放・機会均等を提唱した。

1	租借

□□□
2 列強の中国分割に対し、山東半島では「扶清滅洋」をスローガンに外国人排斥運動をおこなう白蓮教系の民間宗教団体が現れた。その団体を何というか。

2	義和団

□□□
3 義和団の外国人排斥運動はやがて北京にもおよび、列国公使館を襲撃した。清朝政府もそれに同調して各国に宣戦布告をしたため、列国は連合軍を送り1900年、これを鎮圧した。この事件を何というか。

3	北清事変（義和団戦争）

□□□
4 北清事変のあと清は、賠償金の支払いと北京の公使館守備隊の駐留などを認める条約を列国と結んだ。この条約は何か。

4	北京議定書

□□□
5 北清事変の際、ロシアは満洲に大軍を派遣し、事変後も撤兵しなかった。これに苦慮した伊藤博文らは、「満韓交換」をおこない妥協をめざす協定を結ぶべきと主張した。この立場を何というか。

5	日露協商論（満韓交換論）

□□□
6 日露協商論の主張に対し、日本政府内部では中国に数多くの利権をもつイギリスと提携すべきという主張が桂太郎らによってなされた。1902年に成立した両国の提携を何というか。

解説▶日本とロシアの対立が激しくなるにつれて、対露同志会が唱えたような対露強硬論が打ち出されるようになった。これらの強硬論を主戦論（開戦論）というが、東大の戸水寛人博士らが、桂首相に提出した七博士意見書などがその代表である。一方、人道主義や社会主義の立場で、戦争反対の非戦論（反戦論）を主張する人たちもあり、キリスト教徒の内村鑑三らは人道主義の、平民社の堺利彦や幸徳秋水らは社会主義の代表である。また、文学者の立場で反戦詩「君死にたまふこと勿れ」を『明星』に発表した与謝野晶子らもいる。

6	日英同盟（日英同盟協約）

□□□

□□□

考えてみよう

日英同盟が結ばれたのは、なぜだろうか。

➡両国でロシアの東アジア進出に対抗するため。日本は、中国東北部（満洲）がロシアの支配下に入れば、日本の（　　）での権益がおびやかされるため、イギリスは、ロシアの（　　）により中国やインドでの権益がおびやかされることを警戒したため。

韓国／南下策

日露戦争

□□□

1 満洲をめぐる日本とロシアとの交渉は決裂し、1904年に両国は互いに宣戦を布告して戦争がはじまった。この戦争を何というか。

1 日露戦争

□□□

2 日本の連合艦隊が総力をあげて戦い、ヨーロッパから回航してきたロシアの**バルチック艦隊**を壊滅させた海戦は何か。

2 日本海海戦

解説▶ほかに、ロシアの東洋艦隊の基地を奪取するため、乃木希典の率いる第3軍が攻撃した旅順包囲戦、1905年3月に南満洲の要地で日露両国軍が死力を尽くして戦った奉天会戦などがある。

□□□

3 1905年に調印された日露講和条約を締結地にちなんで何というか。

3 ポーツマス条約

□□□

4 日本国内では、**ポーツマス条約を屈辱的**なものとして講和反対国民大会が東京で開かれ、条約破棄を叫んで暴動化する事件になった。この事件を何というか。

4 日比谷焼打ち事件

解説▶日露戦争はアメリカ大統領セオドア＝ローズヴェルトの斡旋によって、日本全権小村寿太郎、ロシア全権ウィッテが講和条約に調印した。この条約で、韓国に対する日本の指導・監督権が全面的に認められ、清からの旅順・大連の租借権と長春以南の鉄道と付属権利の譲渡、北緯50度以南の樺太（サハリン）の譲渡、沿海州およびカムチャツカの漁業権が日本に認められた。しかし、賠償金はなく、これが暴動の原因となった。なお、日露戦争の戦費は17億円余りにのぼったが、国内の増税でまかなわれたのは3億2000万円弱であった。残りの巨額の軍事費は外国債（外債）と内国債（国債）でまかなわれ、日露戦争後の日本経済に大きな負担となった。

韓国併合

☐☐☐
1 1905年、桂首相とアメリカ特使タフト陸軍長官との秘密覚書で、**アメリカのフィリピン統治と、日本の韓国に対する指導権**を日米両国が相互に認めあった協定は何か。

1 桂・タフト協定

> **解説** 日露戦争勃発後から、日本の韓国支配がはじまった。韓国保全のためとして、日本軍の自由行動と軍事上の拠点を提供する取り決めが、開戦直後に締結された。それが**日韓議定書**である。戦争中に結んだ第1次日韓協約では、日本が推薦する財政・外交顧問を韓国政府に置くことが取り決められた。

☐☐☐
2 第2次日韓協約は、韓国の**外交権を接収**し保護国化するものであった。外交権行使のため、漢城(現ソウル)に置かれた日本政府の代表機関は何か。

2 統監府

☐☐☐
3 統監府の長官を何というか。

3 統監

☐☐☐
4 統監府の初代長官には誰が就任したか。

4 伊藤博文

☐☐☐
5 第3次日韓協約で、日本が**内政権を接収**したのは、韓国政府が日本の行為をオランダでの**万国平和会議**に提訴したのがきっかけであった。この提訴事件は何か。

5 ハーグ密使事件

☐☐☐
6 1909年、前統監の伊藤博文が韓国の**義兵運動**の指導者**安重根**によって**ハルビン**で暗殺され、翌年、日本政府は韓国を日本領土に編入する条約を結んだ。この条約は何か。

6 韓国併合条約

> **解説** 日本の植民地支配に抵抗するため散発的に起きていた**義兵運動**は、第3次日韓協約で解散させられた韓国軍兵士の参加を受け、本格的に全土に拡大した。

☐☐☐
7 韓国併合ののち朝鮮統治のため、京城(漢城を改称、現ソウル)に新たな機関が置かれた。この天皇直属の統治機関は何か。

7 朝鮮総督府

> **解説** この機関の長官は総督といい、陸軍大将の**寺内正毅**が初代総督に就任した。この機関は併合後、朝鮮の土地の測量、所有権の確定、価格の査定、台帳の作成などの**土地調査事業**を進めた。これによって小農民の没落が進み、一部の人は職を求めて**日本に移住**するようになった。なお、朝鮮の土地開発のため日韓両政府により設立された**国策会社**が**東洋拓殖会社**であり、朝鮮最大の土地所有者になった。

満洲への進出

☐☐☐ 1	旅順・大連を含む遼東半島南部の日本租借地は関東州とよばれたが、その統治のために1906年に旅順に設置された機関は何か。	1	関東都督府
☐☐☐ 2	ポーツマス条約でロシアから得た長春・旅順間の旧東清鉄道、および付属鉱山・製鉄所を経営するために設立された半官半民の国策会社は何か。 解説▶アメリカは、南満洲における日本の権益独占に反対し、日米関係が急速に悪化した。そのため、1906年、サンフランシスコで日本人学童の入学拒否事件、カリフォルニア州を中心に日本人移民排斥運動が激化した。	2	南満洲鉄道株式会社（満鉄）
☐☐☐ 3	日露戦争後、日露関係は緊密なものとなり、秘密裡に日露間で満洲における日本、内蒙古におけるロシアの勢力圏を相互に確認するなど、4回にわたり取決めがおこなわれた。この取決めは何か。	3	日露協約
☐☐☐ 4	1905年、東京で革命団体である中国同盟会が組織された。民族・民権・民生の三民主義を提唱した、この組織の総理は誰か。	4	孫文
☐☐☐ 5	1911年、清の専制と異民族支配に反対する革命が起き、翌年には孫文を中心として臨時政府が成立し、最後の皇帝宣統帝（溥儀）が退位して清が倒れた。この革命を何というか。	5	辛亥革命
☐☐☐ 6	辛亥革命で成立した新しい国の名は何か。	6	中華民国
☐☐☐ 7	新しく誕生した中華民国の大総統には、孫文を引き継いだ軍閥の巨頭が就任した。それは誰か。	7	袁世凱

桂園時代

☐☐☐ 1	日英同盟協約を締結して日露戦争を遂行したが、日比谷焼打ち事件で退陣した内閣名をあげよ。	1	第1次桂太郎内閣
☐☐☐ 2	立憲政友会の2代総裁が組織した内閣は、鉄道国有法の公布や満鉄の設立をおこなったが、日本社会党の結成を承認するなど社会主義者に寛大であったため、これが	2	西園寺公望

利用されて内閣は倒壊した。この内閣の総理大臣は誰か。

□□□
3 西園寺公望と桂太郎が明治時代末期に政権を交互に担当した。この時代を何というか。

3 桂園時代

□□□
4 日露戦争後、第2次桂太郎内閣は国民の間に芽生えた個人主義的傾向や享楽的傾向を是正するために勤倹節約と皇室の尊重を求める詔書の発布をあおいだが、これは何か。

4 戊申詔書

解説▶1909年から内務省が中心となって進めた地方自治体の財政再建と産業振興、民心向上などをはかる国富増強運動が地方改良運動。

□□□
5 「国法の範囲内において社会主義の実行を期す」と政府に届け出て、1906年、第1次西園寺公望内閣に許可を得た日本最初の合法的社会主義政党は何か。

5 日本社会党

解説▶これに先立ち、1901年に安部磯雄・片山潜・幸徳秋水・木下尚江らによって最初の社会主義政党である社会民主党が結成されたが、治安警察法によって解散を命じられた。安部・木下はキリスト教的社会主義者。木下は小説『火の柱』でも有名。幸徳は日露戦争直前に万朝報を退社し、平民社をおこし『平民新聞』で日露反戦を主張。無政府主義を唱えた。

□□□
6 第2次桂太郎内閣のもとで、1910年に明治天皇暗殺を計画したとの理由で、社会主義者・無政府主義者26人が検挙され、翌年、幸徳秋水以下12人が死刑に処せられた事件は何か。

6 大逆事件

□□□
7 大逆事件をきっかけに警視庁に設けられた思想警察は何か。

7 特別高等課(特高)

□□□
8 大逆事件以後、社会主義運動は停滞するに至ったが、この時期を何というか。

8 冬の時代

---

2 第一次世界大戦と日本

大正政変

□□□
1 『憲法講話』を刊行して、天皇機関説や政党内閣論を提唱し、国民に大きな影響を与えた東京帝国大学教授で憲法学者・貴族院議員は誰か。

1 美濃部達吉

解説▶天皇機関説は国家法人説ともいう。統治権は法人である国家にあり、天皇はその最高機関として統治権を行使するという憲法学説。

□□□
2 1911年8月に成立した内閣は、財政の立て直しのため緊縮財政の方針をとり、2個師団増設を主張する陸軍の要求を退けた。この内閣名をあげよ。

解説▶陸軍は中国の辛亥革命と、朝鮮の治安維持の理由から朝鮮に配備するための2個師団の増設を求めていた。一方、海軍は八・八艦隊を長期目標とした。この内閣が陸軍の要求を退けたため、陸軍大臣上原勇作は単独辞職し、陸軍は後任の大臣を出さなかった。軍部大臣現役武官制のためについにこの内閣は総辞職に追い込まれ、その後、内大臣であった桂太郎が元老会議を受けて第3次内閣を組織した。

2 第2次西園寺公望内閣

□□□
3 1912年、第3次桂太郎内閣が成立すると、内大臣兼侍従長であった人物が首相になったことで、宮中と政府(府中)の境界を乱すものとして、「閥族打破」「憲政擁護」をスローガンに首相の退陣を要求する運動が全国的に広まった。この運動を何というか。

3 第1次護憲運動

□□□
4 第1次護憲運動の先頭に立った立憲政友会、立憲国民党の政治家をそれぞれ1人ずつあげよ。

解説▶桂太郎はこの運動に対して、新党を組織して絶対多数の確保をはかったが失敗した。この政党が立憲同志会(総裁:加藤高明)で、桂の死後に成立した。

4 政友会:尾崎行雄、国民党:犬養毅

□□□
5 1913年2月、数万の群衆が帝国議会を取り巻く中で、第3次桂太郎内閣は50日余りで退陣した。この一連の政治変革を何というか。

5 大正政変

□□□
6 1913年2月、立憲政友会を与党とし、薩摩閥の海軍大将山本権兵衛が組閣をした。この内閣は軍部大臣現役武官制を改正したり文官任用令を改正したりして、政党勢力の拡大につとめたが、1914年、軍艦購入などに関する贈収賄事件が発覚して、責任をとって辞職した。この事件を何というか。

6 シーメンス事件

□□□
7 第1次山本権兵衛内閣退陣後、山県有朋や井上馨らの元老は、立憲同志会を与党とする内閣を成立させた。この内閣は、1915年の総選挙に勝利し陸軍2個師団増設を実現したが、首相は誰か。

7 大隈重信

考えてみよう

第1次護憲運動がその後の政治に与えた影響はどのようなものだろうか。

➡政党や民衆の力（世論）が議会運営上無視できない存在となり、（　　）主義は通用しなくなった。（　　）事件では、都市民衆の抗議行動の高まりにより山本権兵衛内閣が退陣し、言論界や民衆の間で人気のある（　　）が後継首相に起用された。

超然／シーメンス／大隈重信

第一次世界大戦

□□□
1 19世紀後半に国内を統一した**ドイツ**は、ビスマルクの外交政策によって、**オーストリア・イタリアとの間**に、1882年に相互防衛条約を締結した。これを何というか。

1 三国同盟

□□□
2 三国同盟に対抗するため**イギリス・ロシア・フランス**は、1891年の**露仏同盟**を軸に、1904年に**英仏協商**、1907年に**英露協商**を結んで3国の友好関係を強めた。これを何というか。

2 三国協商

□□□
3 「ヨーロッパの火薬庫」といわれたバルカン半島にあるボスニアの首都**サライェヴォ**で、**オーストリア帝位継承者**が親露的な**セルビア人**に暗殺される**サライェヴォ事件**が起こった。これを契機とする戦いを何というか。

3 第一次世界大戦

□□□
4 戦争にあたって、国家の有する軍事的・政治的・経済的・人的諸能力を最大限に組織し動員する戦争の形態を何というか。

4 総力戦

日本の中国進出

□□□
1 第一次世界大戦の勃発後、将来の東アジアにおける日本の地位の強化をはかるべきであると判断し、参戦を決定した内閣名と外務大臣名をあげよ。

1 第2次大隈重信内閣（おおくましげのぶ）、加藤高明（たかあき）

□□□
2 第一次世界大戦勃発後、中国からドイツ勢力を駆逐した日本は、ドイツが中国に所有していた権益の継承と懸案事項などの解決のため、1915年1月に中国の袁世凱（えんせいがい）政府に5号21項目におよぶ要求を出した。これを何というか。

2 二十一カ条の要求

内容としては第1号山東省のドイツ権益の継承、第2号南満洲および東部内蒙古の権益拡大、第3号漢冶萍公司の共同経営、第4号福建省の不割譲、第5号中国の主権侵害の諸条項があった。袁世凱政府は5月9日、第5号を除きこれを受諾したが、この日は国恥記念日として抗日運動の記念日とされた。

□□□
3 大隈内閣のあとを受けた寺内正毅内閣は、袁世凱のあとを継いだ北方軍閥の段祺瑞政権に私設秘書の西原亀三をつうじて借款のかたちで多額の援助を与えて、日本の権益を確保しようとした。それを何というか。

3 西原借款

□□□
4 日本の満洲市場独占と中国進出にアメリカは不満をもつようになり、日本は特派大使石井菊次郎を送り国務長官と妥協点を探しあった。その結果、アメリカは中国内の日本の特殊権益を、日本はジョン＝ヘイの3原則を認める公文が交換されたが、これを何というか。

4 石井・ランシング協定

□□□
5 ロシアでは1917年3月、皇帝ニコライ2世を退位させた三月革命、11月にはレーニンに率いられたボリシェヴィキがケレンスキー政権を倒した十一月革命が起きた。これらを何と総称するか。

5 ロシア革命

□□□
6 ロシア革命によって、成立した政権は何か。

6 ソヴィエト政権

□□□
7 ロシアにおける社会主義革命の成功とドイツ・オーストリアとの単独講和は連合国を狼狽させた。チェコスロヴァキア軍の救出を名目として、1918年、日・米・英・仏軍が干渉のための軍隊を派遣した。寺内正毅内閣によって開始されたこの派兵を何というか。

7 シベリア出兵

この派兵は、日本のみが1922年まで継続し、列国から非難を受けた。

政党内閣の成立

□□□
1 産業の発展、市民社会の成立、第一次世界大戦当時の世界的自由主義の風潮を背景に高揚した、大正時代の自由主義・民主主義的風潮を何というか。

1 大正デモクラシー

□□□
2 1916年、「憲政の本義を説いて其有終の美を済すの途を論ず」と題する論文が雑誌『中央公論』に発表された。普通選挙制による政党内閣が、下層階級の経済的不平等を是正すると主張したこの論文の筆者は誰か。

2 吉野作造

□□□
3 吉野作造は、天皇主権を規定する**大日本帝国憲法の枠内で民主主義の長所を採用する**という考えを主張したが、その主張を何というか。

　解説▶この主張は美濃部達吉の天皇機関説とともに大正デモクラシーの理論的根拠となった。

3 民本主義

□□□
4 第一次世界大戦による急激な経済の発展やシベリア出兵などから米価が急騰した。そのため米の安売りを要求して、1918年、富山県を端緒として全国38市・153町・177村で暴動が起き、寺内正毅内閣は倒れた。この暴動を何というか。

4 米騒動

□□□
5 1918年、**立憲政友会**の総裁で、華族でも藩閥出身でもない人が首相になった。誰か。

5 原敬

□□□
6 原敬首相は華族でも藩閥出身でないことから、何とよばれたか。

6 平民宰相

□□□
7 原敬は1918年、陸・海軍両大臣と外務大臣以外はすべて立憲政友会の党員をもって組閣した。このように**議会内多数党**により組織された内閣を何というか。

　解説▶原敬内閣は積極的に財政支出をおこない、産業奨励、鉄道や港湾の整備・拡充、教育施設の増設など地方利益の誘導を進める積極政策をおこなった。しかし、国民の期待とは裏腹に、普通選挙制には冷淡で、野党（憲政会）の提出した**普通選挙法案**を否決し、選挙法を改正し選挙権の納税資格を10円以上から3円以上に引き下げるにとどまった。この改正で小選挙区制が導入され、1920年の選挙で立憲政友会は圧勝した。また、外交面では米・英・仏との国際協調を主導した。

7 政党内閣

□□□
8 1921年、原敬が東京駅で刺殺されたあと、立憲政友会の総裁として内閣を引き継いだが、閣内不統一のために翌年辞職したのは誰か。

8 高橋是清

□□□
9 海軍大将で**ワシントン会議**の全権をつとめ、高橋是清内閣あと立憲政友会の支持を得て組閣し、軍縮・シベリア撤兵を実現したのは誰か。

9 加藤友三郎

第13章

パリ講和会議とその影響

□□□
1 1918年のドイツの無条件降伏により、第一次世界大戦は終結し、**パリ講和会議**が開催された。1919年6月に締結された、第一次世界大戦のドイツと連合国との講和条約は何か。

解説▶日本はこの会議に西園寺公望を首席全権として派遣し、山東省の旧ドイツ権益の継承、旧ドイツ領南洋諸島の委任統治権が認められた。なお、この条約で成立したヨーロッパの国際秩序をヴェルサイユ体制という。

1 ヴェルサイユ条約

□□□
2 パリ講和会議にあたって、**14カ条**からなる**平和の原則**を提示したアメリカ大統領は誰か。

2 ウィルソン

□□□
3 ウィルソンの提示した平和原則の中には、国際平和維持機関設立の提案もあった。その結果、1920年に発足した国際機関は何か。

解説▶日本はイギリス・フランス・イタリアとともに常任理事国になった。しかし、アメリカはモンロー宣言に抵触するという理由で結局は加盟しなかった。

3 国際連盟

□□□
4 パリ講和会議は、日本の二十一カ条の要求によって結ばれた取決めの撤回を求める中国の提案を拒否した。このため北京の学生集会を契機に反帝・反日の運動が中国全土に展開された。これを何というか。

解説▶このため、中国はヴェルサイユ条約の調印を拒否した。

4 五・四運動

□□□
5 ウィルソンの提示した14カ条の中の**民族自決主義**は、ロシア革命とともに朝鮮の知識人らを勇気づけた。朝鮮では独立宣言が発表され運動が高揚したが、鎮圧された。この運動を何というか。

解説▶朝鮮総督府は警官・憲兵・軍隊を動員してきびしく弾圧したが、原敬内閣は国際世論への配慮から朝鮮総督の資格を文官に拡大、憲兵警察を廃止するなどの改革もおこなった。

5 三・一独立運動

□□□
6 五・四運動下の中国で、天皇大権を中心に、私有財産の制限、金融・工業の国家管理など国家社会主義的国家改造を強調した『日本改造法案大綱』を著したのは誰か。

6 北一輝

□□□
考えてみよう
民族自決の原則は、中国や朝鮮にどのような影響を与えたのだろうか。

➡民族自決の原則を背景に日本に対する国際的圧力を期待し、中国では学生や労働者らの反日国民運動である（　　）運動が起き、朝鮮では独立を求める大衆運動である（　　）運動が全土で展開された。

五・四／三・一独立

ワシントン会議と協調外交

□□□
1 国際協調による戦争回避をめざし、**海軍軍備制限**や太平洋および**極東問題**を審議するため、アメリカ大統領**ハーディング**の提唱で1921年11月から1922年2月に開かれた国際会議は何か。

1　ワシントン会議

□□□
2 ワシントン会議では、太平洋諸島の現状維持と、問題の平和的解決が約束された。**日英同盟協約の終了**が同意されることにもなったこの条約は何か。

2　四カ国条約

□□□
3 ワシントン会議で、**中国の領土と主権の尊重、門戸開放・機会均等**についても条約の締結がなされた。この条約は何か。

3　九カ国条約

解説 この条約の締結を機に石井・ランシング協定は廃棄された。

□□□
4 ワシントン会議の主要目的は、日米両国の建艦競争を抑止することにあった。いわゆる5大国で戦艦など**主力艦**の保有総トン数を英・米5、日本3、仏・伊1.67の割合とした軍備制限の条約は何か。

4　ワシントン海軍軍備制限条約

□□□
5 ワシントン会議の結果、成立した国際秩序を何というか。

5　ワシントン体制

□□□
6 ワシントン会議後、中国への進出をめぐり、欧米との武力対立をさけ、**内政不干渉**の方針のもとで経済的進出を果たそうとした外交政策を何というか。

6　協調外交

□□□
7 協調外交は、それを進めた外務大臣にちなんで何とよばれているか。また、外務大臣の氏名もあわせてあげよ。

7　幣原外交、幣原喜重郎

解説 日本は経済的懸案には非妥協的であった。1925年には日本人が中国国内に経営する紡績工場である在華紡でストライキが発生し、流血の騒動となった。これが五・三〇事件で、中国全土

第13章

3．ワシントン体制　**209**

に反帝国主義運動が広がるきっかけになった。

☐☐☐ 8	幣原喜重郎外務大臣によって1925年に条約が結ばれ、ソ連との国交が樹立された。その条約は何か。	8	日ソ基本条約

社会運動の勃興

☐☐☐ 1	1918年に吉野作造によって結成されたデモクラシー思想の拡大をめざした団体は何か。 解説▶吉野作造らの指導のもとで成立した東大学生の思想運動団体が新人会(東大新人会)。普選運動や労働・農民運動との関係を深めていった。	1	黎明会
☐☐☐ 2	大正デモクラシーの風潮のもとで、社会主義運動も復活した。1920年、共産主義者や無政府主義者などさまざまな思想をもつ人たちによって結成された反資本主義団体は何か。	2	日本社会主義同盟
☐☐☐ 3	明治時代末期から大正時代にかけて、幸徳秋水や大杉栄らの社会主義者の中で、国家権力をはじめいっさいの権威を否定し、自由人の自由な結合による理想社会をめざす思想が唱えられたが、これを何というか。 解説▶1920年、東京帝国大学助教授森戸辰男は、ロシアの無政府主義者クロポトキンの研究に関する論文を発表し休職処分となった。	3	無政府主義(アナーキズム)
☐☐☐ 4	1922年、堺利彦や山川均らを中心に非合法のうちに結成され、モスクワで結成されたコミンテルンの日本支部として承認された政党は何か。	4	日本共産党
☐☐☐ 5	男尊女卑など封建的因習からの女性解放運動は、1911年に設立された文学者団体にはじまる。その団体名と発行した雑誌名をあげよ。	5	青鞜社、『青鞜』
☐☐☐ 6	青鞜社の中心人物は誰か。	6	平塚らいてう(明)
☐☐☐ 7	女性の政党加入・政治演説会参加を禁じた治安警察法第5条の改正運動のため、平塚らいてう(明)や市川房枝らにより1920年に結成された団体は何か。 解説▶この団体の活躍もあり、治安警察法第5条は1922年に改正された。1924年、普選運動の活発化に伴い婦人参政権獲得期成同盟会に発展したが、女性参政権の獲得は1945年を待たねばならなかった。	7	新婦人協会

□□□			
8	1921年、山川菊栄・伊藤野枝らが中心となって結成した、社会主義の立場からの女性運動を展開した団体を何というか。	8	赤瀾会

□□□			
9	1871年に法的に四民平等となった後も社会的・経済的差別が残り、差別撤廃をめざす部落解放運動がはじまった。1922年、被差別部落民自体によって結成され、差別撤廃をめざした団体は何か。	9	全国水平社

普選運動と護憲三派内閣の成立

□□□			
1	1923年9月1日、関東地方を襲った大災害は何か。	1	関東大震災

□□□			
2	関東大震災の混乱の中、流言により殺傷行為が誘発されたが、とくに多かったのはどのような人々に対するものか。	2	朝鮮人

解説 殺傷行為の背景には、植民地支配に対する抵抗運動への恐怖や民族的差別意識があったと考えられる。震災の混乱の中で組閣したのが第2次山本権兵衛内閣であるが、戒厳令で軍隊に治安維持を命じ混乱の収束をはかった。しかし、混乱下で、労働運動指導者10人が警察署で軍隊に殺される亀戸事件や、無政府主義者の大杉栄・伊藤野枝、それに甥が憲兵隊に連行され甘粕正彦大尉に殺害される甘粕事件も発生した。また、12月には摂政宮裕仁親王(のちの昭和天皇)が狙撃された虎の門事件も発生し、第2次山本内閣は責任をとって総辞職した。

□□□			
3	虎の門事件のあと、政党から閣僚を入れず枢密院議長が貴族院を中心に組閣した。それは誰か。	3	清浦奎吾

□□□			
4	清浦奎吾内閣はたびたび議会を無視したことから、1924年に普選断行・貴族院改革・行政整理のスローガンを掲げた倒閣運動が展開された。この運動は何か。	4	第2次護憲運動

□□□			
5	第2次護憲運動を展開した憲政会・立憲政友会・革新倶楽部の野党3党を総称して何というか。	5	護憲三派

解説 憲政会の党首が加藤高明、立憲政友会の党首が高橋是清、革新倶楽部の党首が犬養毅である。清浦奎吾内閣が議会を解散して臨んだ総選挙では野党3党が圧勝し、第1党の憲政会加藤高明を首班とする護憲三派内閣が成立した。これ以後、衆議院で多数の議席を占める政党が政権を担当することになった。この慣例を「憲政の常道」という。「憲政の常道」は、1924年の加藤高明内閣から、1932年の犬養毅内閣が崩壊するまでの8年間続いた。

6	護憲三派内閣により、国民運動となっていた法案が、1925年に成立した。衆議院議員の選挙権・被選挙権について、**納税資格制限を撤廃する**この法律は何か。	6 普通選挙法

□□□

7	普通選挙法成立の直前に、日ソ国交樹立後の社会運動の活発化に備えて、これを取り締まる法律が制定された。それは何か。	7 治安維持法

> **解説**▶この法律の内容は、**国体**の変革や私有財産制度の否認を目的とする結社を禁止するもので、最高刑は10年以下の懲役または禁錮であったが、1928年、田中義一内閣のもとで改正され、最高刑に死刑が追加された。

□□□

8	1926年12月、大正天皇が死去し、裕仁親王が即位して、新たな元号に改元された。その元号は何か。	8 昭和

□□□

9	1927年、憲政会の第1次若槻礼次郎内閣が**金融恐慌**の収束に失敗して退陣すると、憲政会は政友本党と合流し、新たな政党を結成した。この政党は何か。	9 立憲民政党

□□□

考えてみよう

第2次護憲運動はどのように展開し、また、そこにはどのような背景があったのだろうか。

➡枢密院議長の（　　）が選挙のない貴族院を背景とした超然内閣を成立させると、憲政会・（　　）・革新倶楽部の3党は普選実現、貴族院・枢密院の改革など憲政擁護運動を展開した。運動の背景には、第一次世界大戦が（　　）として戦われたため、ヨーロッパ諸国では国民の政治参加を求める声が高まり、日本でも（　　）とよばれる時代思潮や大衆の政治参加要求などを求める社会運動の勃興があった。

清浦奎吾／立憲政友会／総力戦／大正デモクラシー

第14章 | 近代の産業と生活

1 近代産業の発展

通貨と銀行

□□□
1 1872年、政府は明治初年に発行された太政官札などの不換紙幣を整理し、殖産興業に資金を提供するため、民営の金融機関設立を認める条例を制定したが、この条例は何か。

1 国立銀行条例

□□□
2 国立銀行条例の起草立案にあたった人物は誰か。
解説▶ 国立銀行からは兌換銀行券として国立銀行券が発行された。この条例に従って渋沢栄一が東京に設立したのが第一国立銀行。1876年に条例が改正され、不換紙幣の国立銀行券の発行も可能になると急速に国立銀行の設立が進み、第百五十三国立銀行まで設立された。

2 渋沢栄一

□□□
3 明治10年代の初め、西南戦争の戦費をまかなうための政府紙幣の増発や国立銀行の不換紙幣乱発により激しいインフレーションとなり、政府の歳入は実質的に減少し財政困難をきたした。このため、大隈重信のあとを受けて、財政整理に着手した大蔵卿は誰か。
解説▶ この松方財政は、増税と歳出の切り詰めによるデフレーション政策。そのうち、経済界を安定させるためにおこなった通貨政策が不換紙幣の整理であった。

3 松方正義

□□□
4 松方財政によって抜本的な貨幣・金融制度の改革がおこなわれたが、1882年に設立された「政府の銀行」「銀行の銀行」ともいわれる中央銀行は何か。
解説▶ 1885年、日本銀行から銀兌換紙幣が発行され、翌年には政府紙幣の銀兌換も開始され、実質的に銀本位制が確立した。一連のデフレーション政策により米・繭価が下落し、金納の地租に耐えかねて土地を手放し小作農に転落する農民が多数あった。このような農民の中には都市に流入する者もあり、下級士族の困窮とともに、社会が動揺する原因となった。

4 日本銀行

産業革命

□□□
1 作業機械や動力機械の発明を契機として、新しい生産様式が生み出され、生産も飛躍的に増大した。この変革を何というか。

1 産業革命

□□□

考えてみよう

日本の産業革命はどのような分野で、どのように進められていったのだろうか。

➡日清戦争前後の1890年代に(　・　)部門ではじまり、1900年代には(　)部門で(　)を動力源とする変革が進んだ。

製糸・紡績／重工業／電力

□□□
2 松方財政によるデフレと不況が終息したのち、官営事業払下げも軌道にのり、**通貨制度の安定**もあいまって、株式取引が活発になり、鉄道・紡績・鉱業などで、1880年代の後半に**会社設立ブーム**が起きた。これを何というか。

2 企業勃興（きぎょうぼっこう）

解説 この反動が1890年の恐慌。そののち、日清戦争後の景気過熱に伴う反動として1900年に初の資本主義恐慌が、1907年には日露戦争の反動恐慌として明治40年の恐慌が発生した。資本主義とは、生産手段を所有する資本家が賃金労働者を雇用しておこなう商品生産を基軸とする経済体制。

□□□
3 日清戦争の賠償金をもとに、日本は1897年、貨幣法（かへい）を制定して金貨を本位貨幣とする制度を開始した。この制度を何というか。

3 金本位制（ほんい）

□□□
4 貿易金融を目的に1880年に設立された**特殊銀行**をあげよ。

4 横浜正金銀行（しょうきん）

紡績と製糸

□□□
1 紡績業（ぼうせき）の発展は、渋沢栄一（しぶさわえいいち）らの尽力で1883年に操業を開始した会社が、**イギリスの紡績機械**を使って**大規模経営**に成功したことにあった。この会社名をあげよ。

1 大阪紡績会社

□□□
2 大阪紡績会社の生産方式が急速に普及し、従来の水車利用の紡績機を圧倒した。臥雲辰致（がうんときむね）によって発明された従来の紡績機名をあげよ。

2 ガラ紡

☐☐☐ 3	中国・朝鮮向けの綿糸輸出が急増し、綿糸輸出量が輸入量を上まわったのは西暦何年か。 解説 生産量が輸入量を上まわったのが1890年。	3	1897年
☐☐☐ 4	輸入の大型力織機や小型の国産力織機の普及で、1909年には綿布輸出額も輸入額を上まわった。国産力織機を発明した実業家をあげよ。	4	豊田佐吉
☐☐☐ 5	開国以来、重要な輸出産業であった製糸業も、技術革新がおこなわれ1894年には新技術による生産量が、幕末以来の技術による生産量を上まわった。この新製糸技術と幕末以来の製糸技術を答えよ。 解説 器械製糸が「機械」でなく、「器械」であるのは、いまだ繰糸工の技術に対する依存度が高く、機械以前のマニュファクチュア段階にあるからといわれる。	5	新技術：器械製糸、幕末以来：座繰製糸

鉄道と海運

☐☐☐ 1	鉄道会社設立ブームのきっかけとなったのは、1881年、華族を主体として設立され、今日の東北本線の敷設をおこなった会社の成功であった。この会社は何か。	1	日本鉄道会社
☐☐☐ 2	1889年には新橋・神戸間の鉄道が全通した。この鉄道路線を何というか。 解説 この鉄道路線は官営だが、この年には営業キロ数で民営鉄道が官営鉄道を上まわった。	2	東海道線
☐☐☐ 3	1906年、第1次西園寺公望内閣のもとで、軍事・財政と私鉄救済を目的とし、鉄道の国有化がはかられたが、この民営鉄道の国有化の法令名は何か。	3	鉄道国有法
☐☐☐ 4	鉄鋼船の建造と外国航路就航に奨励金を交付することを定め、その結果、三菱長崎造船所や日本郵船会社を発展させた法は何か。	4	造船奨励法、航海奨励法

☐☐☐

考えてみよう

鉄道の発達について、政府の施策や民間の動向などをふまえて説明してみよう。

→ ( ) が中心となって、1872年に新橋・横浜間、ついで神戸・大阪・京都間に敷設し、開港場と大都市を結びつけた。華族を主体として設立された ( ) が、政府の保護を受けて成功したことを機に、会社設立ブームが起き、輸送需要に応じ鉱山、製糸業・紡績業のさかんな地域を結びつけた。営業距離は民営が官営を大幅に上まわっていたが、日露戦争後には軍事的政策もあって ( ) が公布され、主要幹線の民営鉄道が買収され国有化された。

工部省／日本鉄道会社／鉄道国有法

重工業の形成

☐☐☐
1 政府は旧幕府・諸藩から10余りの鉱山を接収し経営した。官営となった福岡県の炭鉱で、佐々木八郎に払い下げられ、のち三井の経営となった炭鉱名をあげよ。

1 三池炭鉱

> 解説▶ ほかに肥前藩が経営し、明治時代には一時官営となり、のち後藤象二郎に払い下げられ、さらに三菱の経営となった長崎県の高島炭鉱などがある。この炭鉱は、のちに三宅雪嶺により雑誌『日本人』で過酷な労働条件が取り上げられて問題となった。

☐☐☐
2 官営事業の払下げを受け鉱工業に基盤をもつことになった政商は、種々の産業や金融を支配下に置き、一族の独占的出資のもとに産業・経済・政治に影響力をもつようになった。そのような大独占資本を何というか。

2 財閥

☐☐☐
3 財閥のような大独占資本のうち、おもなものを4つあげよ。

3 三井、三菱、住友、安田

> 解説▶ 三井財閥は軽工業部門と商業部門（三井物産）を中心に発達し、1888年に三池炭鉱の払下げを受けて三井鉱山を創設した。三井物産の益田孝が1909年、三井合名会社の理事長になってコンツェルン化した。三井・三菱・安田・住友を四大財閥という。なお、政治上では三井は立憲政友会と、三菱は立憲同志会・憲政会・立憲民政党と結んでいた。

☐☐☐
4 日清戦争後の軍備拡張・製鋼工業振興政策によって、背後に筑豊炭田をひかえる北九州の地に設立・開業した官営製鉄所を何というか。

4 八幡製鉄所

> 解説▶ この製鉄所の建設資金の一部には日清戦争の賠償金も当てられた。使用された鉄鉱石は、清の大冶鉄山のもので、日清戦争後に独占的な契約で輸入したものであった。

☐☐☐
5 1907年、北海道室蘭に三井と英国のアームストロング社、ビッカース社の出資で設立された民間製鋼会社を何

5 日本製鋼所

というか。

□□□
6　1889年、東京芝に池貝庄太郎によって設立され、先進国
なみの精度をもった機械をつくる工作機械である旋盤の
国産化に成功した会社を何というか。

6　池貝鉄工所

□□□
7　財閥が株式所有を通じてさまざまな分野の多数の企業を
支配する独占の形態を何というか。

7　コンツェルン(企業
連携)

農業と農民

□□□
1　生糸輸出の増加によって、その原材料の繭の生産がさか
んになった。蚕を飼って繭を生産することを何というか。

1　養蚕

□□□
2　地租改正や松方財政後、地方企業や銀行への投資などで
経済力を高め、地方議会・帝国議会の選挙権などをつう
じて政治的にも大勢力となった人々で、自らは農業経営
をせず小作料に依存する地主を何というか。

2　寄生地主

□□□
3　日露戦争後、地租増徴や間接税の負担増で農村が疲弊す
る中で、内務省が中心になって推進した地方自治体の財
政再建と農業振興、民心向上などをめざした運動を何
というか。

3　地方改良運動

労働運動の進展

□□□
1　明治・大正時代の工場労働者の大半は繊維産業が占め、
その大部分は女性であった。工場で働く女性労働者を何
というか。

1　女工(工女)

解説▶日本の産業革命は、劣悪な労働環境で働く職工や女工によっ
て支えられていた。このような労働環境や劣悪な生活を取り上げ
た書物が、横山源之助の『日本之下層社会』、農商務省がまと
めた『職工事情』、細井和喜蔵の『女工哀史』などである。

□□□
2　労働者の争議行為の1つで、労働条件の維持・向上など
を実現するために、労働者が集団的に業務を停止するこ
とを何というか。

2　ストライキ

□□□
3　アメリカで労働者生活を経験して帰国した人物らが日本
最初の労働組合の結成をよびかけ、1897年には労働組合
結成を推進する団体が組織された。その組織は何か。

3　労働組合期成会

☐☐☐ **4**	労働組合期成会の中心人物を2人あげよ。 解説▶労働組合期成会の機関誌は『労働世界』で、片山潜が編集。 鉄工組合や日本鉄道矯正会などの労働組合が結成された。	**4** 高野房太郎、片山潜
☐☐☐ **5**	明治時代、銅山が有毒廃液を渡良瀬川に流し、流域の 農・漁業に被害を与え、問題化した。この公害事件を何 というか。	**5** 足尾鉱毒事件
☐☐☐ **6**	足尾鉱毒事件は天皇への直訴事件にまで発展した。直 前に衆議院議員を辞職して直訴を試み、果たせなかった のは誰か。	**6** 田中正造
☐☐☐ **7**	1897年ごろより高まってきた労働運動や農民運動に対 し、第2次山県有朋内閣は1900年、集会・結社・言論の 自由を抑圧する治安立法を集大成して公布した。この治 安立法は何か。 解説▶この法律の第5条で、女性の政治活動の制限が、また第17 条では団結権・ストライキ権の制限が規定されている。	**7** 治安警察法
☐☐☐ **8**	1911年に公布された、工場労働者を保護するため、事業 主に義務を課した法律を何というか。	**8** 工場法
☐☐☐ **9**	1912年、労働者階級の地位の向上と労働組合の育成とを 目的とする労働団体が鈴木文治によって設立された。そ れは何か。	**9** 友愛会
☐☐☐ **10**	第一次世界大戦中の産業の急速な発展と労働者の生活苦 は、労働争議をも急増させ、労働組合の全国組織である 友愛会も従来の労資協調主義を捨て、階級闘争主義に方 向転換した。1921年の改称名をあげよ。 解説▶友愛会は、1919年に大日本労働総同盟友愛会、1921年に日 本労働総同盟と改称した。	**10** 日本労働総同盟
☐☐☐ **11**	大日本労働総同盟友愛会により1920年に日本最初の労働 者の祭典がおこなわれた。これを何というか。	**11** メーデー
☐☐☐ **12**	第一次世界大戦の好況が農産物価格を上昇させ、これに より小作料が引き上げられた。戦後の恐慌は小作農の生 活を窮迫させ、各地で小作料の引下げを求める運動が頻 発し、1921年以降に激化した。これを何というか。	**12** 小作争議
☐☐☐ **13**	1922年、賀川豊彦・杉山元治郎らにより、各地の小作組 合を結ぶ全国組織が誕生した。これを何というか。	**13** 日本農民組合

考えてみよう

日本で最初の労働者保護法について説明してみよう。

➡ 政府は（　　）を制定し、就業最低年齢を12歳、少年・女性
の就業時間の限度を12時間とし、その深夜業を禁止した。
しかし、適用範囲は（　　）人以上を使用する工場に限られ、
製糸業などに14時間労働、紡績業に期限つきで深夜業を認
めるなど不備な内容であった。また、1911年に制定された
が、資本家の反対で実施は1916年にずれ込んだ。

工場法／15

2　近代文化の発達

明治の文化と宗教

□□□

1 明治国家は強大な欧米列強に対抗するために、「富国強
兵」などのスローガンを掲げ西洋文明の移植による近代化
を推し進めた。ほかにどのようなスローガンがあるか。
2つあげよ。

1 「殖産興業」「文明開
化」など

□□□

2 キリスト教団体などが中心となっておこなった公娼（公許さ
れた売春）制度を廃止しようとする社会運動を何というか。

解説▶ 札幌農学校のクラークや熊本洋学校のジェーンズら外国人
教師の影響で、内村鑑三や海老名弾正・新渡戸稲造ら青年知識
人の間にキリスト教が広がり、キリスト教会は布教のかたわら教
育・福祉活動や廃娼運動などに成果をあげた。なお、廃仏毀釈
で大打撃をこうむった仏教では、浄土真宗の僧島地黙雷が出
て、信教の自由を主張し仏教の復興を進めた。

2 廃娼運動

教育の普及

□□□

1 1886年に初代の文部大臣森有礼により、1879年公布され
たアメリカ式の**教育令**が廃止され、国家主義的思想にも
とづく学校制度に改めた法が公布された。この法令の総
称を何というか。

解説▶ 小学校令・中学校令・師範学校令・帝国大学令の総称であ
る。帝国大学令にもとづいて唯一の官立であった東京大学は帝国
大学に改組された。小学校令にもとづくのが尋常小学校と高等
小学校。尋常小学校は、義務教育とされた。

1 学校令

□□□ 2	1872年の学制で国民皆学の趣旨を布告し、1886・90年の小学校令で3～4年、1907年に6年、1947年の学校教育法で9年と、児童の就学を保護者に義務付けた制度を何というか。	2 義務教育
□□□ 3	政府が忠君愛国を教育の基本と規定した1890年に発布され、戦前日本の教育の原理となった勅語は何か。	3 教育勅語(教育に関する勅語)
□□□ 4	札幌農学校を卒業後に渡米し、帰国後は第一高等中学校嘱託教員となったが、1891年に発布されたばかりの教育勅語に対する不敬事件を起こしてその職を辞し、その後、日本的キリスト教の独立につとめたのは誰か。	4 内村鑑三
□□□ 5	1902年の教科書の採定をめぐる教科書疑獄事件が契機となって、翌03年から小学校教科書は文部省著作のみとされた。この教科書を何というか。	5 国定教科書
□□□ **考えてみよう** 近代の学校教育は何を目標とし、どのように展開したのだろうか。 ➡政府は( )を公布し、功利主義的な教育観を唱えて、小学校教育の普及に力を入れ、国民皆学教育をめざした。しかし、全国画一的な計画は現実とかけ離れていたため、( )によって改められ、町村を小学校の設置単位とし、就学義務を大幅に緩和した。制度の試行錯誤を経て、森有礼文部大臣のもとで( )が公布され、小学校・中学校・師範学校・帝国大学などからなる学校体系が整備された。のち教育政策はしだいに国家主義重視の方向へ改められていき、( )が発布されると「忠君愛国」が学校教育の基本であると強調された。		学制／教育令／学校令／教育勅語
□□□ 6	福沢諭吉によって1868年に設立された学校は何か。	6 慶応義塾
□□□ 7	幕末に脱藩して米国で神学を学び、帰国後の1875年、キリスト教主義の私学同志社を設立したのは誰か。	7 新島襄
□□□ 8	1882年、大隈重信によって設立された学校は何か。 解説▶同志社英学校は同志社大学、東京専門学校は早稲田大学の前身。そのほかの専門教育機関としては、岩倉使節団の留学生と	8 東京専門学校

して8歳で渡米した津田梅子が設立した女子英学塾(現、津田塾大学)などがある。

科学の発達

☐☐☐
1 1877年に来日したアメリカ人で、東京大学で動物学を担当、ダーウィンの進化論を紹介し、大森貝塚の発掘で日本考古学の端緒を開いたのは誰か。

1 モース

☐☐☐
2 ドイツに留学してコッホに師事し、1889年に破傷風菌の純粋培養と抗毒素を発見。帰国後に伝染病研究所の設立にあたったのは誰か。

2 北里柴三郎

☐☐☐
3 強心薬アドレナリンの抽出や消化薬タカジアスターゼの創製などで業績をあげ、1902年、ニューヨークに研究所を設立した応用化学者は誰か。

3 高峰譲吉

☐☐☐
4 1903年に土星型原子模型の理論を発表して、原子構造の研究に寄与した物理学者は誰か。
解説 そのほか、オリザニン(ビタミンB1)の抽出に成功した鈴木梅太郎、地震学者の大森房吉らが有名。

4 長岡半太郎

☐☐☐
5 岩倉使節団に同行し『米欧回覧実記』を編集した歴史家で、「神道は祭天の古俗」と論じて神道家や国学者から攻撃され、帝国大学教授を辞職したのは誰か。

5 久米邦武

近代文学

☐☐☐
1 江戸時代以来の読本・黄表紙・洒落本・滑稽本・人情本などの遊戯的文学を総称して何というか。
解説 仮名垣魯文がその代表的作者で、滑稽本の『安愚楽鍋』などを著した。なお、このような文学の復活を助けたのが小新聞である。戯作文学のほかに、民権運動の発生と前後して、政治思想の宣伝を目的とした政治小説が書かれた。矢野龍溪の『経国美談』、東海散士の『佳人之奇遇』などが有名。

1 戯作文学

☐☐☐
2 明治20年前後に、戯作や勧善懲悪を排して、現実の世相・人情をありのままに描く写実主義を最初に唱えたのは誰か。

2 坪内逍遙

☐☐☐
3 坪内逍遙が写実主義を主張した書名を記せ。

3 『小説神髄』

| □□□ 4 | 明治20年代に、従来の文語体の文章にかわって、話し言葉と一致した文章が書かれるようになった。この文体を何というか。 | 4 言文一致体 |

| □□□ 5 | 言文一致体の先駆となった小説家と作品名をあげよ。 | 5 二葉亭四迷、『浮雲』 |

| □□□ 6 | 欧化主義に対し、伝統的な江戸趣味と写実主義をもって文芸の大衆化をめざす硯友社を主宰し、井原西鶴に影響を受け、『金色夜叉』を著したのは誰か。 | 6 尾崎紅葉 |

| □□□ 7 | 理想主義的な作品を数多く描き、東洋的な観念を主題とする『五重塔』などの作品を残したのは誰か。 | 7 幸田露伴 |

| □□□ 8 | 日清戦争前後から日露戦争にかけて、近代的自我に目覚めた人たちが、感情・個性の尊重と解放を文学をつうじて主張するようになった。これを何というか。 | 8 ロマン主義文学 |

| □□□ 9 | 1893年創刊の文芸雑誌は、ロマン主義の風潮を推進する母体となった。北村透谷らが創刊したこの文芸雑誌は何か。 | 9 『文学界』 |

| □□□ 10 | 陸軍軍医であり、小説・戯曲・評論・翻訳など幅広い活動をおこない、処女作『舞姫』、翻訳『即興詩人』などで有名な文壇の巨匠は誰か。 | 10 森鷗外 |

| □□□ 11 | 『たけくらべ』『にごりえ』などの作品を残し、封建的な因習や貧困にうちひしがれた女性の哀愁を、抒情豊かに描いたのは誰か。 | 11 樋口一葉 |

解説 ▶ロマン主義の風潮は明治30年代に全盛期を迎えた。島崎藤村（のちに『破戒』で自然主義に転ず）の『若菜集』、泉鏡花の『高野聖』、徳冨蘆花の『不如帰』、与謝野晶子の『みだれ髪』などが有名。

| □□□ 12 | 日露戦争のころから、ゾラやモーパッサンの影響を受け、現実に目を向け、人間社会をありのままに観察しようとする文学的立場が現れてきた。この文学を何というか。 | 12 自然主義文学 |

| □□□ 13 | 日清戦争に従軍し、『愛弟通信』を発表して注目された人で、ロマン主義から自然主義へ傾き、『武蔵野』『牛肉と馬鈴薯』などを残し、晩年には社会批判の方向を示した小説家は誰か。 | 13 国木田独歩 |

解説▶ 自然主義文学者としては、『蒲団』を著した田山花袋も有名。

□□□
14 自然主義文学の陥りがちな醜い現実暴露を否定し、博識と広い視野に立つ理知的・倫理的作風で、余裕派とよばれる作家が現れた。『吾輩は猫である』『坊ちゃん』などを残した作家は誰か。 | 14 夏目漱石

□□□
15 歌集『一握の砂』を残し、窮乏生活の中から社会的関心を深め、3行書きの生活派短歌をよみ、大逆事件を契機として社会主義への傾斜を強めた歌人は誰か。 | 15 石川啄木

□□□
16 明治時代に、短詩型文学である俳句や短歌の革新運動を雑誌『ホトトギス』で展開したのは誰か。 | 16 正岡子規
解説▶ 正岡子規の門下から伊藤左千夫・長塚節らが出て、短歌雑誌『アララギ』を創刊した。

明治の芸術

□□□
1 1889年に落成した歌舞伎座を中心に、9代目市川団十郎・5代目尾上菊五郎・初代市川左団次らを中心に歌舞伎の一大全盛期がおとずれた。この全盛期を何とよぶか。 | 1 団菊左時代

□□□
2 明治時代に素人演劇としてはじまり、川上音二郎らによって隆盛をみた壮士芝居は、日清戦争に際しては戦争劇を、やがて当時の評判小説を演じて歓迎され、商業演劇としての基礎を築いた。この演劇を歌舞伎に対して何というか。 | 2 新派劇

□□□
3 明治時代に歌舞伎や新派劇に対して、ヨーロッパ近代劇の影響を受けて起こった演劇を何というか。 | 3 新劇

□□□
4 1906年、文芸一般の革新を目的として坪内逍遙や島村抱月らを中心に結成され、のち純然たる演劇団体になったものは何か。 | 4 文芸協会

□□□
5 1909年、ヨーロッパ留学から帰った2代目市川左団次が小山内薫とともに西洋近代劇を移植し、日本人の創作劇上演のための劇団を結成した。この劇団を何というか。 | 5 自由劇場

□□□		
6	1887年、文部省内の音楽取調掛が拡充され、国立の音楽教育機関として設立された学校は何か。	6 東京音楽学校

□□□

6 1887年、文部省内の音楽取調掛（とりしらべがかり）が拡充され、国立の音楽教育機関として設立された学校は何か。
6 東京音楽学校

□□□

7 1901年、文部省の留学生としてドイツに学んだが、病を得て帰国後に死去した作曲家で、「箱根八里」「花」「荒城の月」などの名曲を残した人物は誰か。
7 滝廉太郎（たきれんたろう）

解説▶明治時代の音楽教育では民謡（みんよう）や三味線（しゃみせん）音楽が排されて、声楽曲が唱歌として採用された。文部省の伊沢修二（いさわしゅうじ）が1880年から唱歌教育を開始し、音楽取調掛から教科書として『小学唱歌集』が出されている。

□□□

8 1878年に来日、東大で哲学・政治学などを講義し、とくに日本の伝統美術の価値を高く評価したアメリカ人は誰か。
8 フェノロサ

□□□

9 フェノロサに師事・協力して日本美術の復興に努力し、のち明治美術の父と称されたのは誰か。
9 岡倉天心（覚三）（おかくらてんしん かくぞう）

□□□

10 欧化主義に反対して国粋保存運動が叫ばれる中、政府は日本美術の奨励策をとり、1887年に美術学校を創立した。この学校名をあげよ。
10 東京美術学校

解説▶当初、西洋美術は除外されていたが、1896年に西洋画科が新設された。フェノロサや岡倉天心から期待されたが、東京美術学校開校前に死去した狩野芳崖（かのうほうがい）は、狩野派の伝統技法に西洋画の技法を取り入れた「悲母観音（ひぼかんのん）」を残した。

□□□

11 1898年、東京美術学校を辞した岡倉天心を中心にして、橋本雅邦（がほう）・菱田春草（ひしだしゅんそう）ら26人の日本画家・彫刻家らが結成した在野の美術団体は何か。
11 日本美術院

□□□

12 イギリス人ワーグマンに師事し、明治時代の西洋画の開拓者といわれる画家で、「鮭」の作者は誰か。
12 高橋由一（ゆいち）

□□□

13 殖産興業のための西洋美術教育機関として置かれた工部美術学校でフォンタネージに師事し、作品「収穫（しゅうかく）」を残したのは誰か。
13 浅井忠（ちゅう）

解説▶この人物が中心となって設立した日本最初の西洋美術団体が明治美術会。暗い色調から脂派（やには）とよばれた。

□□□

14 フランス印象派に学び、空気と光、影に青や紫を用いる画派の外光派（がいこうは）（紫派（むらさきは））に属し、箱根芦ノ湖畔で涼をとる夫人の絵「湖畔（こはん）」で有名な画家は誰か。
14 黒田清輝（せいき）

□□□		
15	黒田清輝や久米桂一郎を中心として、1896年に設立された西洋画団体は何か。 **解説**▶黒田清輝の指導を受けた青木繁も白馬会に属し、「海の幸」などを残した。	**15** 白馬会

□□□		
16	1907年開設された、日本画・洋画・彫刻の3部門からなり、新人の登竜門といわれた文部省主催の美術展覧会を何というか。 **解説**▶文部省美術展覧会(文展)は、そののちも回を重ね、1919年に帝国美術院美術展覧会(帝展)に改組された。	**16** 文部省美術展覧会 (文展)

□□□		
17	「老猿」が代表作で、伝統的木彫の技法に写実性をくわえ、伝統彫刻の近代化に努力したのは誰か。	**17** 高村光雲

□□□		
18	洋画研究のためにアメリカ・フランスに渡り、ロダンの「考える人」に感動して彫刻に転じ、「女」「坑夫」などの作品を残したのは誰か。	**18** 荻原守衛

生活様式の近代化

□□□		
1	1880年代に実用化され、**水力発電**の電力供給によって普及しはじめた照明は何か。	**1** 電灯

□□□		
2	明治時代、都市部での生活の変化に対し、地方の農漁村では生活に大きな変化はなかった。太陽暦と並んで使われた暦法は何か。	**2** 旧暦(太陰太陽暦)

3　市民生活の変容と大衆文化

大戦景気

□□□		
1	第一次世界大戦は、日本の経済不況と財政危機とを一挙に吹きとばし、未曽有の好景気を迎えた。この好景気を何というか。	**1** 大戦景気

□□□		
2	大戦中の世界的な船舶不足と、アメリカ向け生糸やアジア向けの綿織物の輸出激増は、日本の海運・造船業を活気づけ、巨利を得る者が現れた。これを何というか。	**2** 船成金

□□□
3 輸出の拡大に刺激された繊維業は活況を呈し、中国で工場経営をおこなう紡績業も拡大した。このような紡績工場を何というか。

> **解説▶**第一次世界大戦により、1914年に11億円の債務国であった日本は、1920年には27億円以上の債権国になった。また、化学工業が勃興し、工場動力源の電化が進んだ。鉄鋼業でも八幡製鉄所の拡張や満鉄の鞍山製鉄所の設立により、生産高が飛躍的に伸びた。しかし、この大戦景気の底は浅かった。空前の好況が資本家を潤し、成金を生み出すことになったが、一方で物価の高騰に苦しむ多数の民衆がいた。また、工業の飛躍的な発展に比較して農業生産は停滞的であったため、貧農層には農産物価格上昇の利益を受けることなく、生活苦にさいなまれる者も多かった。

3 在華紡

都市化の進展と市民生活

□□□
1 第一次世界大戦後、東京や大阪などの大都市には新中間層として会社員・銀行員・公務員などが大量に現れた。このような給料を得て生活する人々を何というか。

1 俸給生活者（サラリーマン）

□□□
2 第一次世界大戦を契機に、タイピストや電話交換手・看護婦などの職業をもつ女性も社会に進出した。そのような女性を何というか。

2 職業婦人

□□□
3 大正から昭和時代初期、郊外には新中間層向けにガラス戸・赤瓦の屋根のある洋風応接間を備えた日本式の住宅がつくられた。このような住宅を何というか。

> **解説▶**関東大震災(1923年)の翌年、罹災地区に住宅を供給するためにつくられた公益団体である同潤会は、東京・横浜に木造住宅のほか4〜5階建てのアパートを建設した。

3 文化住宅

□□□
4 大阪梅田の阪急百貨店のような、私鉄の郊外電車の発着駅に百貨店がつくられるようになった。このような百貨店を何というか。

4 ターミナルデパート

□□□

考えてみよう
都市化の進展に伴って、市民生活はどのように変容したのだろうか。

➡東京や大阪などの大都市では新中間層の俸給生活者(サラリーマン)が大量に現れ、(　　)とよばれる仕事をもつ女性も現れた。また、都心部から郊外にのびる鉄道沿線には新中間層向けの(　　)が建てられた。電灯は農村部まで普及し、都市では水道・ガスの供給事業が本格化した。東京と大阪では(　　)も開通した。東京の盛り場などでは(　　)やモダンボーイが闊歩するようになり、食生活ではトンカツやカレーライスなどの洋食が普及した。私鉄の拠点駅には(　　)も現れた。

職業婦人／文化住宅／地下鉄／モダンガール／ターミナルデパート

大衆文化の誕生

□□□
1 大正から昭和時代初期の文化の特徴として、活字文化の広まりやラジオ放送の開始などによる大衆の文化参加・創造をあげることができる。都市に住むサラリーマンをおもな担い手とするこうした文化を何というか。

1 大衆文化（たいしゅうぶんか）

□□□
2 1918年、原敬内閣のときに、官立の帝国大学以外に公・私立大学、単科大学の設立を認める法令が公布された。その法令は何か。

2 大学令

□□□
3 関東大震災後の不況打開のため、改造社が『現代日本文学全集』を1冊1円で刊行して成功し、昭和時代初期の出版界に流行した。これを何というか。

3 円本

□□□
4 大日本雄弁会講談社（ゆうべんかいこうだんしゃ）が創刊した、娯楽（ごらく）的読物や種々の情報を掲載する**大衆娯楽雑誌**で、爆発的に売れたのは何か。

解説▶そのほかの雑誌としては、小説・随筆から論文や評論までの情報を総合的に編集した総合雑誌(『中央公論』『改造』など)や『サンデー毎日』『週刊朝日』のような週刊誌も発行された。また、鈴木三重吉は児童文芸雑誌『赤い鳥』を創刊した。

4 『キング』

□□□
5 1925年7月、東京愛宕山（あたご）の東京放送局で本放送が開始された新しいメディアは何か。

解説▶ラジオ劇や、全国中等学校優勝野球大会・東京六大学野球などのスポーツの実況（じっきょう）放送が人気をよんだ。また、1930年代からトーキー(有声（ゆうせい）映画)の製作・上映がはじまった。

5 ラジオ

学問と芸術

□□□
1 「小日本主義」の立場から朝鮮や満洲などの植民地の放棄と平和的な経済発展を主張した『東洋経済新報』の記者は誰か。

1 石橋湛山

□□□
2 資本主義の本質と没落の法則を明らかにし、階級闘争によりプロレタリア革命が起きるとする労働運動の指導理論で、知識人に大きな影響を与えた思想は何か。

2 マルクス主義

□□□
3 貧乏人の現状・原因・救済策を『貧乏物語』として新聞に連載・刊行し、大きな反響をよび、のちにマルクス主義経済学の最高権威となったのは誰か。

3 河上肇

解説▶戦前のマルクス主義者間の論争に日本資本主義論争がある。明治維新の歴史的性格、日本資本主義の性格などをめぐる論争で、雑誌『労農』による労農派と『日本資本主義発達史講座』による講座派との間で展開された。

□□□
4 ドイツ観念論哲学に禅などの東洋思想を加味して、独自の観念論的体系を打ち立てた『善の研究』の著者は誰か。

4 西田幾多郎

□□□
5 仏教美術や日本思想史を研究し、『古寺巡礼』『風土』などを著したのは誰か。

5 和辻哲郎

□□□
6 歴史学者で『古事記』『日本書紀』の文献学的批判をおこない、古代史の解明に貢献し、1940年には国粋主義者から不敬と非難され、著書『神代史の研究』などが発禁処分を受けたのは誰か。

6 津田左右吉

□□□
7 民間伝承・風習・祭礼などを通して生活変遷のあとを訪ね、無名の民衆（常民）の生活史を明らかにしようとする学問を何というか。

7 民俗学

□□□
8 民俗学を確立し、雑誌『郷土研究』を発行してその発展につとめたのは誰か。

8 柳田国男

□□□
9 大正時代に欧米、とくにドイツに学び、東北帝国大学教授となり、鉄鋼・合金の研究をおこない、物理・冶金学を開拓して世界的業績 KS 磁石鋼を発明したのは誰か。

9 本多光太郎

解説▶そのほかの日本人の世界的業績としては、野口英世の黄熱病や梅毒の研究がある。研究機関として東京帝国大学付属の航空研究所・地震研究所、物理・化学の応用研究をおこなう民間研

究所として**理化学研究所**が生まれた。理化学研究所は、種々の発明・特許を工業化して理研コンツェルンに成長した。

□□□
10 明治時代末期の文壇を風靡した自然主義文学にかわって、新理想主義・個人主義・人道主義を尊重して大正文学の主流となった、**武者小路実篤・志賀直哉・有島武郎**らの文学流派は何か。

10 白樺派

□□□
11 大正時代に、現実を直視し醜い面ばかりを描く自然主義の反動として、芸術至上主義を主張、風俗・官能・詩情の世界にひたった、**永井荷風**や**谷崎潤一郎**らの文学流派は何か。

11 耽美派

□□□
12 大正時代中期以降、文壇の主流となった**新思潮派**に属し、現実の矛盾を理知的にえぐり出して表現した『**羅生門**』や『**鼻**』の作者は誰か。

12 芥川龍之介

□□□
13 **新思潮派**の作家で、1919年、九州耶馬渓の洞門にまつわる『**恩讐の彼方に**』を発表し、1923年、雑誌『**文藝春秋**』を創刊したのは誰か。

13 菊池寛

□□□
14 小樽高商を卒業後、**プロレタリア文学**活動に入り、『**蟹工船**』などの作品を残し、1933年、官憲の拷問で虐殺されたプロレタリア作家は誰か。

14 小林多喜二

> **解説** ▶プロレタリア文学では、ほかに**徳永直**の共同印刷争議を扱った『**太陽のない街**』などが有名。なお、娯楽的な大衆読物として、新聞や雑誌を発表の場とする**大衆小説**も成立した。**中里介山**の『**大菩薩峠**』、**吉川英治**の『**宮本武蔵**』などが有名。

□□□

考えてみよう

大正デモクラシーの風潮の中で、学問・文学はどのような内容を伴っていったのだろうか。

➡欧米諸国のさまざまな思想や文学が紹介され、急進的自由主義が主張される一方、知識人に資本主義経済からの脱却をめざす（　　）主義が大きな影響を与えた。また、明治期の急速な近代化を自省する動きがみられ、『（　　）』を著した西田幾多郎は、西洋哲学に禅などの東洋思想を加味して独自の哲学体系を打ち出した。柳田国男は民間伝承の調査・研究を通じて、（　　）を確立した。文学では社会主義運動・労働運動の高揚に伴って（　　）運動が起こり、（　　）は『蟹工船』を発表した。

マルクス／善の研究
／民俗学／プロレタ
リア／小林多喜二

☐☐☐ 15	小山内薫や土方与志が「演劇の実験室」として設立し、新劇運動の拠点となった劇場・劇団は何か。	15 築地小劇場
☐☐☐ 16	岡倉天心らの創始した日本美術院は、1914年に院展を再開した。日本美術院の再興に努力した、『生々流転』の作者は誰か。	16 横山大観
☐☐☐ 17	1907年に創設された文部省美術展覧会(文展)洋画部に一科(旧派)・二科(新派)の設置を要求し拒絶された梅原龍三郎らが、1914年に設立した在野の洋画団体は何か。	17 二科会
☐☐☐ 18	浅井忠に師事した洋画家で、渡仏してセザンヌなどに傾倒し、帰国後、二科展に出品するなどして地位を確立した、「金蓉」の作者は誰か。	18 安井曽太郎
☐☐☐ 19	日本銀行本店や東京駅など多くの本格的な洋風建築を設計・施工したのは誰か。	19 辰野金吾

第15章 | 恐慌と第二次世界大戦

1 恐慌の時代

戦後恐慌から金融恐慌へ

□□□
1 1920年、株式の暴落を機に、繊維をはじめとする商品価格が暴落した。この大戦景気の反動としての恐慌は何か。

1 戦後恐慌

□□□
2 1923年に起こった関東大震災の際、政府は震災地から振り出され現金化できなくなっていた手形を補償する処置をとって混乱を収拾した。その手形を何というか。

2 震災手形

□□□
3 震災手形の処理案審議中の1927年3月、第1次若槻礼次郎内閣の蔵相片岡直温の銀行経営悪化に関する失言で、取付け騒ぎが発生し、多くの銀行が倒産や休業に追い込まれた。この恐慌を何というか。

3 金融恐慌

解説 この中で、第一次世界大戦中に飛躍的な発展をとげ日本第3位の商社になった神戸の鈴木商店が破産し、この会社に多額の融資をしていた台湾銀行が休業に追い込まれた。若槻礼次郎内閣は、緊急勅令による特別融資で台湾銀行の救済をはかったが、その外交政策に不満をもつ枢密院が立憲政友会と結んでこれを拒否したため、若槻内閣は総辞職に追い込まれた。

□□□
4 第1次若槻礼次郎内閣が金融界の混乱を収拾できずに退陣したあと、軍人出身で長州閥の巨頭であった立憲政友会の総裁が組閣した。それは誰か。

4 田中義一

□□□
5 田中義一内閣が金融界の混乱を収拾するためにとった方策を2つあげよ。

解説 田中義一内閣の大蔵大臣が高橋是清である。

5 3週間のモラトリアム（支払猶予令）、日銀の救済融資

□□□
6 金融恐慌後、預金は大銀行に集中する傾向をみせ、政府も銀行法を改正して弱小銀行を整理・統合する方針を打ち出したため、五大銀行といわれた特定の銀行が金融界を支配することになった。五大銀行をあげよ。

6 三井・三菱・住友・安田・第一

□□□

7 第一次世界大戦中に欧米主要国は金の国外流出を危惧し、金の自由な輸出を禁止し、金本位制を停止した。これを何というか。	**7** 金輸出禁止

社会主義運動の高まりと積極外交への転換

□□□

1 大正時代、第1回普通選挙に向けて社会主義者・労働運動家・知識人などにより、政党の結成が進んだ。資産のない労働者・農民らの意見を代表するこれらの政党を何と総称しているか。

解説▶当時の時代情勢から「社会主義」政党と称することがはばかられたために、無産政党という言葉が用いられた。

1 無産政党

□□□

2 無産政党のうち、1926年に杉山元治郎らによって結成された合法的な政党は何か。

解説▶労働農民党は、共産党の影響が強まると、この年のうちに、議会主義・国民政党路線をとる安部磯雄率いる社会民衆党と中間的立場の日本労農党に分裂した。

2 労働農民党

□□□

3 田中義一内閣のとき、1928年に第1回普通選挙が実施され、無産政党が8人の当選者を出した。これに衝撃を受けた政府は、日本共産党に対し、1928年と1929年の2度にわたって弾圧をくわえた。この弾圧事件をそれぞれ何というか。

解説▶1928年には、治安維持法の最高刑を死刑・無期とする改正が、緊急勅令によっておこなわれた。

3 1928年：三・一五事件、1929年：四・一六事件

□□□

4 三・一五事件や四・一六事件の弾圧は、1910年の大逆事件の翌年に警視庁に設置され、1928年に全国に設置された思想・言論・政治行動などを取り締まる機関でおこなわれた。この機関は何か。

4 特別高等課(特高)

□□□

5 田中義一内閣は欧米に対しては従来の協調外交を継承し、1928年にはパリで開催された国際会議で、国策の手段としての戦争の放棄を約した条約に米・仏など15カ国の一員として調印した。その条約は何か。

解説▶この条約の批准に際して、文中の「其ノ各自人民ノ名ニ於テ」が国体に反するとして枢密院で問題化したため、政府はこの部分は天皇主権の憲法をもつ日本には適用されないものと了解すると宣言した。

5 不戦条約

232 第15章 恐慌と第二次世界大戦

□□□		
6	1924年、「連ソ・容共、扶助工農」のスローガンを掲げ、中国国民党と中国共産党が提携した。その提携を何というか。	**6** 第1次国共合作
7	中国国民党は1927年、南京に国民政府を樹立したが、翌年その主席に就任したのは誰か。	**7** 蔣介石
8	1925年の五・三〇事件を機に、蔣介石は全国統一のため、1926年、北方軍閥の支配地域に進撃を開始した。これを何というか。	**8** 北伐
9	北方軍閥の巨頭で、日本の支援によって満洲を統一し、満洲軍閥とも称されたのは誰か。	**9** 張作霖
10	田中義一内閣は内政不干渉を基本とする従来の中国政策を改め、積極外交を展開した。1927〜28年、居留民保護を名目に3次にわたる北伐干渉をおこなったが、これを何というか。 解説▶1928年の第2次出兵では北伐途上の国民革命軍と衝突し、済南事件が起こった。	**10** 山東出兵
11	1927年、田中義一内閣は大陸関係の外交官や軍人を召集して対中積極策の基本政策を決定し、満洲における日本の権益を実力で守る方針を決定した。この会議を何というか。	**11** 東方会議
12	1919年、関東都督府が関東庁に改組された際に独立し、遼東半島租借地と満鉄沿線の守備を任務とした陸軍部隊を何というか。	**12** 関東軍
13	1928年6月、日本と密接な関係をもっていた北方軍閥の巨頭が、関東軍により奉天郊外で列車ごと爆破されて殺害された。この事件を何というか。 解説▶この事件の首謀者は関東軍の河本大作大佐であったが、処分は軽かった。当時、事件の真相は伏せられたので、満洲某重大事件ともいう。河本の処分をめぐって田中義一首相が昭和天皇の不興を買い、内閣総辞職の原因となった。なお、関東軍のもくろみとは逆に、張作霖のあとを継いだ子の張学良は国民政府に合流し、張作霖以来の五色旗をやめ、満洲全土で国民政府の青天白日旗を掲げた（易幟事件）。これにより、北伐が完了した。	**13** 張作霖爆殺事件(満洲某重大事件)

金解禁と世界恐慌

□□□
1 田中義一内閣の総辞職のあとを受け、経済的不況をのり切るための3大政策を掲げて1929年に成立した内閣の首相は誰か。

1 浜口雄幸

□□□
2 浜口雄幸内閣は何という政党に基盤を置いていたか。

2 立憲民政党

□□□
3 浜口雄幸内閣の3大政策の1つに、1917年に停止した金本位制への復帰がある。財界からの強い要望を受けて、1930年に実施されたこの政策は何か。

3 金輸出解禁(金解禁)

□□□
4 浜口雄幸内閣の3大政策実施を担当した大蔵大臣は誰か。
解説▶ 3大政策のほかの2つは、財政緊縮と産業合理化であった。財政を緊縮して物価の引下げをはかり、産業の合理化を促進して国際競争力の強化をめざした。

4 井上準之助

□□□
5 1929年、ニューヨークのウォール街における株価の暴落を契機として、恐慌が全資本主義国に波及した。この恐慌は何か。

5 世界恐慌

□□□
6 世界恐慌の時期に金解禁をしたため、恐慌は日本にも波及し、正貨の大量流出、企業の操業短縮と倒産、賃金引下げを招いた。この日本の恐慌を何というか。

6 昭和恐慌

□□□
7 1931年、政府は独占資本に対する恐慌対策として指定産業でのカルテルを助成し、生産・価格の制限を規定した。統制経済の先駆けとなったその法令は何か。

7 重要産業統制法

□□□
8 1920年代から植民地米移入で米価が低迷していたが、世界恐慌による生糸輸出の激減による繭価の暴落で、農業恐慌が発生した。このとき農家などの貧しい家庭にみられた、子どもにかかわる社会現象を2つあげよ。

8 欠食児童・子女の身売り

□□□
9 金輸出再禁止を予測して、円の低落に先立って多額の円をドルに交換することを何とよんだか。

9 ドル買い

□□□

考えてみよう
浜口雄幸内閣で金解禁政策がとられたのはなぜだろうか。

➡第一次世界大戦後の（　　）不振や経済不況克服のため、外国（　　）相場を安定させ貿易振興をはかることと、（　　）での解禁で生産性の低い不良企業を整理・淘汰して、経済界の抜本的整理をはかる必要があると判断したから。

輸出／為替／旧平価

協調外交の挫折

☐☐☐
1 イギリス首相マクドナルドの提案で、**補助艦の制限とワシントン海軍軍備制限条約の5カ年延長**を取り決めた会議が開催された。1930年のこの会議を何というか。

1 ロンドン会議

解説▶浜口雄幸首相、幣原喜重郎外務大臣は全権として若槻礼次郎を派遣した。補助艦の総トン数で対英米7割は認められたが、海軍の強い要求であった大型巡洋艦の対米7割は受け入れられないまま、条約に調印した。

☐☐☐
2 ロンドン会議で結ばれたロンドン海軍軍備制限条約は、現有の海軍力削減などを内容としていたため、海軍や右翼・野党の立憲政友会などが激しく政府を攻撃した。彼らはどういう理由で政府を攻撃したか。

2 統帥権の干犯

2　軍部の台頭

満洲事変

☐☐☐
1 満洲が国民政府と結ぶ張学良に支配された事態を不満とする陸軍は、奉天郊外で南満洲鉄道の爆破事件を起こし、満洲への軍事行動を開始した。この事件を何というか。また、西暦何年のことか。

1 柳条湖事件、1931年

☐☐☐
2 1919年に設置され、**関東州と満鉄の警備**を任務としていた軍で、**柳条湖事件を起こした陸軍部隊**を何というか。

2 関東軍

解説▶この軍事行動を主導したのが、関東軍参謀で『世界最終戦論』で日米決戦を説いた石原莞爾。

☐☐☐
3 満洲への軍事行動に対する第2次若槻礼次郎内閣の不拡大方針発表にもかかわらず、関東軍は軍事行動を拡大し続けた。こうして引き起こされた戦争は何か。

3 満洲事変

解説▶関東軍の軍事行動拡大に加え、世論やマスコミの軍支持があ

り、若槻内閣は事態の収拾に自信を失い、1931年12月に総辞職した。その後、立憲政友会の犬養毅が組閣した。

□□□ 4	1932年1月に、日本人僧侶が殺害されたことを口実に、中国の都市の占領をもくろんで出兵し、日中両軍が衝突事件を起こした。この事件は何か。	4	第1次上海事変
□□□ 5	満洲の主要地域を占領した日本軍は、1932年3月、新京(長春)を首都に新国家を建国したが、その国を何というか。	5	満洲国
□□□ 6	満洲国建国時に代表者になった清朝最後の皇帝と、その国家での地位をあげよ。	6	溥儀(宣統帝)、執政
□□□ 7	日本の満洲侵略を中国が提訴したのに対して、国際連盟が派遣した英・米・仏・伊・独の5人の代表からなる現地調査団を何というか。	7	リットン調査団

政党内閣の崩壊と国際連盟からの脱退

□□□ 1	ロンドン会議(統帥権干犯問題)や昭和恐慌・満洲事変を機に、軍部や国粋的・保守的思想で行動する右翼の運動が活発化し、陸軍には桜会などの国家改造運動の秘密結社も生まれた。彼らは、政党内閣を倒し、宇垣一成ついで荒木貞夫を首班とする軍部内閣の樹立をはかったが、未遂に終わった。1931年に起きたこれら2つのクーデタをあげよ。	1	三月事件、十月事件
□□□ 2	井上日召を中心に結成され、一人一殺主義で、政財界の要人暗殺をめざした右翼団体が、立憲民政党の浜口雄幸内閣の大蔵大臣をつとめた井上準之助や三井合名会社理事長団琢磨を暗殺した事件は何か。	2	血盟団事件
□□□ 3	1932年5月、海軍の青年将校らは首相官邸などを襲撃し、ときの首相を射殺した。この事件は何か。	3	五・一五事件
□□□ 4	五・一五事件で海軍将校らによって射殺された首相は誰か。 解説▶この事件を機に、1924年の加藤高明内閣の成立から8年間続いた「憲政の常道」といわれる政党内閣の慣例が崩壊し、海軍の重鎮斎藤実が挙国一致内閣を組織した。	4	犬養毅

□□□
| 5 | 1932年9月、国際連盟の調査団の報告書が発表される直前に満洲国と日本との間で結ばれた、日本が満洲国を承認した条約は何か。 | 5 日満議定書 |

□□□
| 6 | リットン調査団の報告にもとづき、日本が満洲国の承認を撤回することを求める勧告案が国際連盟総会で採択されたが、これに対し日本はどのような対応をしたか。 | 6 国際連盟脱退 |

□□□
| 7 | 国際連盟の総会で、国際連盟脱退の対応を宣言したときの日本代表は誰か。また西暦何年のことか。 | 7 松岡洋右、1933年 |

解説▶満洲事変は1933年5月に、国民政府との間に結ばれた日中軍事停戦協定(塘沽停戦協定)で終わり、国民政府は日本の満洲支配を黙認した。

□□□

考えてみよう

なぜ、日本は国際的に孤立することになったのだろうか。

➡1933年、国際連盟臨時総会で日本の（　）の承認を撤回することを求める勧告案が採択されたことで、日本政府は国際連盟からの脱退を通告し、1935年に発効したから。また、1936年には第2次（　）会議を脱退してロンドン海軍軍備制限条約が失効し、1934年に廃棄を通告していた（　）海軍軍備制限条約も続いて失効したから。

満洲国／ロンドン／ワシントン

恐慌からの脱出

□□□
| 1 | 世界恐慌のため輸出が振るわず、政府は金本位制を再び放棄することになった。この政策を何というか。 | 1 金輸出再禁止 |

□□□
| 2 | 1931年に、金輸出再禁止の政策をとった首相と大蔵大臣をあげよ。 | 2 首相：犬養毅、大蔵大臣：高橋是清 |

□□□
| 3 | 金本位制停止後に移行した、政府が通貨の最高発行額を管理・統制する制度は何か。 | 3 管理通貨制度 |

解説▶管理通貨制度に移行したため、円相場は大幅な円安となった。この状況を利用して飛躍的に輸出を伸ばしたのが綿織物業で、イギリスを抜き世界1位の輸出国になった。これに対して、イギリスをはじめとする列強は、ソーシャル゠ダンピングと批判してブロック経済圏で対抗した。輸出の躍進と高橋是清大蔵大臣による膨張財政で、日本は1933年に他の資本主義国に先駆けて世界恐慌から立ち直った。なお、アメリカはフランクリン゠ローズヴェルト大統領によるニューディール政策によって

世界恐慌から脱却した。

□□□		
4	ファシズム体制を最初にとった**イタリア**の政党と、この党を率いて、一党独裁を実現した人物をあげよ。	4 ファシスト党、ムッソリーニ

□□□		
5	1933年、**ドイツ**で独裁体制をつくった党を何というか。また、この党の党首は誰か。	5 ナチ党(国民社会主義ドイツ労働者党)、ヒトラー

□□□		
6	1934年、八幡製鉄所と財閥系製鉄会社の大合同により創立された国策の製鉄会社を何というか。	6 日本製鉄会社

□□□		
7	化学工業では満洲事変以来、**軍需産業を中心**に国策に協力しつつ成長した財閥がある。一般に何というか。 **解説▶**鮎川義介が満洲の重化学工業を独占支配した**日産コンツェルン**、野口遵の設立した日本窒素肥料会社が中心となり、朝鮮の水力発電・化学工業を開発・支配した**日窒コンツェルン**などがある。	7 新興財閥

□□□		
8	農業では恐慌からの回復が遅れた。そのため政府は産業組合の拡充などをつうじて農民の「**自力更生**」をはかる運動を進めた。この運動を何というか。	8 農山漁村経済更生運動

□□□		

考えてみよう

1920年代のたび重なる恐慌に対して政府はどのように対応したのだろうか。

➡戦後恐慌・震災恐慌に対して(　　)が特別融資を実施した。金融恐慌では第1次若槻礼次郎内閣は緊急勅令で(　　)を救済しようとしたが、(　　)の了承が得られず、総辞職した。つぎの田中義一内閣では、3週間の(　　)の実施と日本銀行の巨額の救済融資で沈静化させた。昭和恐慌では犬養毅内閣が(　　)を断行し、管理通貨制度への移行、赤字国債発行による積極財政を実施した。

日本銀行／台湾銀行／枢密院／モラトリアム／金輸出再禁止

転向の時代

□□□		
1	満洲事変をきっかけに、ナショナリズムが高揚し、国家による共産主義・社会主義運動弾圧によって社会主義や共産主義を放棄する動きが強まった。このような思想の放棄を何というか。	1 転向

□□□		
2	1932年、社会民衆党と全国労農大衆党が合同して結成された、当時最大の無産政党は何か。	2 社会大衆党
□□□		
3	満洲事変を機に、思想や学問への弾圧も進んだ。1933年、京都帝国大学教授滝川幸辰が、著書『刑法読本』などで休職処分になった事件は何か。	3 滝川事件

二・二六事件

□□□		
1	1935年、元東京帝国大学教授の大正デモクラシーにも影響を与えた憲法学説を反国体的であるとして、貴族院で菊池武夫議員が非難し、政治問題になった。この問題を何というか。また、非難された教授名をあげよ。	1 天皇機関説問題、美濃部達吉
□□□		
2	1935年、岡田啓介内閣は美濃部達吉の憲法学説を否定する声明を出した。この声明は何か。	2 国体明徴声明
□□□		
3	政治的発言力を増した陸軍内では派閥の対立が激しくなった。そうした派閥の1つで、永田鉄山軍務局長を中心として軍部の強力な統制のもとで総力戦体制をめざした派閥は何か。	3 統制派
□□□		
4	昭和時代初期の陸軍内の派閥の1つで、真崎甚三郎や荒木貞夫らを首領に直接行動により天皇親政をめざした派閥は何か。	4 皇道派
□□□		
5	皇道派の青年将校らは、兵1400人余りを率いて首相官邸や警視庁などを襲撃した。この事件は何か。また、西暦何年に起きたか。 解説▶この事件で、首相の岡田啓介は難をのがれたが、斎藤実内大臣・高橋是清大蔵大臣・渡辺錠太郎教育総監らが殺害された。	5 二・二六事件、1936年
□□□		
6	軍部の青年将校らに思想的影響を与えた国家社会主義者で、『日本改造法案大綱』を著し、二・二六事件の首謀者として銃殺された人物は誰か。	6 北一輝
□□□		
7	二・二六事件のあとに挙国一致内閣として「庶政一新」を旗印に、「広義国防国家」建設を目標として成立した内閣の総理大臣は誰か。	7 広田弘毅

□□□ 8	準戦時体制をつくりあげた**広田弘毅内閣**は、陸・海軍による帝国国防方針の改定にもとづき「**国策の基準**」を決定し、軍の要求をいれて軍部大臣の制度を改正した。どのように改めたか。	8 軍部大臣現役武官制の復活
□□□ 9	広田弘毅内閣のあと、宇垣一成（うがきかずしげ）の組閣失敗、軍財抱合をはかったが短命に終わった林銑十郎（せんじゅうろう）内閣を受けて、1937年6月、広い階層から期待を受けて、貴族院議長であった人物が組閣した。この人物は誰か。	9 近衛文麿（このえふみまろ）

3　第二次世界大戦

三国防共協定

□□□ 1	スペイン内戦に**ドイツ・イタリア**が干渉してフランコ将軍につき勝利すると、両国は連帯を深めた。この両国の陣営を何というか。	1 枢軸国（すうじく）（枢軸陣営）
□□□ 2	国際連盟を脱退し孤立した日本は、1936年、**コミンテルン**（国際共産党）の活動に対する共同防衛措置を規定した協定をドイツと結んだ。この協定は何か。	2 日独防共協定
□□□ 3	1937年には、ある国が**日独防共協定**に参加して国際連盟を脱退し、英・米に対抗する日・独を含む3国の政治ブロックが成立した。それはどの国か。	3 イタリア

日中戦争

□□□ 1	日本の**華北侵略**（かほく）に対し、中国の抗日救国運動が高まって、1936年に、**張学良**（ちょうがくりょう）が**蔣介石**（しょうかいせき）を監禁し国共内戦の停止と一致抗日を要求する事件が起こり、内戦の停止が実現された。この事件は何か。 解説▶塘沽停戦（タンクー）協定後、関東軍は華北を中国国民政府の統治から切り離して支配しようとする華北分離工作を、推し進めていた。	1 西安事件（せいあん）（シーアン）
□□□ 2	第1次**近衛文麿内閣**（このえふみまろ）が成立して約1カ月後の1937年7月7日、北京郊外（ペキン）で日中両国軍による武力衝突事件が起こった。この事件は何か。	2 盧溝橋事件（ろこうきょう）

□□□

3 盧溝橋事件に際し、内閣は**不拡大方針**をとったが、軍部強硬派に押され中国との**全面戦争**に突入した。この戦争を何というか。

3　日中戦争

□□□

4 盧溝橋事件の結果、西安事件をふまえて第2次国共合作が実現し、1937年9月、抗日運動のための組織が結成された。それは何か。

4　抗日民族統一戦線

解説▶日本はその後、中国との対立姿勢を明確にし、国民政府の首都南京の攻略をおこない、多数の中国人一般住民および捕虜を殺害した（南京事件）。蔣介石が重慶に移り徹底抗戦の構えをみせると、1938年1月、「国民政府を対手とせず」とする第1次近衛声明を発表し事態をいっそう悪化させた。なお蔣介石を支援するため、英・米はハノイから重慶に至る援蔣ルートをつうじて物資を搬入した。

□□□

5 1938年11月に、政府はこの戦いを日・満・華3国連帯による経済的・政治的結束と、繁栄・防共の体制をつくり出すためのものと発表した。この声明を何というか。

5　東亜新秩序声明

解説▶これが第2次近衛声明。さらに12月には、日・満・華3国の善隣友好・共同防共・経済提携をうたった近衛三原則声明（第3次近衛声明）が発表された。

□□□

6 近衛声明に応じ、1938年12月、重慶から脱出した国民政府の要人で、反共親日の人物は誰か。

6　汪兆銘（精衛）

戦時統制と生活

□□□

1 中国との戦争が長期化するのに伴い、全国民の協力体制が必要となった。そのため第1次近衛文麿内閣は議会の承認なしに勅令で、**人的・物的資源を統制・運用**できる法令を定めた。この法令は何か。

1　国家総動員法

□□□

2 国家総動員法にもとづき、1939年、国民を軍需産業に**強制的に動員**することができる勅令が出されたが、それは何か。

2　国民徴用令

□□□

3 国家総動員法にもとづき、1939年に、価格を据えおいて値上げを禁止し、**公定価格制**を導入する勅令が出されたが、それは何か。

3　価格等統制令

解説▶1937年10月に近衛文麿内閣は、企画庁と資源局を合併させ、戦争遂行のための物資動員を計画する、統制経済の中心的機関として企画院を設置。「経済の参謀本部」といわれた。

□□□
4 1940年には七・七禁令によって、ぜいたく品の製造・販売が禁止されたが、これ以降、生活必需品への統制も強化された。砂糖やマッチ、米・衣料などについてどのような制度が実施されたか。2つあげよ。

解説▶1940年から米などの食糧農産物を、政府指定価格で農家から強制的に買い上げる供出制が実施された。

4 配給制、切符制

□□□
5 第1次近衛文麿内閣が推進した、すべての国民諸組織を戦時体制に動員し、精神の教化をはかり、節約・貯蓄など国民の戦争協力をうながした運動は何か。

5 国民精神総動員運動

□□□
6 1937年、その論説「国家の理想」が反戦思想として右翼から攻撃され、著書が発禁となり、東京帝国大学教授を辞任したが、その後も戦争反対を主張した植民地経済政策の研究者は誰か。

解説▶1937年に、反ファッショ人民戦線を企図したとして、山川均らが検挙され、翌年には労農派の指導的理論家として資本主義論争で活躍した東大教授大内兵衛らが治安維持法違反で検挙される人民戦線事件が起きた。

6 矢内原忠雄

□□□
7 1938年に総力戦の遂行に向けて労働者を全面的に動員するため結成された、労資一体で国策に協力する戦時下の労働者統制組織を何というか。

7 産業報国会

□□□

考えてみよう

長期におよぶ戦争は、国民生活にどのような影響をもたらしたのだろうか。

➡最も切実だったのは、生活物資の欠乏であった。日中戦争がはじまるとぜいたく品の製造・販売を禁止した（　）が出され、生活必需品の（　）制もはじまり、砂糖・マッチなどの消費を制限する（　）制が敷かれ統制が強まった。農村では、政府による米の強制買上げ制度である（　）制が実施された。

七・七禁令／配給／切符／供出

戦時下の文化

□□□
1 大正時代末期から昭和時代初期にかけて、既成文壇に対抗し、感覚的表現を主張して『伊豆の踊り子』などを著した川端康成らの文学流派を何というか。

1 新感覚派

□□□
2　日中戦争を機に戦争文学が人気を博した。自らの従軍体験をもとに『麦と兵隊』を著した小説家は誰か。

2　火野葦平
<small>ひ の あしへい</small>

□□□
3　戦争を題材に描いた文学作品のうち、日本軍兵士の生態を写実的に描いて発禁となった『生きてゐる兵隊』の作者は誰か。

3　石川達三
<small>いしかわたつぞう</small>

第二次世界大戦の勃発

□□□
1　平沼騏一郎内閣は、ドイツが防共協定の仮想敵国であるソ連と条約を結ぶという世界情勢の激変に対応できず総辞職した。その条約は何か。

1　独ソ不可侵条約
<small>ふ か しん</small>

□□□
2　日本は仮想敵国であるソ連と、1938年から39年にかけて紛争を引き起こし、いずれも敗北した。ソ連と満洲国の国境不明確地帯での紛争と、満洲国西部とモンゴル人民共和国の国境地帯での紛争名をあげよ。

2　張鼓峰事件、ノモンハン事件
<small>ちょう こ ほう</small>

□□□
3　1939年9月、ドイツのポーランド侵攻に対する英・仏の対独宣戦布告で開始された戦争は何か。

3　第二次世界大戦

　解説▶平沼騏一郎内閣のあとを受けた阿部信行（陸軍大将）、米内光政（海軍大将）の両内閣は、ヨーロッパ戦争には不介入の方針をとり、日中戦争解決につとめた。しかし、1939年7月に日米通商航海条約の破棄が通告され、翌年発効すると、日中戦争遂行の軍需物資は日・満・華の円ブロックでは調達困難となってきた。そのため南方に進出して、大東亜共栄圏を建設する構想が出された。

新体制と三国同盟

□□□
1　1940年、枢密院議長を辞した近衛文麿は、ナチ党やファシスト党を模した一国一党の国民組織をつくる運動推進への決意を表明した。それは何か。

1　新体制運動
<small>しんたいせい</small>

□□□
2　新体制運動の結果、首相を総裁、道府県知事を支部長とする官製の全国組織が成立した。立憲政友会・立憲民政党・社会大衆党などのほとんどの政党や団体も解散し、参加したこの組織は何か。

2　大政翼賛会
<small>たいせいよくさんかい</small>

　解説▶この組織には、最末端機構として隣組が部落会・町内会のもとに組織された。

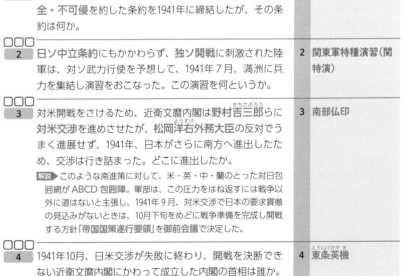

□□□ 3	大政翼賛会には、労働組合や労働団体が解散して工場ごとに組織された産業報国会の全国連合体も含まれた。その全国連合体は何か。	3	大日本産業報国会
□□□ 4	1941年、小学校はナチ党の教育制度を模して、「忠君愛国」の国家主義的教育が推進される8年制の義務教育となり、その呼称も改められた。何と改称されたか。	4	国民学校
□□□ 5	朝鮮や台湾などでは、日本語の使用や宮城遙拝・神社参拝などが強制された。この政策は何か。 解説▶朝鮮では、日本風の姓名に改める創氏改名が強制された。	5	「皇民化」政策
□□□ 6	第2次近衛文麿内閣が成立し、懸案のドイツ・イタリアと第3国からの攻撃に対して相互援助を協定した同盟が1940年に締結された。アメリカを仮想敵国とするこの軍事同盟は何か。 解説▶この同盟の成立と同時に、援蔣ルート遮断をめざし、北部仏印進駐がドイツの占領下に入ったフランスの了承のもとにおこなわれた。	6	日独伊三国同盟

太平洋戦争の始まり

□□□ 1	第2次近衛文麿内閣は、ソ連との間に中立友好と領土保全・不可侵を約した条約を1941年に締結したが、その条約は何か。	1	日ソ中立条約
□□□ 2	日ソ中立条約にもかかわらず、独ソ開戦に刺激された陸軍は、対ソ武力行使を予想して、1941年7月、満洲に兵力を集結し演習をおこなった。この演習を何というか。	2	関東軍特種演習（関特演）
□□□ 3	対米開戦をさけるため、近衛文麿内閣は野村吉三郎らに対米交渉を進めさせたが、松岡洋右外務大臣の反対でうまく進展せず、1941年、日本がさらに南方へ進出したため、交渉は行き詰まった。どこに進出したか。 解説▶このような南進策に対して、米・英・中・蘭のとった対日包囲網がABCD包囲陣。軍部は、この圧力をはね返すには戦争以外に道はないと主張し、1941年9月、対米交渉で日本の要求貫徹の見込みがないときは、10月下旬をめどに戦争準備を完成し開戦する方針「帝国国策遂行要領」を御前会議で決定した。	3	南部仏印
□□□ 4	1941年10月、日米交渉が失敗に終わり、開戦を決断できない近衛文麿内閣にかわって成立した内閣の首相は誰か。	4	東条英機

解説 日米交渉は1941年4月から11月にかけ、野村吉三郎駐米大使とハル米国務長官の間で進められた。11月に提出されたハル＝ノートがアメリカの最終案で、中国や仏印からの全面的無条件撤退、満洲国・汪兆銘政権の否認、日独伊三国同盟の実質的廃棄など満洲事変以前の状態への復帰を要求するきびしい内容であった。

□□□
5	1941年12月8日、日本海軍はアメリカに対し奇襲攻撃を敢行した。これを何というか。	5 真珠湾攻撃

□□□
6	1941年12月8日、日本は米・英に宣戦を布告したが、この宣戦の布告によりはじまった戦争は何か。	6 太平洋戦争

□□□

考えてみよう

日本はなぜアメリカとイギリスに宣戦を布告したのだろうか。

➡「宣戦の詔書」では、米・英両国は（　　）に介入して、日本の（　　）の安定への努力を踏みにじったばかりか、（　　）を通じて日本の（　　）そのものをおびやかしたので、自存自衛のために戦争に訴えたのだと説明された。

中国／東アジア／経済断交／生存

戦局の展開

□□□
1	日本は、南太平洋の広大な地域をおさえて軍政をしくとともに、欧米列強の植民地支配からアジアを解放し、共存共栄の新秩序を樹立するとして、太平洋戦争を正当化した。この共存共栄の新秩序を何というか。	1 大東亜共栄圏

解説 東条英機内閣が1943年11月、占領地の戦争協力体制強化のために東京で開いたのが大東亜会議。満洲国、南京の汪兆銘政権、タイ、ビルマ、自由インドなどが参加。

□□□
2	1942年、東条英機内閣が国民が緒戦の勝利にわき返っていたのを利用し、戦時翼賛体制の確立をめざして実施した総選挙を何というか。	2 翼賛選挙

解説 翼賛選挙によって当選した議員などを中心に結成されたのが翼賛政治会である。鳩山一郎・芦田均・片山哲・尾崎行雄らは政府の推薦を受けず立候補したが、選挙干渉に悩まされた。戦後、鳩山一郎・芦田均・片山哲は総理大臣に就任している。

□□□
3	太平洋戦争の戦局は、1942年6月におこなわれた海戦での日本の大敗北で大きく転換し、海上・航空戦力で劣勢となった。この海戦名をあげよ。	3 ミッドウェー海戦

解説 日本軍は占領地での組織的な抗日運動にも直面した。仏印の

ホー＝チ＝ミンのベトナム独立同盟、フィリピンの抗日人民軍な
どがある。これらの民族解放運動は、日本の敗戦後、植民地本国
軍と戦って自力で独立を勝ちとり、結果としてアジアにおける欧
米の植民地支配は一掃された。

□□□

4　1944年7月、マリアナ諸島のある島にアメリカ軍が上陸
し、日本軍は玉砕した。これにより絶対国防圏は崩れ、
アメリカ軍の本土空襲が激しくなった。何という島か。

4　サイパン島

□□□

考えてみよう

大東亜共栄圏に対し、アジア諸地域で反発があったのはなぜ
だろうか。

➡一部を除いて日本の占領地域では軍政が敷かれ、苛酷な収
奪・動員がおこなわれ、欧米諸国の（　　）主義とかわら
ないものとみなされたこと、シンガポールやマレーシアで中
国系住民（華僑）が日本軍に虐殺される事件が発生したこ
と、現地の文化や生活様式を無視して日本語学習や天皇崇
拝などの（　　）政策の実施などが原因である。

帝国／皇民化

国民生活の崩壊

□□□

1　戦線の拡大と長期化によって、1943年9月には、文科系
大学生の徴兵猶予が停止され、戦場へ送られることに
なった。これを何というか。

1　学徒出陣

□□□

2　多くの男性が徴兵されて労働力不足になると、学生・生
徒や女性を徴用し、軍需工場で働かせる勤労動員がおこ
なわれた。女子の勤労動員組織を何というか。

2　女子挺身隊

□□□

3　太平洋戦争の末期に、戦争の災禍をさけるため大都市の
国民学校児童は地方の農山村地域に集団で移動させら
れた。これを何というか。

3　学童疎開

□□□

4　1945年3月10日、アメリカ軍の首都圏への爆撃は、10万
人以上の死者と多数の負傷者を出した。この爆撃を何と
いうか。

4　東京大空襲

敗戦

□□□

1　1945年4月には、日本の南西部の島にアメリカ軍が上陸

1　沖縄本島

し、激戦の末、6月末には占領された。女子生徒のひめ
ゆり隊の悲劇などで広く知られているのはどこか。

☐☐☐
2 1943年9月、**イタリアが降伏**すると、同年11月、**米・英・中の首脳**が会談し、対日戦争の遂行、満洲・台湾・澎湖諸島の中国返還、**朝鮮の独立**などの処理案を決定・発表した。この発表文は何か。

> 解説▶アメリカからフランクリン=ローズヴェルト、イギリスからチャーチル、中国から蔣介石が出席した。

2 カイロ宣言

☐☐☐
3 1945年2月、**フランクリン=ローズヴェルト・チャーチルとソ連のスターリン**がクリミア半島で会談し、**ソ連の対日参戦**を決定する秘密協定が結ばれた。この協定を何というか。

3 ヤルタ秘密協定

☐☐☐
4 1945年5月、**ドイツが降伏**すると、同年7月、ベルリン郊外で会談した**米・英・ソの首脳**は、**日本軍の無条件降伏**などを勧告した。この勧告を何というか。

> 解説▶ポツダム会談では、アメリカのトルーマン、イギリスのチャーチル(のちアトリー)、ソ連のスターリンが会談した。ポツダム宣言は中国の同意を得て、米・英・中の名で発表された。ソ連は、対日参戦と同時に宣言に参加した。当時の鈴木貫太郎首相は、ソ連をたより終戦工作をはかろうとしていたため、この勧告を黙殺した。

4 ポツダム宣言

☐☐☐
5 日本政府が「**国体護持**」の観点から降伏を逡巡している間に、アメリカは新型爆弾を投下した。新型爆弾とは何か。

5 原子爆弾

☐☐☐
6 **原子爆弾が初めて投下**された都市名と、その日付をあげよ。

6 広島、1945年8月6日

☐☐☐
7 広島に続いて**原子爆弾が投下**された都市名と、その日付をあげよ。

7 長崎、1945年8月9日

☐☐☐
8 ソ連は、**日ソ中立条約**を無視し、ヤルタ秘密協定にもとづき日本に宣戦布告し、満洲・朝鮮に侵入した。宣戦布告の日付をあげよ。

8 1945年8月8日

☐☐☐
9 ポツダム宣言の受諾が、天皇のいわゆる「**聖断**」で決定されると、国民に**天皇のラジオ放送**で伝えられた。その日付をあげよ。

9 1945年8月15日

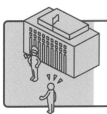

第16章 | 占領下の日本

1 占領と改革

戦後世界秩序の形成

<table>
<tr><td>□□□
1</td><td>1945年10月、連合国51カ国が参加し、平和と安全の維持、各国間の友好関係の促進、種々の問題について、諸国家間の協力を達成するために設立された国際組織を何というか。</td><td>1</td><td>国際連合</td></tr>
<tr><td>□□□
2</td><td>国際連合の中心となる理事会を何というか。</td><td>2</td><td>安全保障理事会
<small>あんぜん ほ しょう り じ かい</small></td></tr>
<tr><td>□□□
3</td><td>安全保障理事会を構成した常任理事国を5カ国あげよ。</td><td>3</td><td>米・英・仏・ソ・中</td></tr>
</table>

初期の占領政策

<table>
<tr><td>□□□
1</td><td>日本占領のために設けられた連合国軍の機関を何というか。</td><td>1</td><td>連合国(軍)最高司令官総司令部</td></tr>
<tr><td>□□□
2</td><td>連合国(軍)最高司令官総司令部の略称を何というか。
解説▶略称は、英語の "General Headquarters of the Supreme Commander for Allied Powers" による。</td><td>2</td><td>GHQ</td></tr>
<tr><td>□□□
3</td><td>初代の連合国(軍)最高司令官総司令部の最高司令官は誰であったか。</td><td>3</td><td>マッカーサー</td></tr>
<tr><td>□□□
4</td><td>連合国による日本占領政策決定の最高機関を何というか。
解説▶1946年、ワシントンに設置。米・英・仏・ソ・中・オランダ・カナダ・オーストラリア・ニュージーランド・インド・フィリピンの11カ国で構成。1949年、パキスタン・ビルマが参加。</td><td>4</td><td>極東委員会
<small>きょくとう</small></td></tr>
<tr><td>□□□
5</td><td>連合国(軍)最高司令官の諮問機関を何というか。
解説▶1946年、東京に設置。米・英・ソ・中の4カ国の代表により構成。議長はアメリカ。</td><td>5</td><td>対日理事会</td></tr>
</table>

☐☐☐			
6	アメリカ主導の**占領政策**の目標はどこにあったか。	6	日本の非軍事化と民主化
☐☐☐			
7	日本に対する占領政治は、最高司令官が**日本政府**に指令や勧告を出し、政府がそれにもとづく命令を公布し政策を実施する統治方式であった。これを何というか。	7	間接統治
☐☐☐			
8	軍部の不満をおさえる役割を担い、「一億総懺悔」「国体護持」を唱えて戦後処理にあたった首相で、元軍人の皇族は誰か。	8	東久邇宮稔彦（王）
	解説 1945年10月、この内閣は GHQ が出した「政治的、公民的及び宗教的自由に対する制限の撤廃に関する覚書」（人権指令）を、実行不能として総辞職した。		
☐☐☐			
9	東久邇宮稔彦内閣のあと、1920年代に推進した**協調外交**で米・英に知られた人物が組閣したが、この首相は誰か。	9	幣原喜重郎
☐☐☐			
10	幣原喜重郎首相にマッカーサーが口頭で指示した日本民主化のための方針を、何とよぶか。	10	五大改革指令
	解説 五大改革指令とは、①婦人（女性）参政権の付与、②労働組合の結成奨励、③教育制度の自由主義的改革、④秘密警察などの廃止、⑤経済機構の民主化の5項目をいう。		
☐☐☐			
11	1945年、GHQ の指示で、**占領軍に対する批判の禁止**と新聞などの出版物の検閲が定められたが、その規則を何というか。	11	プレス＝コード（新聞発行綱領）
☐☐☐			
12	1945年12月、GHQ が**神社・神道に対する政府の援助・監督**などを禁じたことを何というか。	12	神道指令（国家と神道の分離指令）
☐☐☐			

考えてみよう

連合国の占領政策のシステムにはどのような特徴があったのだろうか。

➡連合国（軍）最高司令官総司令部の指令・勧告にもとづいて日本政府が政治をおこなう（　）統治の方法がとられた。占領軍の日本政府に対する要求は、法律の制定を待たずに（　）によって実施に移された。

間接／勅令（ポツダム勅令）

☐☐☐			
13	**侵略戦争の計画者・責任者・実行者**などとして、逮捕・起訴された人々を何というか。	13	戦争犯罪人（戦犯）

□□□		
14	戦争犯罪人のうち、「平和に対する罪」に問われた人々を何というか。	**14** A級戦犯

□□□		
15	戦争犯罪人のうち、捕虜虐待など非人道的行為の責任者・実行者として罪に問われた人々を何というか。	**15** B・C級戦犯

□□□		
16	「平和に対する罪」に問われた28人に対する連合国の裁判を何というか。 **解説** この裁判は、1946年5月から48年11月にかけて東京でおこなわれた。裁判長はオーストラリアのウェッブ、主席検事はアメリカのキーナン。判決は絞首刑7名、終身禁錮16名、有期禁錮2名であった。	**16** 極東国際軍事裁判（東京裁判）

□□□		
17	1946年1月1日、昭和天皇が、天皇を現御神とするのは架空の観念であるとし、自らの神格を否定する詔書を発表した。それを何というか。	**17** 天皇の人間宣言

□□□		
18	1946年1月、政・官・財・言論界から、戦争協力者・職業軍人・超国家主義者などを排除したGHQの指令を何というか。	**18** 公職追放

民主化政策

□□□		
1	1945年、GHQの指令で、15財閥の資産の凍結、株式の公売、人的結合の排除などをおこなった経済界の民主化を何というか。 **解説** 15財閥（明治以来の三井・三菱・住友・安田の四大財閥、銀行中心の野村・渋沢、産業資本の浅野・大倉・川崎・古河、軍事産業拡張による新興財閥の日産・日窒・理研・中島・日曹）の資産が凍結された。	**1** 財閥解体

□□□		
2	財閥解体の際に、財閥所有の株式を譲り受けて公売した組織を何というか。 **解説** 持株会社整理委員会が譲渡を受け、処理した有価証券の総額は、約75億2000万円であった。	**2** 持株会社整理委員会

□□□		
3	1947年に制定された巨大独占企業を分割することを取り決めた法律を何というか。 **解説** 実際に分割されたのは日本製鉄・三菱重工業など11社のみであった。	**3** 過度経済力集中排除法

□□□
4 1947年に制定された、不正取引を禁じ将来にわたっての市場の**独占を予防する**法律を何というか。

4 独占禁止法

□□□
5 1945年に GHQ が出した指令にもとづき、寄生地主制や高率小作料から農民を解放し、**自作農を創設**することを目的とした改革を何というか。

5 農地改革

□□□
6 GHQ の指令を受け、幣原喜重郎内閣は農地調整法を改正して改革しようとしたが、この農地改革を何というか。
解説▶内閣は農地調整法(1938年、自作農の創設と小作争議抑制のため制定)を改正して、地主の貸付地所有限度を5町歩としたが、GHQ は改革不徹底と指摘した。

6 第1次農地改革

□□□
7 GHQ の勧告案にもとづき、1946年10月以降、吉田茂内閣によって着手された農地改革を何というか。
解説▶吉田茂内閣が農地調整法を再改正し、さらに自作農創設特別措置法を制定して、改革を断行。不在地主は貸付農地のすべて、在村地主の1町歩(北海道は4町歩)をこえる部分を国が強制買上げ・売渡しで解放。小作料の金納制を定めた。改革は1950年に終了、小作地の80%が解放された。

7 第2次農地改革

□□□
8 都道府県・市町村に設置され、**小作地の買収・売渡し**を計画した機関を何というか。
解説▶第2次農地改革では市町村の農地委員会は地主3人・自作農2人・小作農5人で構成された。

8 農地委員会

□□□
9 1947年、多数誕生した自作農のため、各地に設立された**農業経営や技術指導・便益提供**にあたった組織を何というか。

9 農業協同組合(農協)

□□□
10 1945年、幣原喜重郎内閣のときに制定された、**労働者の団結権・団体交渉権・争議権**を保障した法律を何というか。

10 労働組合法

□□□
11 1946年、吉田茂内閣によって制定された、労働委員会による**労働争議の斡旋・調停・仲裁**や争議行為の制限を規定した法律を何というか。

11 労働関係調整法

□□□
12 1947年、吉田茂内閣が制定した週48時間労働、年次有給休暇制、女子・年少者の深夜就業の禁止など**労働条件の最低基準**を規定した法律を何というか。

12 労働基準法

□□□ **13** 労働組合法・労働関係調整法・労働基準法の3つの法律を総称して何というか。	**13**	労働三法
□□□ **14** 1947年、片山哲内閣によって設置された労働保護行政を担当する役所を何というか。	**14**	労働省
□□□ **15** 1946年、産業別に統合された労働組合の全国組織を何というか。 解説 この組織は日本共産党の指導で最も左翼的な活動をおこなった。	**15**	全日本産業別労働組合会議(産別会議)
□□□ **16** 1946年、都道府県別に連合した労働組合の全国組織を何というか。 解説 この組織は産別会議に対抗し、反共の立場をとった。	**16**	日本労働組合総同盟(総同盟)
□□□ **17** GHQの指令で、授業が停止された科目は何か。 解説 教科書も軍国主義を賛美したり、戦争にかかわる不都合な部分は、墨で塗りつぶして使用した。また、多くの校舎が焼失した戦災都市では、校庭などで授業がおこなわれた(青空教室)。	**17**	修身・日本歴史・地理
□□□ **18** 1946年、GHQの招請で、教育の民主化を勧告するために来日した使節団を何というか。	**18**	アメリカ教育使節団
□□□ **19** 1947年に制定された、教育の機会均等・義務教育9年制・男女共学を規定した教育関係の法律を何というか。	**19**	教育基本法
□□□ **20** 1947年、六・三・三・四の単線型学校制度を定めた法律を何というか。	**20**	学校教育法
□□□ **21** 教育の地方分権化をはかり、都道府県と市町村に設けられた教育行政機関を何というか。	**21**	教育委員会
□□□ **22** 教育委員会を構成した教育委員は、どのようにして選出されたか。 解説 教育委員会は、学校設置・人事・教科書採択の権限をもつ。教育委員は、1948年には都道府県・市町村ごとに公選制であったが、1956年より地方自治体の首長による任命制となった。	**22**	公選制

□□□

考えてみよう

占領下において、どのように民主化政策が進められていったのだろか。

➡ GHQは、（　　）や特別高等警察の廃止、共産党員はじめ政治犯の即時釈放を求める（　　）指令を発した。ついで五大改革指令を発し、（　　）の付与、（　　）の結成奨励、（　　）制度の自由主義的改革、秘密警察などの廃止、（　　）解体や（　　）改革などの経済機構の民主化を指示した。さらに（　　）で戦時期の軍国主義・天皇崇拝の思想的基盤となった国家神道を解体した。

治安維持法／人権／婦人（女性）参政権／労働組合／教育／財閥／農地／神道指令

政党政治の復活

□□□
1 1945年、GHQの指令で出獄した徳田球一らを中心に合法政党として活動を開始したのは何党か。

1 日本共産党

□□□
2 1945年、旧無産政党各派を統合して成立した政党は何か。

2 日本社会党

□□□
3 1945年、鳩山一郎を総裁として、旧立憲政友会系で翼賛選挙時の非推薦議員を中心に結成された保守政党を何というか。

3 日本自由党

□□□
4 1945年、町田忠治を総裁として、旧立憲民政党系で翼賛体制期には大日本政治会に属していた議員を中心に結成された保守政党を何というか。

4 日本進歩党

□□□
5 1945年に結成された協同組合主義・労使協調を標榜する中間的保守政党を何というか。

5 日本協同党

□□□
6 1947年、芦田均を総裁として、日本進歩党に国民協同党の一部が合流して修正資本主義を掲げて結成した政党は何か。

6 民主党

□□□
7 女性参政権を認める衆議院議員選挙法の改正は、西暦何年におこなわれたか。

7 1945年

解説▶ この改正で満20歳以上の男女に選挙権が与えられた。また、この選挙法にもとづいた1946年の衆議院議員総選挙では、女性候補者が78名立候補し、39名の女性議員が誕生した。

□□□
8 新しい選挙法にもとづいた1946年の衆議院議員総選挙で、第1党となった政党は何か。

8 日本自由党

□□□
9 日本自由党が、日本進歩党の協力により組織した内閣の首相は誰か。

9 吉田茂

解説▶日本自由党の総裁鳩山一郎が組閣の直前に公職追放となり、難航の末に吉田茂が組閣した。この日本自由党内閣（日本進歩党との連立）の成立により、1932年五・一五事件で崩壊した政党内閣が復活することになった。なお、吉田は、1946年から54年まで、日本自由党・民主自由党・自由党の総裁であり、約7年間政権を担当した。

日本国憲法の制定

1 1945年10月、GHQ の指示により、幣原喜重郎内閣のもとに設置された憲法改正に関する委員会を何というか。

解説▶松本烝治国務大臣が委員長であった。この委員会案の「憲法改正要綱」は、GHQ に拒否され、GHQ が代案を幣原喜重郎内閣に提示した。

1 憲法問題調査委員会

2 吉田茂内閣のもとで帝国議会で審議され、1946年11月3日に公布、1947年5月3日に施行された憲法を何というか。

解説▶新憲法は11章103条からなり、主権在民・象徴天皇制・戦争放棄・基本的人権の尊重などが定められた。新憲法制定は手続き上、大日本帝国憲法を改正する形式がとられた。

2 日本国憲法

3 憲法に定められた国権の最高機関で、国の唯一の立法機関は何か。

解説▶国会は衆議院と参議院とからなり、国民が選挙した議員で構成される。

3 国会

4 衆議院で多数を制した政党により内閣が組織される制度を何というか。

解説▶内閣総理大臣は国会議員の中から国会の議決により指名され、天皇が任命する。国務大臣の過半数は国会議員の中から選ばれなくてはならない。

4 議院内閣制

5 1947年、新憲法の個人尊重の理念に従い、家や戸主権の廃止、男女平等の婚姻・相続など近代的な内容に改められた法律は何か。

解説▶刑事訴訟法も人権尊重を主眼に全面改定され、刑法の一部改正で大逆罪・不敬罪・姦通罪などが廃止された。

5 民法（新民法）

6 1947年、地方公共団体の民主的・能率的行政を確保するために制定された法律は何か。

解説▶地方首長の公選制、リコール制などが規定された。

6 地方自治法

7 1948年の警察法にもとづき、人口5000人以上の市町村に

7 自治体警察

設置された警察を何というか。

☐☐☐ 8	自治体警察以外の地域を担当した警察を何というか。	8	国家地方警察

生活の混乱と大衆運動の高揚

☐☐☐
1 陸海軍の将兵が武装解除され、各自の家庭に帰ることを何というか。

解説▶シベリア抑留の兵士の復員が最も遅く、最終的には1956年ころまでかかった。

1 復員

☐☐☐
2 敗戦時にアジア諸地域に在留した民間日本人が帰国したことを何というか。

解説▶米・英占領地域からの引揚げは1947年末にほぼ終了したが、ソ連・中国地区からは1956年まで続き、さらに中国残留孤児問題などが残った。

2 引揚げ

☐☐☐
3 都市住民が深刻な食料不足を補うため、農村に食料購入に出かけたことを何というか。

3 買出し

☐☐☐
4 敗戦の混乱の中で各地に生まれた、配給機構や公定価格を無視した露天の市場を何というか。

4 闇市

☐☐☐
5 1946年、戦後の激しいインフレを収束させるため、幣原喜重郎内閣が出した経済法令を何というか。

解説▶新円を発行し旧円と交換、一定額以上の預金を封鎖して貨幣流通量の縮減をはかったが、効果は一時的であった。

5 金融緊急措置令

☐☐☐

考えてみよう

なぜ、金融緊急措置令が発せられたのだろうか。

➡戦争によって鉱工業生産額が戦前の3分の1以下まで落ち込んだ中、敗戦による軍人の（　　）や一般居留民の（　　）で人口がふくれ上がったことによる極度の物不足にくわえ、終戦処理のため臨時軍事費が大量に支払われたことや日本銀行の対民間貸出しの増加などで通貨が増発され、猛烈な（　　）が発生したから。

復員／引揚げ／インフレーション

☐☐☐
6 第1次吉田茂内閣が決定し、その後の内閣にも引き継がれた、資金と資材を石炭・鉄鋼などの重要産業部門に集中する方式を何というか。

6 傾斜生産方式

□□□ **7**	石炭・鉄鋼・電力・海運などの基礎産業部門の生産回復のための長期融資を目的として、1947年に設立された**政府の金融機関**を何というか。 **解説▶**巨額な資金の投入は、復金インフレを引き起こした。1952年に日本開発銀行に吸収された。	**7 復興金融金庫**
□□□ **8**	1947年2月1日に予定された戦後最大の**労働闘争計画**を何というか。 **解説▶**国鉄労働組合（国労）・全逓信従業員組合（全逓）を中心に**全官公庁共同闘争委員会**が組織され、**ゼネラル＝ストライキ**を計画したが、決行直前の1月31日に、GHQの中止命令で不発に終わった。	**8 二・一ゼネスト計画**
□□□ **9**	1947年の総選挙で、第1党を占めた**日本社会党**により誕生した内閣を何というか。 **解説▶**この内閣は**日本社会党・民主党・国民協同党**の3党連立内閣であり、政策の調整に苦しんだ。わずかに**労働省**を設置しただけで、積極的な社会主義政策はとれなかった。	**9 片山哲内閣**
□□□ **10**	**片山哲内閣**が退陣したあと、**民主党**の総裁が組織した内閣を何というか。 **解説▶**この内閣は、**民主党・日本社会党・国民協同党**の3党連立内閣であり、**中道政治**を進めたが、**昭和電工事件**で総辞職した。	**10 芦田均内閣**

2 冷戦の開始と講和

冷戦体制の形成と東アジア

□□□ **1**	第二次世界大戦終了後に激化した**米ソ二大陣営の対立状態**を何というか。 **解説▶**占領地の処理問題から両陣営の対立がはじまった。1946年、**イギリス前首相のチャーチル**が訪米先の演説で、バルト海のシュテッテンからアドリア海のトリエステまで「**鉄のカーテン**」が、大陸を横切って降りている、とソ連を批判した。	**1 冷戦（冷たい戦争）**
□□□ **2**	対立した米ソ二大陣営のうち、**アメリカ**を中心とする諸国家群を何とよぶか。	**2 資本主義・自由主義陣営（西側）**
□□□ **3**	対立した米ソ二大陣営のうち、**ソ連**を中心とした諸国家群を何とよぶか。	**3 社会主義・共産主義陣営（東側）**

□□□			
4	1947年、アメリカ大統領トルーマンが、アメリカの安全のために徹底してソ連を封じ込めるべきであるとした宣言を何というか。	4	トルーマン＝ドクトリン

□□□			
5	1947年、アメリカ国務長官マーシャルが、第二次世界大戦後の西欧諸国を復興するために発表した欧州経済復興援助計画を何というか。	5	マーシャル＝プラン

□□□			
6	1949年、欧米12カ国が共産圏に対抗するために結成した集団安全保障機構を何というか。	6	北大西洋条約機構（NATO）

□□□			
7	1955年、西ドイツの北大西洋条約機構への加盟に対抗して、ソ連を中心に東側8カ国が組織した集団安全保障機構を何というか。	7	ワルシャワ条約機構

□□□			
8	対日戦争終了後の中国では、国民党・共産党の国共内戦が再開されたが、これを何というか。	8	中国内戦

□□□			
9	アメリカの支援を受けながら内戦に敗北した国民党の蔣介石が、1949年に中華民国政府を移した場所はどこか。	9	台湾

□□□			
10	国民党を大陸から追い出し、1949年10月1日に中国共産党により設立された国家は何か。 **解説** 蔣介石の国民政府を台湾に追い出して、北京を首都とし、毛沢東を国家主席として成立した。	10	中華人民共和国

□□□			
11	朝鮮半島北緯38度線以南のアメリカ軍占領地に、ソウルを首都、李承晩を初代大統領として、1948年に成立した国を何というか。	11	大韓民国

□□□			
12	朝鮮半島北緯38度線以北のソ連占領地に、ピョンヤンを首都、金日成を首相として、1948年に成立した国を何というか。	12	朝鮮民主主義人民共和国

占領政策の転換

□□□			
1	1948年、芦田均内閣は政令で国家公務員のストライキを禁止した。この政令を何とよんでいるか。 **解説** 1947年の二・一ゼネストが公務員を中心に計画されたため、GHQが指令し公布された。	1	政令201号

☐☐☐ **2**	1948年、第2次吉田茂内閣は政令201号にもとづき、法令を改正して国家公務員の争議権・団体交渉権を剝奪した。改正された法令を何というか。	**2** 国家公務員法
☐☐☐ **3**	中国情勢の変化は、アメリカの日本占領政策を転換させた。1948年、GHQが日本経済自立のために第2次吉田茂内閣へその実行を指令した経済政策を何というか。 **解説▶** この原則は、予算の均衡・徴税強化・資金貸出制限・賃金安定・物価統制・貿易改善・物資割当改善・増産・食糧集荷改善の9項目である。	**3** 経済安定九原則
☐☐☐ **4**	経済安定九原則を実施させるため、GHQはドッジを招いて具体策の立案にあたらせた。この具体策を何というか。 **解説▶** ドッジはデトロイト銀行の頭取。赤字を許さない超均衡予算・単一為替レート設定などの施策をドッジ=ラインという。	**4** ドッジ=ライン
☐☐☐ **5**	ドッジ=ラインにより、全品目一律の単一為替レートが設定された。1ドルは一律何円の為替レートとなったか。	**5** 360円
☐☐☐ **6**	1949年、アメリカの税制専門家チームが来日し、直接税・所得税中心主義や累進所得税制などを中心とする税制改革を勧告した。この勧告を何というか。 **解説▶** 使節団の団長はコロンビア大学教授シャウプであった。勧告内容はそのほかに地方税の独立・資本蓄積のための減税など。	**6** シャウプ勧告
☐☐☐ **7**	1949年7月、国鉄総裁が常磐線綾瀬駅付近で死体で発見された事件を何というか。	**7** 下山事件
☐☐☐ **8**	下山事件で怪死した国鉄総裁の名前をあげよ。	**8** 下山定則
☐☐☐ **9**	1949年7月、東京中央線の駅構内で発生した無人電車の暴走事故を何というか。	**9** 三鷹事件
☐☐☐ **10**	1949年8月、福島県の東北本線で発生した列車の脱線・転覆事故を何というか。	**10** 松川事件

朝鮮戦争と日本

□□□
1　1950年6月、朝鮮民主主義人民共和国(北朝鮮)が朝鮮半島の北緯38度線を越えて大韓民国(韓国)に侵攻したことを契機に、北朝鮮と韓国が戦争に突入した。この戦争を何というか。

1　朝鮮戦争

□□□
2　朝鮮戦争の際に、韓国側に立って参戦した、総司令官マッカーサーを擁するアメリカを中心とする軍を何というか。

2　国連軍(朝鮮国連軍)

□□□
3　朝鮮戦争の際に北朝鮮側に立って参戦した軍をあげよ。

3　中国人民義勇軍(中国人民志願軍)

□□□
4　1951年から、北朝鮮軍と国連軍(朝鮮国連軍)との間に、会談がおこなわれ、1953年に協定が成立した。この協定を何というか。

4　朝鮮休戦協定

□□□
5　朝鮮休戦協定の調印はどこでおこなわれたか。

5　板門店
　　パンムンジョム

□□□
6　1950年、朝鮮戦争勃発直前、GHQの指令で共産党中央委員24名全員が公職から追放され、ついで第3次吉田茂内閣は、官公庁や報道機関・産業界などの多くの職場から共産主義者やその同調者を追放した。これを何というか。

6　レッド=パージ

□□□
7　レッド=パージに対し、1950年から旧軍人らの公職追放者の解除がはじまり、52年には法令も廃止された。これを何というか。

　解説▶公職追放令が廃止されたことにより、戦争犯罪人として服役していた者も釈放された。

7　公職追放解除

□□□
8　1950年、朝鮮戦争に出動した在日アメリカ軍の空白を埋めるために、GHQの指令で設立された治安部隊を何というか。

8　警察予備隊

□□□
9　第3次吉田茂内閣は1952年のサンフランシスコ平和条約の発効後に、保安庁法を公布し、警察予備隊を改編したが、何と改めたか。

　解説▶1952年に新設された海上警備隊も、保安庁内に組み入れられて警備隊と改称された。

9　保安隊
　　ほ あん

□□□ **10** レッド=パージで産別会議の勢力が弱まる中、1950年反 共民主労組として結成された全国組織を何というか。 **解説▶** 総評は講和問題を契機に大きく路線を転換し、日本社会党 と連携しつつ、対アメリカに協調的な保守政治に反対する姿勢を 強めた。	**10** 日本労働組合総評議 会(総評)

□□□

考えてみよう

朝鮮戦争は、日本の政治にどのような影響をもたらしたのだ
ろうか。

➡ GHQ の指令で( )隊が新設され、旧軍人の( )解除
が進められ、共産主義者の追放( )などがはじまった。
これらは戦後改革に逆行する動きで( )ととらえられ
た。また、アメリカは占領を終わらせて日本を( )陣営
に早期に取り込もうとした。

警察予備/公職追放
/レッド=パージ/
「逆コース」/西側
(資本主義・自由主
義)

講和と安保条約

□□□ **1** 朝鮮戦争勃発後、**アメリカ大統領トルーマンは対日講和** 促進を表明したが、日本国内ではソ連・中国を含む全連 合国と平和条約を締結せよとの主張もあった。この主張 を何というか。	**1** 全面講和論
□□□ **2** 全面講和論の主張に対して、ソ連や中国などを除外した 一部の国々との平和条約の締結もやむなしとの主張を何 というか。 **解説▶** 全面講和論は、矢内原忠雄・南原繁・大内兵衛らの知識人層 や日本社会党・日本共産党などが主張し、単独講和論は政府・ 保守政党などの主張である。	**2** 単独講和論
□□□ **3** 1951年9月、サンフランシスコにおいて日本を含む52カ 国の講和会議が開催されたが、これを何というか。 **解説▶** この会議には、中国に関しては中華人民共和国・中華民国 ともに招聘されず、インド・ユーゴスラビア・ビルマは不参加 であった。1952年に日印平和条約と日華平和条約が、1954年に日 本・ビルマ平和条約が締結されている。	**3** サンフランシスコ講 和会議
□□□ **4** サンフランシスコ講和会議の日本首席全権は誰であっ たか。	**4** 吉田茂
□□□ **5** サンフランシスコ講和会議で日本と48カ国との間に締 結された平和条約を何というか。	**5** サンフランシスコ平 和条約

	解説▶1952年4月28日発効。戦争終結・領土の範囲・賠償を規定。日本は主権回復。ソ連・チェコスロヴァキア・ポーランドの東側3国が不調印。		

□□□

6 サンフランシスコ平和条約が締結された日に、アメリカとの間に締結された日本の防衛に関する条約を何というか。

解説▶アメリカ軍の駐留と、侵略や内乱の際のアメリカ軍の出動などを取り決めた。

6 日米安全保障条約

□□□

7 1952年にアメリカとの間で締結された、基地の提供や費用の負担などを取り決めた協定を何というか。

7 日米行政協定

□□□

考えてみよう

講和に際し日本が単独講和を選択した背景には、どのような事情があったのだろうか。

➡講和後もアメリカ軍の駐留を認めることで、（　）の負担をさけて（　）復興を優先することを考え、（　）提供の見返りに安全保障をアメリカに依存する道を選択した。

再軍備／経済／基地

占領期の文化

□□□

1 1925年に開始されたラジオ放送は、戦後、急速に放送網を全国に拡大した。その中心となった公共放送局は何か。

解説▶1951年からは民間ラジオ放送も開始された。テレビ放送が開始されたのは1953年。また、カラーテレビの放送は1960年より。

1 日本放送協会（NHK）

□□□

2 1950年に制定された、伝統的価値のある文化財を保護する法令を何というか。

解説▶1949年の法隆寺金堂壁画の焼損が、制定のきっかけとなった。なお、文化財保護と文化振興のため、1968年には文化庁が置かれた。

2 文化財保護法

□□□

3 1949年、7つに分類された専門分野の科学者たちから選出・構成される学会の最高機関が設立された。これを何というか。

3 日本学術会議

□□□

4 戦後の考古学研究の発展はめざましいものがあったが、1940～50年代の発掘成果のうち静岡県の弥生時代後期の遺跡と群馬県の旧石器時代の遺跡をあげよ。

4 静岡県：登呂遺跡、群馬県：岩宿遺跡

□□□
5 ダイナマイトの発明者のスウェーデン人が創設した、人類の平和・福祉に貢献した人々に与えられる賞を何というか。

5 ノーベル賞

□□□
6 1938年、中間子理論を発表し、1949年、日本人として初めてノーベル賞を受賞した物理学者は誰か。

6 湯川秀樹

□□□
7 1951年、映画「羅生門」でヴェネツィア国際映画祭グランプリ（金獅子賞）を受賞、以後も多くの話題作を制作した映画監督は誰か。

7 黒澤明

□□□
8 1952年、映画「西鶴一代女」でヴェネツィア国際映画祭国際賞を受賞した映画監督は誰か。

8 溝口健二

□□□
9 「戦後のストーリー漫画の開拓者」とよばれ、『鉄腕アトム』などの作品を発表した人物は誰か。

9 手塚治虫

□□□
10 戦後、並木路子の「リンゴの唄」や笠置シズ子の「東京ブギウギ」の大ヒットに続き、12歳でデビューして天才少女とよばれ、その後の歌謡界の第一人者となった歌手は誰か。

10 美空ひばり

第17章 | 高度成長の時代

1 55年体制

冷戦構造の世界

□□□
1 1955年、米大統領**アイゼンハワー**、英首相**イーデン**、ソ連首相**ブルガーニン**、仏首相の**フォール**が、ドイツ問題・欧州の安全保障・軍縮・東西交流などを協議（**ジュネーヴ四巨頭会談**）し、平和への希望を高めた。このころの東西対立を緩和する動きを何というか。

1 「雪どけ」

□□□
2 1958年、東西平和共存路線を打ち出したソ連の首相は誰か。

2 フルシチョフ

□□□
3 1963年、米・英・ソ3国外相がモスクワで調印した「地下実験を除く**大気圏内外と水中核実験禁止条約**」を何というか。

3 部分的核実験禁止条約

□□□
4 1968年、国連総会で採択され、米・英・ソなどが調印した条約で、**核兵器保有国が核兵器やこれを製造する技術を非保有国へ供与することや非保有国が製造することを禁止**した条約を何というか。
解説▶日本は1970年に調印。

4 核兵器拡散防止条約

□□□
5 1957年、欧州で、地域内の**関税撤廃・労働力移動の自由化**をめざした経済統合機構を何というか。
解説▶仏・西独・伊・蘭・ベルギー・ルクセンブルクの西欧6カ国で結成された。

5 EEC（ヨーロッパ経済共同体）

□□□
6 1967年に、**EEC（ヨーロッパ経済共同体）**と、石炭鉄鋼共同体、原子力共同体が統合して成立した組織を何というか。
解説▶1973年にイギリス・アイルランド・デンマークが加盟し、81年ギリシア、86年スペイン・ポルトガルが加盟した。1993年発効のマーストリヒト条約でEU（ヨーロッパ連合）に発展した。1999年、EUは統一通貨ユーロの導入を実現した。

6 EC（ヨーロッパ共同体）

1．55年体制 **263**

7 中国で1966年にはじまった、毛沢東らを中心とする思想・権力闘争を何というか。

解説▶ 国家主席劉少奇らの実権派が、資本主義の一部をとり入れて近代工業化をはかったのに対し、毛沢東主義を掲げる左派が、1966年から紅衛兵を先頭に実権派の排撃運動を展開した。1976年の周恩来・毛沢東の死を契機に、文革推進派は4人組として断罪され、終結が宣言された。

7 文化大革命

8 1954年、中国の周恩来首相とインドのネルー首相とが確認しあった、主権尊重・相互不可侵などの5項目を何というか。

8 平和五原則

9 1955年、インドネシアのバンドンで29カ国が参加し、反植民地主義・平和共存などの10項目を決議した。この会議を何というか。

解説▶ 1958年にはガーナで全アフリカ会議が開かれ、60年には17カ国が独立して「アフリカの年」といわれた。

9 アジア＝アフリカ会議（バンドン会議）

10 アジア＝アフリカ会議（バンドン会議）で決議された10項目を何というか。

10 平和十原則

11 1950年代、米ソの東西二大勢力の間にあって中間的な立場をとり、非同盟路線を進む勢力として台頭したアジア・アフリカ諸国を何とよぶか。

11 第三勢力（第三世界）

12 1946年からはじまったホー＝チ＝ミンの率いるベトナム民主共和国とフランスとの戦いを何というか。

12 インドシナ戦争

13 1954年、ジュネーヴで成立したインドシナ戦争の休戦協定を何というか。

解説▶ この協定によりフランス軍はベトナムから撤退した。

13 ジュネーヴ休戦協定（インドシナ休戦協定）

14 1961年、ベトナム共和国（南ベトナム）政府と南ベトナム解放民族戦線との内戦が激化、1965年からは、南ベトナムを支援するアメリカが北ベトナムを爆撃（北爆）し本格的な軍事介入をはじめ、米・中・ソなどを巻き込んだ長期の戦争となった。この戦争を何というか。

14 ベトナム戦争

独立回復後の国内再編

□□□
1 1952年、血のメーデー事件（皇居前広場事件）をきっかけに定められた、暴力的破壊活動をおこなった団体の取締りを規定した法律を何というか。

解説 ▶ 血のメーデー事件は独立回復後の初のメーデーで、デモ隊と警察とが皇居前広場で衝突し、流血の大乱闘となった事件。

1 破壊活動防止法（破防法）

□□□
2 1954年、アメリカの経済援助を受けるかわりに日本が防衛力を増強するよう定めた協定を何というか。

2 MSA協定（日米相互防衛援助協定）

□□□
3 MSA協定の成立に伴い、第5次吉田茂内閣は保安庁を発展・改組したが、何というか。

3 防衛庁

□□□
4 防衛庁統轄下に置かれた、陸・海・空の3隊からなる防衛組織を何というか。

4 自衛隊

□□□
5 1954年、都道府県警察を設置して警察庁がこれを統轄することにした法律を何というか。

5 新警察法

□□□
6 政府のアメリカ軍基地の拡大に対する、住民・革新団体の反対闘争を何というか。

6 アメリカ軍基地反対闘争

□□□
7 1952〜53年の石川県におけるアメリカ軍試射場への反対運動を何というか。

7 内灘事件

□□□
8 東京都立川のアメリカ軍基地拡張に対する住民の反対運動を何というか。

8 砂川事件

□□□
9 公立学校教員の政治活動抑制を目的として、1954年に制定された2つの法律を何と総称するか。

解説 ▶ 2つの法律とは「義務教育諸学校における教育の政治的中立の確保に関する臨時措置法」と「教育公務員特例法の一部改正法」の2法をいう。

9 教育二法

□□□
10 1956年、第3次鳩山一郎内閣が公布した新教育委員会法の要点をあげよ。

10 教育委員の任命制

□□□
11 1954年、中部太平洋のビキニ環礁におけるアメリカの水爆実験により、日本漁船が被爆した事件を何というか。

解説 ▶ 日本のマグロ漁船の第五福竜丸が放射能の灰（死の灰）で被爆し、無線長の久保山愛吉が死亡した。

11 第五福竜丸事件

□□□ 12	第五福竜丸事件を契機に、急速に拡大した反対運動を何というか。	12 原水爆禁止運動
□□□ 13	1955年、原水爆禁止運動の第1回世界大会が広島で開かれたが、これを何というか。	13 原水爆禁止世界大会

55年体制の成立

□□□ 1	1954年、造船疑獄事件で自由党が分裂し、改進党・自由党反吉田派・日本自由党が合同して成立した政党を何というか。	1 日本民主党
□□□ 2	日本民主党の総裁は誰であったか。	2 鳩山一郎
□□□ 3	鳩山一郎内閣が成立したことで、憲法改正阻止をめざして再統一した政党は何か。 解説 サンフランシスコ平和条約の批准をめぐって左右に分裂していた日本社会党は、再統一で革新陣営の再結束をめざした。委員長は鈴木茂三郎。	3 日本社会党
□□□ 4	革新勢力の再統一に刺激されて、財界の強い要望を受けて保守勢力の日本民主党と自由党が合同した。これを何というか。	4 保守合同
□□□ 5	日本民主党と自由党の保守合同によって成立した政党を何というか。	5 自由民主党
□□□ 6	日本民主党と自由党の合同により衆議院議席の3分の2弱を占める自由民主党が政権を保持し、約3分の1を占める野党の日本社会党と国会で対立する体制を何というか。	6 55年体制
□□□ 7	1956年、鳩山一郎内閣によってなされた、日ソ間の戦争終結宣言を何というか。 解説 鳩山一郎がモスクワにおもむき、ソ連首相ブルガーニンとの間で調印。戦争終結、将来の歯舞群島・色丹島の返還、日本の国連加盟支持などが約束された。	7 日ソ共同宣言
□□□ 8	ヤルタ秘密協定によるソ連の千島列島占領に対し、日本が択捉島以南を固有の領土と主張している両国間の領土問題を何というか。	8 北方領土問題

□□□	
9 日ソ間の戦争終結宣言によって実現した、日本の国際社会への復帰は何か。	9 国際連合加盟
解説 日本は独立の実現後、たびたび国連への加盟を申請したが、ソ連の拒否権発動によって実現していなかった。	

□□□

考えてみよう

55年体制はどのように成立し、どのような意味をもったのだろうか。

➡サンフランシスコ平和条約の批准をめぐって左右両派に分裂した(　　)は、(　　)首相の憲法改正・再軍備の提唱に対して、左右両派の統一の実現によって衆議院の約3分の1の議席を確保し、これを阻止しようとした。保守陣営も財界の強い要望を背景に日本民主党と自由党が合同し(　　)を結成した。「(　　)・安保護持」の保守勢力が3分の2弱、「護憲・(　　)」の革新勢力が約3分の1の議席を占め、保守一党優位のもとでの(　　)という政治体制が約40年近く続くことになった。	日本社会党／鳩山一郎／自由民主党／改憲／反安保／保革対立

安保条約の改定

□□□	
1 鳩山一郎内閣の退陣後、自由民主党総裁として組閣したが、わずか65日で病気で退陣したのは誰か。	1 石橋湛山
□□□	
2 A級戦犯となるが不起訴、公職追放解除後に政界に復帰し、1957年に組閣したのは誰か。	2 岸信介
□□□	
3 岸信介首相は「日米新時代」を唱え、1960年に訪米した。このとき調印した、アメリカの日本防衛義務を明らかにした条約を何というか。	3 日米相互協力及び安全保障条約(新安保条約)
解説 この条約は、条約の期限やアメリカの日本防衛義務の明確化、在日アメリカ軍の軍事行動に関する事前協議制、経済協力の促進などが明らかにされた。	
□□□	
4 政府・与党(自由民主党)が条約批准を強行採決したため激化した、安保条約改定阻止闘争を何というか。	4 60年安保闘争
□□□	
5 60年安保闘争の推進母体となった134団体の代表が結成した組織を何というか。	5 安保改定阻止国民会議

□□□
6 60年安保闘争で、国会に連日デモをかけた**学生組織**を何というか。

解説 1960年6月15日、**全学連**のデモ隊が国会に乱入し、東大生樺美智子が死亡するという事件が起こった（**全学連国会乱入事件**）。なお、安保条約は6月に自然成立した。

6 全学連（全日本学生自治会総連合）

□□□
7 1958年、岸信介内閣は安保改定に伴う混乱を予想し、警察官の職務に関する法律を改正して警察官の権限強化を意図したが、世論の猛反対により審議未了となった。この法律は何か。

7 警察官職務執行法（警職法）

保守政権の安定

□□□
1 岸信介内閣にかわって、「**寛容と忍耐**」を唱え、「**所得倍増**」をスローガンに高度経済成長政策をとったのは何内閣か。

1 池田勇人内閣

□□□
2 池田勇人内閣は「**政経分離**」の方針のもと、国交のない**中国**との準政府間貿易を推進したが、この貿易を何というか。

解説 **高碕達之助**(T)と**廖承志**(L)との間で取り交わされた覚書によってはじまったことから、両氏の頭文字をとってLT貿易という。

2 LT貿易

□□□
3 1964年から7年8カ月の長期政権を維持したのは何内閣か。

3 佐藤栄作内閣

□□□
4 1965年、**日韓国交正常化**のため、大韓民国（朴正煕政権）との間に締結された条約を何というか。

4 日韓基本条約

□□□
5 被爆国である日本は、「**（核兵器を）もたず、つくらず、もち込ませず**」という方針を堅持しようと掲げた。この方針を何というか。

5 非核三原則

□□□
6 長い間、**アメリカの施政権下**にあって基地となっていたが、1971年、返還協定がワシントンと東京とで調印され、翌年に**祖国復帰**が実現したのはどこか。

解説 1968年には、アメリカの施政権下にあった**小笠原諸島**が返還された。1960年代に入ると、沖縄の祖国復帰運動は活発化した。1969年、日米共同声明で「**核抜き・本土なみ**」と表明されたが、祖国復帰が実現しても、沖縄には**嘉手納基地**をはじめ広大なアメリカ軍基地が存続している。

6 沖縄

□□□
7 1960年、**日本社会党**から右派が分立し、結成された政党

7 民主社会党

を何というか。

□□□
8 1964年、創価学会を支持母体として誕生した政党を何と
いうか。

8 公明党

□□□
9 1968年、東大医学部の紛争を発端として、翌年にかけて
全国で大学の改革を求めて占拠・休校があいついだが、
これを何というか。

9 大学紛争

---

2 経済復興から高度経済成長へ

朝鮮特需と経済復興

□□□
1 ドッジ＝ラインによって不況に陥っていた日本経済を活気
づけたのは、朝鮮戦争におけるアメリカ軍の繊維・金属
を中心にした日本への発注であった。これを何というか。

1 特需（特殊需要）

解説▶ 朝鮮戦争の休戦協定が成立したあとも、朝鮮復興特需があ
り、ベトナム戦争がはじまるとベトナム特需があった。1951年
以降、政府は電力・造船・鉄鋼などの基礎産業を近代化するため
に資金を投入した。この設備投資と技術革新が、日本経済の高
度成長を支えた。

□□□
2 1952年には、為替レートの安定と国際決済の円滑化を
目的として1946年に創立された国際金融機関に加盟し
た。この機関を何というか。

2 IMF（国際通貨基金）

解説▶ 1952年には、加盟国の復興・開発のための国際金融機関であ
る世界銀行（国際復興開発銀行）にも加盟している。また、1955年
にはGATT（関税及び貿易に関する一般協定）に加盟した。

□□□

考えてみよう
朝鮮戦争は、日本経済にどのような影響をもたらしたのだろ
うか。

➡ GHQの経済安定九原則の実行指令を受けて、（　　）が示
され徹底的な（　　）財政策が実施されことにより、日本経
済は不況が深刻化していた。朝鮮戦争によるアメリカ軍の
膨大な（　　）が発生したことで、日本経済は活気を取り戻
した。

ドッジ＝ライン／緊
縮／特殊需要

高度経済成長

□□□
1 1955〜57年の好景気を何というか。

解説▶MSA協定、朝鮮復興資材の輸出、世界的な好況の影響による好景気である。

1 神武景気

□□□
2 経済企画庁の年次経済報告書を『経済白書』というが、国民の生活水準の向上を示す消費も上昇したことを受けて、1956年の『経済白書』には何と書かれたか。

2 「もはや戦後ではない」

□□□
3 1958〜61年、42カ月にわたる好景気を何というか。

解説▶1963〜64年にかけて、東京オリンピックに刺激された、オリンピック景気も好景気に拍車をかけた。

3 岩戸景気

□□□
4 1966〜70年、57カ月にわたる好景気を何というか。

4 いざなぎ景気

□□□
5 岩戸景気・いざなぎ景気を生み出した、製品の生産・加工の技術や機械を新しくして生産力を高める、産業・経済上の画期的な変革を何というか。

5 技術革新

□□□
6 工場や機械などの設備を近代化するための投資を何というか。

6 設備投資

□□□
7 1955年から約10年間にわたり、年平均10％前後の高い経済成長率を示したが、これを何というか。

解説▶高度経済成長期、日本経済に占める第1次産業の比重が下がり、第2次・第3次産業の比重が高まった。これを産業構造の高度化という。

7 高度経済成長

□□□
8 高度経済成長期に定着した日本独自の経営方式を日本的経営というが、日本的経営の特徴を3点あげよ。

8 終身雇用・年功賃金・労使協調

□□□
9 高度経済成長で、日本は経済大国になったが、アメリカにつぎ世界第2位になった指標は何か。

9 国民総生産（GNP）

□□□
10 1950年代半ばから60年代にかけて、中東の安価な石油が輸入されて石炭から石油へのエネルギー転換が急速に進んだ。このことを何というか。

解説▶エネルギー革命により石炭産業は「斜陽産業」とよばれるようになり、1960年には福岡県の三井鉱山三池炭鉱での大量解雇に反対する激しい争議（三池争議）が展開されたが、労働者側の敗北に終わった。以後、九州や北海道で炭鉱の閉山があいついだ。

10 エネルギー革命

□□□			
11	総評を指導部とし、各産業の労働組合がいっせいに賃上げの要求などをおこなう労使の交渉を何というか。	11	春闘

□□□			
12	1964年に、日本は国際収支を理由に為替管理をおこなえない国になった。このような国を何というか。	12	IMF（国際通貨基金）8条国

□□□			
13	1964年にある国際機関へ加盟したことで、日本は資本の自由化を義務付けられた。その機関とは何か。	13	OECD（経済協力開発機構）

解説▶1964年のIMF8条国への移行、OECDへの加盟、前年のGATT（関税及び貿易に関する一般協定）11条国への移行により、為替と資本の自由化・貿易の自由化が進んだ。このような経済体制を開放経済体制という。これによる国際競争の激化に備えて産業界再編の動きも起き、旧財閥系銀行・商社を中心に、三井・三菱・住友などの巨大な企業集団が形成された。

□□□			
14	1961年、池田勇人内閣が公布した、農業の近代化と構造改善をはかる法律を何というか。	14	農業基本法

□□□

考えてみよう

高度経済成長を牽引した要因にはどのようなことがあったのだろうか。

➡民間企業による膨大な（　）投資で、当時「投資が投資をよぶ」といわれた。鉄鋼・自動車・電気機械・化学など部門で、アメリカの（　）革新の成果を取り入れて設備が更新され、石油化学・合成繊維などの新たな産業も発展した。（　）革新は中小企業にも波及し、（　）企業として成長する企業も現れた。

設備／技術／技術／中堅

大衆消費社会の誕生

□□□			
1	エネルギー革命のもと、石油化学コンビナートなどの新工場建設が続き、太平洋沿岸に重化学工業地帯が出現した。これを何というか。	1	太平洋ベルト地帯

□□□			
2	高度経済成長に伴い、電気器具・自動車などの耐久消費財が驚異的に普及したことを何というか。	2	消費革命

□□□			
3	電化製品の中でも、急速に普及した白黒テレビ・洗濯機・冷蔵庫の3つを何と称したか。	3	三種の神器

□□□ **4**	1960年代後半から70年代にかけて普及した、**カラーテレビ・クーラー・カー(自動車)**の３つを何と称したか。	**4** 新三種の神器(3C)
□□□ **5**	食生活における洋風化の進展により、肉類・乳製品の消費が増加する一方、米の供給過剰と食糧管理特別会計の赤字に対する対策として採用された、米の作付面積を強制的に制限する政策を何というか。	**5** 減反政策 げんたん
□□□ **6**	生活水準の向上から、国民の８～９割が**人並みの生活階層に属している**と考える意識を何というか。	**6** 中流意識 ちゅうりゅう
□□□ **7**	1963年、茨城県東海村の原子力研究所で、**初めて原子力による発電が開始**され、以後、各地に電力会社により設立されたのは何か。	**7** 原子力発電所
□□□ **8**	1965年、**超多時間理論**を完成して、ノーベル物理学賞を受賞したのは誰か。	**8** 朝永振一郎 ともながしんいちろう
□□□ **9**	1973年、**エサキダイオード**を開発し、ノーベル物理学賞を受賞したのは誰か。	**9** 江崎玲於奈 れ お な
□□□ **10**	『**個人的な体験**』『**ヒロシマ・ノート**』などを著して現代の人間像を描き、1994年にノーベル文学賞を受賞したのは誰か。 **解説▶** ノーベル賞は、このほかに川端康成が1968年に文学賞、佐藤栄作が74年に平和賞、山中伸弥が2012年に「人工多能性幹細胞(iPS細胞)」の開発で医学・生理学賞を受賞するなどしている。	**10** 大江健三郎 おお え けんざぶろう
□□□ **11**	1964年、標準軌を用い、**自動列車制御装置(ATC)**など最新技術を導入して、**東京・新大阪間を結んだ列車**を何というか。 **解説▶** 1975年に博多(山陽新幹線)、82年に盛岡(東北)、新潟(上越)、2011年に鹿児島(九州)、15年に金沢(北陸)、16年に函館(北海道)などが延長・開通した。また、1988年には、青函トンネル(全長53.85km、海底部23.3km)、本州と四国を結ぶ連絡橋(瀬戸大橋)も開通している。	**11** 東海道新幹線 とうかいどうしんかんせん
□□□ **12**	1965年、**小牧・西宮間**に開通した、**日本最初の自動車専用高速道路**を何というか。 **解説▶** 名神高速道路以後、東名・中国・東北・関越・北陸・九州など、全国に高速道路網を建設中であるが、建設費や維持費が大きな負担になっている。	**12** 名神高速道路 めいしん

□□□
13 1964年10月、アジアで初めて開催された第18回オリンピックを何というか。

解説 冬季オリンピックは、1972年に札幌大会、1998年に長野大会、夏季オリンピックは、2021年に2度目の東京オリンピック・パラリンピック（2020年開催予定であったが、新型コロナウイルス感染症の世界的流行を受け、2021年に延期）が開催されている。

13 オリンピック東京大会（東京オリンピック）

□□□
14 1970年、大阪府吹田市千里丘陵で開催されたアジア初の国際博覧会を何というか。

14 日本万国博覧会（大阪万博）

高度経済成長のひずみ

□□□
1 農山漁村から都市への人口移動が激しくなり、人口減少により地域社会の活力が低下する現象を何というか。

1 過疎化

□□□
2 人間の生産・消費活動によって発生する自然や生活環境へのさまざまな被害を何というか。

2 公害

□□□
3 人間の生産・消費活動によって発生する健康・生命にかかわる被害を何というか。

3 公害病

□□□
4 1953年から60年にかけて、熊本県水俣湾で発生した有機水銀中毒症を何というか。

4 水俣病

□□□
5 大正時代から、富山県神通川流域で発生したカドミウム中毒症を何というか。

5 イタイイタイ病

□□□
6 1960年前後から発生した、三重県四日市市の石油コンビナートが原因となった亜硫酸ガスによる健康被害を何というか。

6 四日市ぜんそく

□□□
7 1965年ごろ表面化した、新潟県阿賀野川流域で発生した有機水銀中毒症を何というか。

7 新潟水俣病

□□□
8 水俣病・イタイイタイ病・四日市ぜんそく・新潟水俣病の患者が損害賠償を求めて訴訟を起こしたが、これを総称して何というか。

8 四大公害訴訟

□□□
9 大気汚染など7種の公害を規制し、事業者・国・地方自治体の責任を明らかにした、1967年に制定された法律を何というか。

9 公害対策基本法

10 1971年、各省庁間でおこなわれていた**公害行政と環境保全施策を一元化**するため設置された官庁は何か。

解説▶環境庁は、2001年の中央省庁再編で、庁から省に格上げされ環境省となった。

10 環境庁

11 全国水平社を継承して、1946年に結成された部落解放全国委員会は、1955年に何と改称されたか。

11 部落解放同盟

12 高度成長のひずみへの住民の反発は、各地に**社会党・共産党系の知事・市町村長**を誕生させた。このような自治体を何というか。

解説▶1971年には、東京・大阪・京都の3都府知事が革新首長となった。これらの都市では、きびしい公害規制条例が制定されたり、福祉政策が推進された。

12 革新自治体

考えてみよう

高度経済成長の達成の一方で、どのような社会問題が生まれたのだろうか。

➡農山漁村で(　　)化が進行し、地域社会の生産活動や社会生活が崩壊した。大都市では(　　)が深刻化し、交通渋滞や騒音・大気汚染が発生した。また、産業(　　)も深刻であったが、個人の被害よりも(　　)が優先されたため公害病に苦しむ被害者が長く放置された。

過疎／過密／公害／経済成長

第18章 激動する世界と日本

1 経済大国への道

ドル危機と石油危機

☐☐☐
1 1972年、自ら中国を訪問し、米中の敵対関係を終了させたアメリカ大統領は誰か。

1 ニクソン

☐☐☐
2 米中の敵対関係の終了を、どのようによんでいるか。

2 米中国交正常化

☐☐☐
3 ニクソン米大統領政権がおこなった 2 つの衝撃的な政策を何とよぶか。

解説▶1971年 7 月の中国訪問（第 1 次ショック）と、8 月の金とドルとの交換停止、輸入課徴金などの新経済政策（第 2 次ショック）をいう。

3 ニクソン＝ショック

☐☐☐
4 アメリカが金とドルとの交換を停止したあと、通貨調整のための10カ国蔵相会議が開催され、円の為替相場（レート）はどのように定められたか。

4 1 ドル＝308 円

☐☐☐
5 諸外国は為替相場が実勢に応じて変動する制度に移行し、1973年には日本もこれに従った。この制度を何というか。

5 変動（為替）相場制

☐☐☐
6 1973年、ようやくベトナムでの長期の戦争に終止符が打たれた。このとき締結された協定を何というか。

6 ベトナム和平協定

☐☐☐
7 1976年、ベトナム民主共和国が南ベトナムを併合して成立した統一政権の国名を何というか。

7 ベトナム社会主義共和国

☐☐☐
8 1973年、イスラエルとアラブ諸国との戦いが勃発したが、この戦争を何というか。

解説▶ナチ党の迫害からのがれてパレスチナに移住したユダヤ人は、1948年にイスラエルを建国したが、これに反対するアラブ人と 3 次にわたる中東戦争を戦っていた。この第 4 次の戦争は、

8 第 4 次中東戦争

国連の介入で「勝利なき戦争」として停戦した。

□□□
9 第4次中東戦争が勃発すると、アラブ石油輸出国機構（OAPEC）は、石油戦略（石油輸出の制限と原油価格の4倍引上げ）を実施した。そのため起こった1973年の事態を何というか。

9 第1次石油危機（石油ショック）

□□□
10 1960年、石油産油国が原油の価格引上げと生産調整のために設立した組織を何というか。

解説▶1960年、サウジアラビア・イラク・イラン・クウェート・ベネズエラの5カ国によって設立された。アラブ石油輸出国機構（OAPEC）は、その下部組織で、1968にサウジアラビア・クウェート・リビアの3国によって設立された。

10 石油輸出国機構（OPEC）

□□□
11 石油危機後の世界同時不況を打開するため、フランス大統領の提唱で、1975年にはじまった首脳会議を何というか。

解説▶米・英・仏・西独・伊・日の6カ国首脳が、フランスのランブイエで会談。1976年からカナダ、1977年からはEC（現、EU）委員長がくわわり、7カ国巡回で毎年開催され、経済・貿易・通貨・政治などが話し合われる。1991年以後はソ連（現、ロシア）も参加するようになったが、ロシアは2014年のウクライナ・クリミア半島侵攻問題で参加が停止されている。現在は、「主要国首脳会議」とよぶ。

11 先進国首脳会議（サミット）

高度経済成長の終焉

□□□
1 1972年、佐藤栄作首相の引退を受け、成立した内閣を何というか。

1 田中角栄内閣

□□□
2 田中角栄内閣成立後まもなく、首相が訪中して国交正常化の実現を発表した声明を何というか。

解説▶日本は、中華人民共和国を「中国で唯一の合法政府」と認め、台湾の中華民国政府との外交関係は断絶したが、貿易など民間レベルでは密接な関係が続いている。また、平和五原則と国連憲章にもとづき、武力または武力による威嚇に訴えないこと、アジア・太平洋地域において覇権を求めず、覇権確立の試みにも反対することを明示した。

2 日中共同声明

□□□
3 田中角栄内閣が打ち出した、工業の地方分散、新幹線と高速道路による高速交通ネットワークの整備などの政策を何というか。

3 日本列島改造論（列島改造政策）

□□□ **4** 1973年秋、日本列島改造論による地方都市の地価上昇や第1次石油危機によって起こった**物価の高騰**を何というか。	**4**	狂乱物価 <small>きょうらん</small>
□□□ **5** 日本の経済成長率が、第1次石油危機の直後にマイナスに落ち込んだが、何年のことか。	**5**	1974年
□□□ **6** 田中角栄内閣が退陣することになった政治資金調達をめぐる問題を何というか。	**6**	金脈問題 <small>きんみゃく</small>
□□□ **7** 1974年、**クリーン政治**を掲げて組閣したのは誰か。	**7**	三木武夫 <small>みきたけお</small>
□□□ **8** 1976年、明るみに出たアメリカの航空機製造会社と政財界をめぐる汚職事件を何というか。	**8**	ロッキード事件
□□□ **9** 1976年、三木武夫内閣のあとを受けて誕生した内閣を何というか。	**9**	福田赳夫内閣 <small>たけお</small>
□□□ **10** 1978年、**福田赳夫**内閣によって締結された**日本と中国との友好条約**を何というか。	**10**	日中平和友好条約
□□□ **11** 1978年末に組閣し、**元号法**の制定、第2次石油危機の克服に努力したが、衆参同日選挙の運動中に急死した首相は誰か。	**11**	大平正芳 <small>おおひらまさよし</small>
□□□ **12** 1980年に内閣が成立し、レーガン米大統領に1000海里以内の**シーレーン防衛**を約束、参議院議員の全国区選挙を**比例代表制**に改めた内閣を何というか。	**12**	鈴木善幸内閣 <small>ぜんこう</small>

経済大国の実現

□□□ **1** 1979年、国王の近代化政策に反発し、**ホメイニ**を指導者として、起こった革命を何というか。 **解説** この革命により原油価格が上昇し、第2次石油危機が起きて大平正芳内閣は対応に苦慮した。	**1**	イラン＝イスラーム革命
□□□ **2** 第1次・第2次石油危機をのり切り、**経済成長率は5%前後**を維持するようになった。この状況を何というか。	**2**	安定成長
□□□ **3** 産業では重工業部門の停滞が著しかったが、生産を伸ばした**IC**や**コンピュータ**などの部門を何というか。	**3**	ハイテク産業

□□□ 4	日本の貿易黒字が大幅に拡大し、日本に市場解放と内需_{ないじゅ}拡大を求める**日米間の経済対立**が起きたが、これを何というか。 **解説▶** このような事態を生じたアメリカ側の状況が、双子の赤字_{ふたご}といわれる巨額の財政赤字と貿易赤字である。	4 日米貿易摩擦(経済_{まさつ}摩擦)
□□□ 5	羽田空港が過密化したため、**千葉県成田市**に建設された_{はねだ} _{なりた}空港を何というか。 **解説▶** 新東京国際空港は、1978年開港。1994年には、アジアのハブ空港をめざして関西国際空港が開港した。	5 新東京国際空港(成田空港)
□□□ 6	開発途上国に対する政府の資金供与を何というか。_{きょうよ}	6 政府開発援助(ODA)
□□□ 7	1960年代に表面化した、北半球の**先進工業国**と南半球に多い第二次世界大戦後に独立したアジア・アフリカの新興諸国との経済格差や累積債務問題を何というか。	7 南北問題

バブル経済と市民生活

□□□ 1	日本の対米貿易黒字の激増に対して、アメリカは農産物の**輸入自由化**を要求した。1988年に日本が輸入自由化を決定、1991年に実施した農産物を2つあげよ。 **解説▶** アメリカはほかに自動車などの工業製品の自主規制、米市場の部分開放なども要求した。日米間の対立解消のため、1989年から開かれた協議が日米構造協議である。_{こうぞうきょうぎ}	1 牛肉・オレンジ
□□□ 2	開発途上国のうち、1970年代に急速な工業化をとげた国と地域を何というか。 **解説▶** 韓国・台湾・香港・シンガポール・メキシコ・ブラジルなどで、アジア地域のそれをアジア NIES という。	2 NIES(新興工業経済_{ニーズ}地域)
□□□ 3	1985年の5カ国大蔵大臣(財務大臣)・中央銀行総裁会議(G5)で、**ドル高是正の介入**が合意され、以後円高が急速に加速した。この合意を何というか。 **解説▶** 米・日・独・仏・英の大蔵大臣(財務大臣)が、ニューヨークのプラザホテルでドル高是正のための介入に合意した。	3 プラザ合意
□□□ 4	1986年ごろからの、内需拡大を促進するための大幅な金融緩和が地価の高騰と株価の上昇を招くことによって生_{こうとう}じた、実態とかけ離れた泡のように膨張した好況経済を何というか。	4 バブル経済

5 鈴木善幸内閣のあとを受けて1982年に誕生し、「戦後政治の総決算」を唱え、行財政改革・教育改革を推し進めた内閣を何というか。

5 中曽根康弘内閣

6 第2次中曽根康弘内閣は、電電公社・専売公社を民営化したが、それぞれ何という会社にかわったか。

6 電電公社：日本電信電話株式会社（NTT）
専売公社：日本たばこ産業株式会社（JT）

7 第3次中曽根康弘内閣で、日本国有鉄道（国鉄）の分割民営化により発足した鉄道会社の統一的総称を何というか。
[解説] JRグループには、6つの旅客鉄道会社と1つの貨物鉄道会社がある。

7 JR

8 1989年、元号が「昭和」から「平成」にかわったときの内閣を何というか。

8 竹下登内閣

9 前内閣の大型間接税の導入失敗を受けて、竹下登内閣によって導入された新税を何というか。
[解説] 消費税は最初3％で、1989年4月から実施された。1997年に5％、2014年に8％、2019年に10％（軽減税率対象物は8％）に増税された。

9 消費税

10 労働運動は「スト権スト」の敗北以来後退し、1987年に労使協調の姿勢をとる労働組合が結集して誕生した全国組織は、1989年に何という組織になったか。
[解説] 1989年には、総評が解散してこれに合流した。

10 日本労働組合総連合会（連合）

考えてみよう

バブル経済はどのようにして起こったのだろうか。

➡1980年代のアメリカは多額の貿易赤字と財政赤字を抱えていた。1971年の（　）＝ショックの再発を危惧した先進5カ国の代表（G5）が、（　）合意により、（　）高是正に向けた為替相場への協調介入をおこなったことで、（　）高が一気に進み、（　）産業を中心に不況が深刻化した。不況打開のため政府や銀行が金融緩和を推し進めたことにより、金融機関や企業にだぶついた資金が不動産市場や（　）市場に流入し、バブル経済が発生した。

ニクソン／プラザ／ドル／円／輸出／株式

第18章

冷戦から地域紛争へ

□□□ 1	1970年代半ば、米ソの対立激化の状況は、緩和の様子をみせはじめた。これを何というか。	1	緊張緩和（デタント）
□□□ 2	1979年、アフガニスタンでクーデタが起こり、ソ連が親ソ政権擁護のために侵攻したことを何というか。 解説▶ソ連の侵攻は、1989年に撤兵が完了した。	2	アフガニスタン侵攻
□□□ 3	1980年、アメリカ大統領レーガンは、「新保守主義」をとる英首相サッチャーとともに、対ソ強硬路線をとり、ソ連と対立した。この対立関係を何というか。	3	新冷戦
□□□ 4	1985年、ソ連共産党書記長として「新思考外交」で登場したのは誰か。	4	ゴルバチョフ
□□□ 5	ゴルバチョフの国内体制の立直し策を何というか。 解説▶情報公開策をグラスノスチという。	5	ペレストロイカ
□□□ 6	1987年、米ソ2国の中距離核戦力を全廃することを約した条約を何というか。 解説▶1991・93年の2次にわたって米ソ両国は戦略兵器削減条約（START）を結んだ。戦略兵器制限交渉をSALTといい、1970年代と1982年以降の2度おこなわれた。	6	中距離核戦力（INF）全廃条約
□□□ 7	1989年、地中海の島で、ブッシュとゴルバチョフ米ソ両首脳が会談し、過去の対立解消宣言と新時代の到来の確認をおこなった。この会談を何というか。	7	マルタ会談
□□□ 8	1989年、東欧諸国で民主化運動が起こり、共産党の独裁体制が崩壊した。これを何というか。 解説▶ルーマニアではチャウシェスク大統領が処刑された。また、ワルシャワ条約機構も1991年に解散した。	8	東欧革命
□□□ 9	1989年、東ドイツで民主化運動が高揚し、11月には冷戦の象徴であった壁が撤去された。これを何というか。	9	「ベルリンの壁」崩壊
□□□ 10	1990年10月、西ドイツに東ドイツを編入する形で実現したのは何か。	10	東西ドイツ統一

□□□
11 1991年8月、ソ連で、保守派のクーデタ失敗（8月政変）を機に、解党されたのは何か。

11 ソヴィエト共産党

□□□
12 1991年、旧ソ連内の共和国が新たに組織した緩やかな連合体を何というか。

解説▶1991年12月8日、ウクライナ・ロシア・ベラルーシのスラブ系3国が創設。21日、グルジア（現、ジョージア）を除く11共和国が参加。中心はロシア共和国。

12 独立国家共同体（CIS）

□□□
13 1991年12月25日、ゴルバチョフソ連大統領が辞任して、消滅した国家は何か。

13 ソヴィエト社会主義共和国連邦（ソ連）

□□□
14 ロシア共和国の改称名を何というか。

14 ロシア連邦

□□□
15 ロシア連邦の初代大統領は誰か。

15 エリツィン

□□□
16 中国において、1989年、民主化を求めて北京の天安門広場に座り込んでいた学生たちを武力で排除した事件を何というか。

16 天安門事件

□□□
17 1991年1月、イラク軍がクウェートに侵攻したため勃発した戦争を何というか。

17 湾岸戦争

□□□
18 湾岸戦争のときに、国連安全保障理事会の決議によって結成・派遣されたアメリカ軍中心の軍事力を何というか。

解説▶多国籍軍は新兵器を駆使して、イラク軍を制圧し、1カ月余りで停戦した。

18 多国籍軍

□□□
19 国連の平和維持のためにおこなう、平和維持軍・軍事監視団・選挙監視団の3組織による活動を何というか。

19 国連平和維持活動（PKO）

□□□

考えてみよう

国連平和維持活動（PKO）協力法成立の背景にはどのようなことがあったのだろうか。

➡クウェートに侵攻したイラクに対し、（　　）軍が国連安保理決議を背景に武力制裁をくわえた（　　）戦争に際して、日本はアメリカに「国際貢献」を求められたが、（　　）の制約があって派兵できず資金供与と掃海部隊の派遣をおこなった。しかし、アメリカはなおも日本に「（　　）貢献」を求めてきた。これにこたえるかたちで国連平和維持活動（PKO）協力法が成立した。

多国籍／湾岸／憲法／人的

55年体制の崩壊

<table>
<tr><td>1</td><td>1988〜89年に表面化し、竹下登内閣が退陣することになった疑獄事件を何というか。

解説▶リクルート社の社長が、関連会社リクルートコスモス社の未公開株を、政界やNTTの幹部に譲渡した贈収賄事件が暴露され、問題化した。</td><td>1</td><td>リクルート事件</td></tr>
<tr><td>2</td><td>竹下登内閣の退陣後の後継者は、参議院議員選挙で大敗・総辞職した。この内閣を何というか。</td><td>2</td><td>宇野宗佑内閣</td></tr>
<tr><td>3</td><td>宇野宗佑内閣のあとに成立した内閣は、勃発した湾岸戦争に対する貢献問題で苦慮した。この内閣を何というか。</td><td>3</td><td>海部俊樹内閣</td></tr>
<tr><td>4</td><td>1992年に国際平和協力法(PKO協力法)を成立させ、自衛隊をカンボジアに派遣した内閣を何というか。

解説▶1992年に佐川急便事件、翌年にはゼネコン汚職事件が明るみに出て、国民の激しい非難を浴びた。1993年には自民党が分裂し、新生党・新党さきがけが結成された。この年の衆議院議員総選挙で自民党は大敗し、宮沢喜一内閣は退陣した。</td><td>4</td><td>宮沢喜一内閣</td></tr>
<tr><td>5</td><td>1993年8月、55年体制を崩壊させた非自民8党派連立内閣を組閣したのは誰か。

解説▶この内閣の成立によって、38年間続いた55年体制は崩壊・終焉した。しかし、この内閣も佐川疑惑問題(個人疑惑)で退陣した。なお、この内閣のときに小選挙区比例代表並立制が導入された。</td><td>5</td><td>細川護熙</td></tr>
<tr><td>6</td><td>細川護熙によって、1992年に創設された保守新党を何というか。</td><td>6</td><td>日本新党</td></tr>
<tr><td>7</td><td>1994年、細川護熙内閣のあとを受け成立したが、少数与党で議会運営が難航、不信任案の提出で総辞職した内閣を何というか。</td><td>7</td><td>羽田孜内閣</td></tr>
<tr><td>8</td><td>1994年、羽田孜内閣のあとを受けて、自民・社会・新党さきがけ3党連立で成立した内閣を何というか。

解説▶社会党委員長であった村山富市が内閣総理大臣に就任したことで、社会党は安保条約・自衛隊問題・消費税などで従来の政策を大幅に変更した。これに対して、新生党・公明党・民社党・日本新党などの野党側は合同して1994年に新進党を結成した。</td><td>8</td><td>村山富市内閣</td></tr>
<tr><td>9</td><td>村山富市内閣のあとを受けて成立した3党連立内閣を何というか。</td><td>9</td><td>橋本龍太郎内閣</td></tr>
</table>

解説▶この内閣は、初め3党連立内閣であったが、1996年11月から自民党単独内閣となった。		

□□□
10 1996年、鳩山由紀夫・菅直人らを中心に「官僚主義の政治から市民主導の政治への転換」をめざして、総選挙直前に結成された政党を何というか。　　**10 民主党**

□□□
11 橋本龍太郎内閣とクリントン米大統領との間で、アジア太平洋地域の安定のためにアメリカ軍兵力の維持を確認する宣言が出されたが、それは何か。　　**11 日米安保共同宣言**

解説▶この宣言により「日米防衛協力のための指針」（ガイドライン）の見直しがおこなわれ、日本の周辺有事における相互協力指針の作成が進められ1997年に完成した。

□□□
12 橋本龍太郎内閣は消費税を3%から何%に引き上げたか。　　**12 5%**

解説▶消費税引き上げとアジア諸国の通貨・金融危機の影響で、1997年年度の実質経済成長率がマイナス成長となり、1998年度はさらに落ち込み、不況が深刻化した。

□□□
13 1998年、参議院議員選挙敗北の責任をとって橋本龍太郎首相が辞任し、そのあとを受け自民党単独内閣を組織したのは誰か。　　**13 小渕恵三**

解説▶この内閣は1999年に自由党、公明党の政権参加を取り付け、安定多数を背景に、周辺事態安全確保法など3本の法案からなる新ガイドライン関連法を制定し、日本がアメリカ軍を支援する体制を整えた。

□□□
14 小渕恵三内閣によって定められた、「日章旗」を国旗、「君が代」を国歌とするとした法律は何か。　　**14 国旗・国歌法**

平成不況下の日本経済

□□□
1 1990年から株価が、翌年には地価が下落しはじめた。この経済状況を何とよぶか。　　**1 バブル経済の崩壊**

解説▶超低金利と金余りのため、巨額の資金が土地と株に流れてバブル（実態とかけ離れた泡のようだという意味）が起こり、このバブル経済が崩壊して1991年から日本経済は鍋底型の長期不況に突入した。

□□□
2 1990年代、バブル経済の後遺症として、不良債権を抱えた金融機関が経営難に陥り、それによる金融逼迫が実体経済に波及する複合不況が起こった。この不況を何というか。　　**2 平成不況**

現代の諸課題

□□□ 1	1995年には日本社会の「安全性」への信頼が失われるような事件があいついだ。1月に兵庫県南部で大地震が起き、約6400人の死者を出した。この大地震による災害を何というか。	1 阪神・淡路大震災
□□□ 2	1995年、東京で地下鉄サリン事件を起こし、無差別テロをおこなった宗教団体は何か。	2 オウム真理教
□□□ 3	小渕恵三内閣は首相の急病で総辞職し、森喜朗内閣にかわった。森内閣は低支持率の中で退陣に追い込まれ、構造改革を唱える人物が2001年4月に内閣を組織した。誰か。	3 小泉純一郎
□□□ 4	小泉純一郎首相は国交正常化交渉のため、日本人拉致問題など問題が山積している国を2002年9月に訪問した。どこの国を訪問したか。	4 朝鮮民主主義人民共和国(北朝鮮)
□□□ 5	小泉純一郎内閣が2006年に任期満了で退陣したあと、内閣を組織し、憲法改正や教育改革に力を入れたのは誰か。 解説▶第1次安倍内閣は年金問題などの逆風の中、短命で終わったが、続く福田康夫、麻生太郎の内閣も短命に終わった。	5 安倍晋三
□□□ 6	2009年の衆議院議員総選挙で民主党が自民党に圧勝し、民主党政権が誕生した。内閣を組織した人物は誰か。	6 鳩山由紀夫
□□□ 7	1997年、160以上の国・地域・NGO が参加し、地球温暖化防止などについて話し合う会議が日本でおこなわれ、温室効果ガス排出削減目標を具体的に示す議定書が採択された。これを何というか。	7 京都議定書
□□□ 8	2011年3月11日、東北地方太平洋沖を震源としてマグニチュード9.0の大地震が発生し、東北・関東地方の太平洋沿岸部を中心に壊滅的な被害をもたらした。この大地震による災害を何というか。	8 東日本大震災
□□□ 9	2015年、国連サミットで2030年までに持続可能でよりよい社会の実現をめざす17の目標が設定された。この持続可能な開発目標の略称を何というか。	9 SDGs

よくでる一問一答日本史

2024 年 7 月　初版発行

編者	日本史一問一答編集委員会
発行者	野澤武史
印刷所	株式会社　加藤文明社
製本所	有限会社　穴口製本所
発行所	株式会社　山川出版社

〒 101-0047　東京都千代田区内神田 1-13-13
電話 03（3293）8131（営業）　03（3293）8135（編集）
https://www.yamakawa.co.jp/

装幀	Malpu Design（清水良洋）
本文デザイン	株式会社　ウエイド（山岸全）

ISBN978-4-634-01225-7　　　　　　NYZS0101